普通高等教育汽车服务工程专业“十二五”规划教材

自动变速器技术

徐向阳 主 编
刘艳芳 姬芬竹 王书翰 副主编
万耀青 主 审

人民交通出版社
China Communications Press

内 容 提 要

本书借鉴国内外自动变速器技术的最新研究成果，结合作者多年来在自动变速器领域的教学和科研成果，系统地阐述了汽车自动变速器的发展历史、分类、基本结构、工作原理以及产品设计和开发中涉及的关键技术。

本书共分六章，第一章系统介绍了自动变速器的类型和特点、基本组成和技术发展趋势。第二章介绍了普通行星齿轮传动、辛普森行星齿轮传动和拉维娜行星齿轮传动原理，换挡元件的分类和作用，以及自动变速器换挡规律和控制策略。第三章介绍了自动变速器液压控制系统，包括系统的组成和工作原理、液力变矩器、ATF、液压系统分析等。第四章介绍了自动变速器的电子控制系统的组成和控制功能，控制算法与理论，控制软件的开发流程等。第五章介绍了 AMT、CVT、DCT 和混合动力传动等最近几年最新发展的自动变速器技术。第六章介绍了自动变速器设计开发中的建模与仿真技术。

本书为高等院校车辆工程专业和汽车服务工程专业的专业教材。书中大量内容是作者的最新科研工作的总结，因此，也可以作为研究生教材使用，对汽车自动变速器行业的工程技术开发人员也具有很高的参考价值。

图书在版编目（CIP）数据

自动变速器技术/徐向阳主编. —北京：人民交通出版社，2011.6

ISBN 978-7-114-09003-5

Ⅰ.①自… Ⅱ.①徐… Ⅲ.①汽车—自动变速装置 Ⅳ.①U463.212

中国版本图书馆 CIP 数据核字（2011）第 057812 号

普通高等教育汽车服务工程专业"十二五"规划教材

书　　名：自动变速器技术
著 作 者：徐向阳
责任编辑：智景安
出版发行：人民交通出版社
地　　址：（100011）北京市朝阳区安定门外外馆斜街 3 号
网　　址：http://www.ccpress.com.cn
销售电话：（010）59757973
总 经 销：人民交通出版社发行部
经　　销：各地新华书店
印　　刷：北京盈盛恒通印刷有限公司
开　　本：787 × 1092　1/16
印　　张：10.25
字　　数：262 千
版　　次：2011 年 6 月　第 1 版
印　　次：2017 年 6 月　第 2 次印刷
书　　号：ISBN 978-7-114-09003-5
印　　数：3001 ~ 4000 册
定　　价：19.00 元

（有印刷、装订质量问题的图书由本公司负责调换）

前 言

Qianyan

进入21世纪以来，伴随国家汽车产业发展政策的调整，我国汽车产业进入健康、持续、快速发展的轨道。在汽车工业大发展的同时，汽车消费主体日益多元化，广大消费者对高质量汽车服务的渴求日益凸现，汽车厂商围绕提升服务质量的竞争业已展开，市场竞争从产品、广告层面提升到服务层面，这些发展和变化直接催生并推进了一个新兴产业——汽车服务业的发展与壮大。

当前，我国的汽车服务业正呈现出“发展快、空间大、变化深”的特点。“发展快”是与汽车工业本身的发展和社会汽车保有量的快速增长相伴而来的。“空间大”是因为我国的汽车普及率尚不够高，每千人拥有的汽车数量还不及世界平均水平的1/3，汽车服务市场尚有很大的发展潜力，汽车服务业将是一个比汽车工业本身更庞大的产业。“变化深”一方面是因为汽车后市场空前繁荣，蓬勃发展，大大拉长和拓宽了汽车产业链。汽车技术服务、金融服务、销售服务、物流服务、文化服务等新兴的业务领域和服务项目层出不穷；另一方面是因为汽车服务的新兴经营理念不断涌现，汽车服务的方式正在改变传统的业务分离、各自独立、效率低下的模式；向服务主体多元化、经营连锁化、运作规范化、业务集成化、品牌专业化、技术先进化、手段信息化、竞争国际化的方向发展。特别是我国加入世贸组织后，汽车产业相关的保护政策均已到期，汽车服务业实现全面开放，国际汽车服务商快速进入，以上变化必将进一步促进汽车服务业向纵深发展。

汽车工业和汽车服务业的发展，使得汽车厂商和服务商对高素质的汽车服务人才的需求比以往任何时候都更为迫切，汽车服务业将人才竞争视作企业竞争制胜的关键要素。在这种背景下，全国高校汽车服务工程专业教学指导委员会（筹）顺应时代的呼唤，组织全国高校汽车服务工程专业的知名教授，编写了汽车服务工程专业规划教材。

本套教材总结了全国高校汽车服务工程专业的教学经验，注重以本科学生就业为导向，以培养综合能力为本位。教材内容符合汽车服务工程专业教学改革精神，适应我国汽车服务行业对高素质综合人才的需求，具有以下特点：

（1）本套教材是根据全国高校汽车服务工程专业教学指导委员会审定的教材编写大纲而编写，全面介绍了各门课程的相关理论、技术及管理知识，符合各

门课程在教学计划中的地位和作用。教材取材合适,要求恰当,深度适宜,篇幅符合各类院校的要求。

(2)教材内容努力做到由浅入深,循序渐进,并处理好了重点与一般的关系;符合认知规律,便于学习;条理清晰,文字规范,语言流畅,文图配合适当。

(3)教材努力贯彻理论联系实际的原则。教材在系统介绍汽车服务工程专业的科学理论与管理应用经验的同时,引用了大量国内外的最新科研成果和具有代表性的典型例证,分析了发展过程中存在的问题,教材内容具有与本学科发展相适应的科学水平。

(4)教材的知识体系完整,应用管理经验先进,逻辑推理严谨,完全可以满足汽车服务行业对综合性应用人才的培养要求。

《自动变速器技术》是汽车服务工程专业规划教材之一,本教材借鉴国内外自动变速器技术的最新研究成果,结合作者多年来在自动变速器领域的教学和科研成果,系统地阐述了汽车自动变速器的发展历史、分类、基本结构、工作原理以及产品设计和开发中涉及的关键技术。

《自动变速器技术》教材由北京航空航天大学徐向阳教授担任主编,北京理工大学万耀青教授担任主审。参加本教材编写工作的有:北京航空航天大学姬芬竹副教授、王书翰博士(第五章部分内容、第三章),北京航空航天大学刘艳芳博士(第一章、第二章部分内容、第六章),湖南大学薛殿伦副教授(第二章、第五章部分内容),北京航空航天大学博士研究生戴振坤、鲁曦等(第四章)。徐向阳教授对全书进行了统稿。

本书作为普通高等学校汽车服务工程专业的规划教材,将对汽车服务工程专业和相关专业的教学起到促进作用。此外,本书也可以作为国内汽车服务业就业群体学习提高和职工培训的教材或参考读物。

由于时间仓促,本套教材定有许多不足之处,敬请广大读者和同仁使用后批评指正,以便教材再版时修正。

全国高校汽车服务工程专业教学指导委员会(筹)

2010 年 10 月

目 录

Mulu

第一章 绪 论

第一节 汽车变速器的发展

从汽车诞生之日起，汽车变速器就在汽车传动系中扮演着至关重要的角色。现代汽车广泛采用活塞式内燃机，活塞式内燃机提供的转矩和转速变化范围较小，无法满足汽车各种复杂的使用条件。例如空车在平直公路上行驶时，行驶阻力相对很小；但当满载上坡时，行驶阻力相对很大；在顺畅的高速公路上行驶应该达到100km/h或者更高的车速，而在拥堵的市区内，车速常常在30km/h左右。为了解决这些矛盾，需要在传动系中设置变速器。变速器的作用主要有3个方面：

(1)改变汽车传动系的传动比，扩大驱动车轮转矩和转速的范围，使车辆适应各种行驶工况的同时，保证发动机在理想的工况（动力性较高、经济性较好）下工作。

(2)在发动机转矩方向不变的情况下，实现汽车的倒退行驶。

(3)中断发动机传递给车轮的动力，实现空挡，以便发动机能够起动和怠速运转。

按照变速操纵方式的不同，汽车变速器可以分为手动变速器和自动变速器。由于手动变速器具有汽车起步不平稳、转速变化突然、发动机工作处于非稳定工况、对传动系统会造成一定动载荷和冲击、驾驶员操纵频繁等一系列缺点，其市场份额正在逐步被自动变速器所取代。从市场地域来看，目前，自动变速器在美国汽车市场已经占据主导地位，超过90%的车辆装配自动变速器，日本新车则占80%左右，欧洲市场也超过了40%，中国则在35%左右，自动变速器已经成为北美和日本新产乘用车和轻型商务车的首选。从车型来看，目前，国际上自动变速器在高档乘用车上的装配率已超过90%，中档和低档乘用车分别接近60%和40%。另有报告显示，在重型货车等商用车上，自动变速器的比例也在不断增加。1996年重型货车中自动变速器的比例只有5%，而2006年已上升到18%。欧洲汽车制造商和经销商协会2008年最新统计的数据显示，英国配备自动变速器的汽车占汽车总量的15%，而5年前是13.5%。据美国汽车咨询公司CSM统计，2007年，中国乘用车市场（包括轿车、SUV、MPV），自动变速器的市场份额为36%；据其预测，到2013年，将上升到45%左右。据德国ZF公司预测，到2010年，全球自动变速器将占到55%的市场份额。到2012年，北美市场94%以上销售的乘用车将装有自动变速器，在南美及加拿大市场这个比例将达90%。到2013年，欧洲市场配备自动变速器的汽车将达到48%。因此，自动变速器占据市场绝对主导地位将是大势所趋。

一、手动变速器(MT)

手动变速器(Manual Transmission，简称MT)主要采用齿轮传动的变速原理，变速器内有多组传动比不同的齿轮副,汽车行驶时的换挡就是通过操纵机构使变速器内不同的齿轮副工作。如在低速时,让传动比大的齿轮副工作;而在高速时,让传动比小的齿轮副工作。由于每挡齿轮组的齿数是固定的,所以各挡的变速比是定值。乘用车手动变速器一般有4~6个前进挡和1个倒挡,每个挡位有一定的传动比,多数挡位传动比大于1,最高挡或者次高挡传动比为1,称为直接挡,而传动比小于1的挡称为超速挡。空挡时输出轴的齿轮处于非啮合位置,无法传输动力。

常见的手动变速器由变速器壳体、轴、轴承、齿轮、同步器和换挡机构组成。根据轴的个数不同,可以分为三轴式和二轴式变速器。轴构成了变速器的主体,还有1根倒挡惰轮轴,通过不同的齿轮啮合实现变速变矩的目的。图1-1为传统的三轴式五挡手动变速器,其结构即为"两轴一中轴",它的工作原理为:输入轴也称第一轴,它的前端花键直接与离合器从动盘的花键套配合,从而传递由发动机输出的转矩。第一轴上的齿轮与中间轴齿轮常啮合,只要输入轴一转,中间轴及其上的齿轮也随之转动。中间轴也称副轴,轴上固连多个大小不等的齿轮。输出轴又称第二轴,轴上套有各前进挡齿轮,可随时在操纵装置的作用下与中间轴的对应齿轮啮合,从而改变本身的转速及转矩。输出轴的尾端有花键与传动轴相连,通过传动轴将转矩传送到驱动桥减速器。图1-2为典型的二轴式五挡变速器,其结构为"两轴",由于省去了中间轴,所以一般挡位传动效率要高一些;但是任何一挡的传动效率又都不如三轴变速器直接挡的传动效率高。它的工作原理为:一轴为输入轴,它的前端花键直接与离合器从动盘的花键套配合,从而传递由发动机输出的转矩。第一轴上的齿轮与第二轴齿轮常啮合,只要输入轴一转,二轴(输出轴)及其上的齿轮也随之转动。二轴为输出轴,轴上套有各前进挡齿轮,可随时在操纵装置的作用下与一轴的对应齿轮啮合,从而改变输出的转速及转矩。输出轴通过主减速器主、被动齿轮12和6与主减速器相连,将转矩传送到驱动桥主减速器。

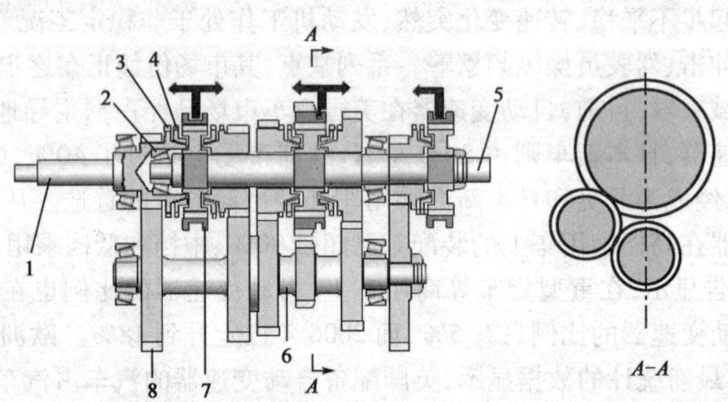

图1-1　三轴式五挡变速器

1-输入轴;2-轴承;3-接合齿圈;4-同步环;5-输出轴;6-中间轴;7-接合套;8-中间轴常啮合齿轮

由于手动变速器输入轴与输出轴以各自的速度旋转,变换挡位时存在一个"同步"问题。两个旋转速度不一样的齿轮强行啮合必然会发生冲击碰撞,损坏齿轮。因此,旧式手动变速器的换挡要采用"两脚离合"的方式,升挡要在空挡位置停留片刻,减挡要在空挡位置给发动机加速,以减少不同啮合齿轮的转速差。但这个操作比较复杂,难以掌握精确。因此设计师创造出"同步器",将要啮合的齿轮通过同步器来实现一致的转速,从而顺利啮合。

手动变速器具有如下特点:

(1)结构简单。传动机件均使用齿轮、花键毂、接合套等机械性零部件组装而成,传动可靠、结构简单是传动系统中最传统的设计思想,并得到了广泛的应用。

(2)体积较小。由于结构简单,制造起来可以使其变速器体积设计较小,所以汽车传动系统结构紧凑,有利于减小汽车整体的外形尺寸。

(3)制造成本低。由于结构简单,机械零件设计与制造精度要求不高,装配精度也较低,所以工人装配与修理均比较容易。

(4)传动效率高。由于是机械传动,动力传递损失可以控制在很小范围内,基本上只有齿轮的摩擦损失和搅油损失,所以功率浪费较少。

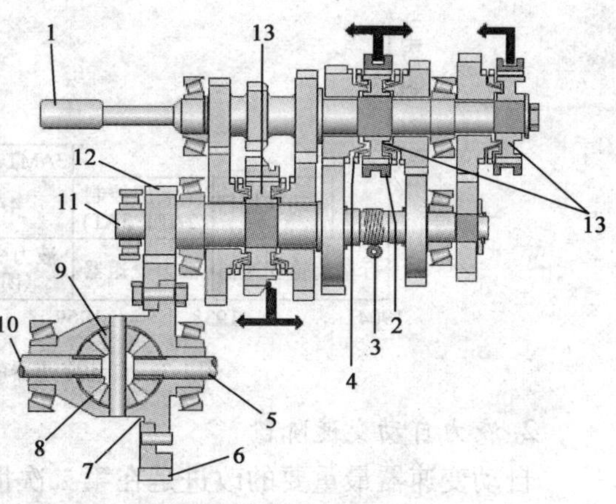

图 1-2　二轴式五挡变速器

1-输入轴;2-接合套;3-里程表齿轮;4-同步环;5-半轴;6-主减速器被动齿轮;7-差速器壳;8-半轴齿轮;9-行星齿轮;10、11-输出轴;12-主减速器主动齿轮;13-花键毂

(5)操作复杂。乘用车机械式变速器,一般设计有 4 ~6 前进挡。汽车在行驶中,驾驶员需要根据车辆运行工况和行驶条件,不断选择不同挡位进行更换。这使驾驶员操作复杂,易疲劳,并容易发生交通事故。同时,在频繁地换挡与离合过程中,机件会造成频繁的磨损,从而影响换挡的精确性与平顺性。在当今的大城市中,“堵车”现象愈来愈多,驾驶员需要频繁踩离合器换挡,体力消耗大,发动机很难工作在最佳的状态,动力性难以完全发挥,也影响其经济性。

(6)传动负荷率低下。尽管有级变速器能够基本满足汽车行驶需要,但是由于挡位设计有限,驾驶员操作强度有限,所以功率浪费是可观的。这样造成使用负荷率下降,油耗增加,工作效率下降等。

由于 MT 具有结构简单、成本较低等优点,而且如果驾驶者技术好,装手动变速器的汽车在加速、超车时比装自动变速器的汽车快,也省油。因此,在自动变速器没有较大的优越性的前提下,手动变速器仍然会得到广泛的应用。

二、自动变速器的发展历史

汽车自动变速器是指不依靠人的换挡操作,而能自动实现换挡功能的装置。汽车自动变速器是随着车辆技术及其相关技术的发展而产生的。纵观汽车自动变速器的发展历史,大体上可以分为 5 个阶段:自动变速前期、液力自动变速阶段、电控自动变速阶段、智能变速阶段和多元化发展阶段。各阶段的技术应用情况见图 1-3。

1. 自动变速前期

最早在 1904 年出现了离合器和制动器等摩擦元件操纵变速的行星齿轮机构,该机构首先用于英国 Wilson Picher 汽车上。1907 年福特车上大量使用行星齿轮变速器,它的出现实现了不切断动力进行的“动力换挡”,并避免了固定轴式变速器中的“同步问题”。而液力耦合器的出现为自动操纵换挡的实现提供了可能, 1938 年至 1941 年美国通用汽车公司(General Motors) 和克莱斯勒汽车公司(Chrysler)采用液力耦合器代替离合器,省去了驾驶时的离合器踏板操作。随后出现了液力自动变速器的前身,开始了利用车速和加速两个参数信号,用液压逻辑油路控制的液力自动变速时代。

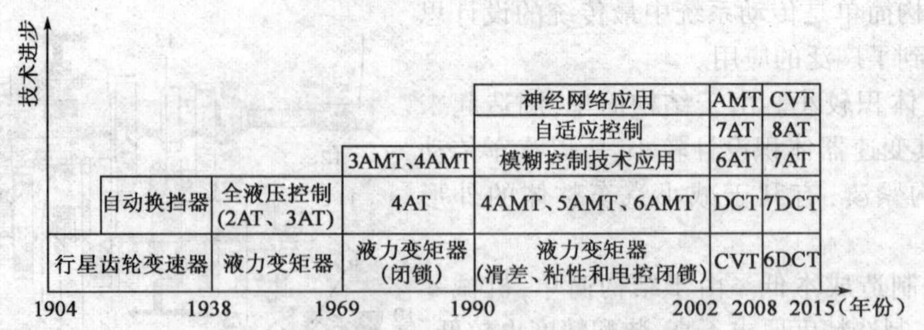

图 1-3　自动变速器的发展历程及采用的新技术

2. 液力自动变速阶段

自动变速器最重要的改进是在第二次世界大战期间,别克汽车公司开发了液力变矩器。该阶段始于 1938 年通用生产的 Oldsmobile 车上的 Hydromantic 液力自动变速器,以液力自动变速器的普遍应用和迅速推广为特征。这个阶段的液力自动变速器由液力变矩器和行星齿轮变速器组成,控制系统是通过液压系统来实现的,控制信号的产生,主要是通过反应节气门开度大小的节气门阀和反应车速高低的速控阀实现,其控制系统是由若干个复杂的液压阀和油路构成的逻辑控制系统,按照设定的换挡规律,控制换挡执行机构的动作,从而实现自动换挡。代表性的产品有:丰田的 A40 系列自动变速器、通用的 4T60E、EF、CHPE9 等系列产品。但液压系统的控制精度较低,难以适应车辆行驶状况的变化,无法按使用者愿望实现精确的换挡品质控制。

3. 电控自动变速阶段

1968 年法国雷诺公司第一次在自动变速器上使用了电器元件,向自动变速器电气化迈出了第一步。电控自动变速器与全液压的区别在于自动换挡的控制系统是由电脑来实现的,但当时电子技术不成熟,应用范围较窄。到 20 世纪 80 年代末,电子控制逐步实用化,越来越多的自动变速器采用了电子控制。1977 年,美国克莱斯勒公司第一次开发了带锁止离合器的液力变矩器。1982 年,丰田公司生产了第一台由微机控制的电控自动变速器,它是装配在佳美四缸机上的 A-140E 自动变速器。1983 年,德国成功研制了电控发动机和电控自动变速器共用的电控单元。1984 年美国奥兹莫比尔汽车装上了 THM440-T4 型自动变速器,这也是美国汽车史上的第一台电控自动变速器。自动变速器的控制系统包括电控和液控两部分,电控系统由电控单元 TCU(Transmission Control Unit)、各种传感器、电磁阀及控制电路等组成,它将控制换挡的参数(例如车速和节气门开度等)通过传感器转换为电信号输送给 TCU,TCU 通过处理将换挡信号作用于换挡电磁阀从而利用液压换挡执行机构实现自动换挡。由于 TCU 能存储和处理多种换挡规律,在改善换挡品质控制方面,有明显的优越性,并且与整车的其他控制系统兼容性好,最终可以实现车辆电子控制系统一体化。

4. 智能自动变速阶段和多元化发展阶段

随着车辆技术和自动变速技术的发展,人们不再满足于简单的功能实现,车辆自动变速技术即将进入智能化阶段,控制策略的不断改进成为车辆自动变速技术的特点。德国宝马公司从 1992 年起,陆续推出用于四挡和五挡自动变速器的自适应控制系统,能够自动识别驾驶员的操作方式、环境条件和行驶状况,并对换挡规律作出适当调整。日本尼桑的 E4N71B 自动变速器,采用模糊推理对高速公路坡道进行识别,采取禁止升挡的措施消除循环换挡，三菱新型四挡自动变速器，将各种输入信息和驾驶员的换挡规律通过神经网络建立联系，利用神经网络的学习功能，使得车辆能够按照驾驶员意图自动换挡。

在自动变速器领域主要有 AT、DCT、CVT、AMT 4 种类型的自动变速器，世界上的各大研究机构和制造厂商在同步进行着不同类型自动变速器的研发和生产，例如，采埃孚（ZF）、爱信公司（ASIN）的 8AT；大众公司的 7DCT；杰特科公司的 CVT 等，这些不同类型的自动变速器都得到了广泛的应用，如今的自动变速器领域可谓各有所长，百家争鸣。

汽车自动变速器克服了手动变速器的不足，具有以下优点：

（1）提高了驾驶性能。自动变速器通过合理的设计与控制，能够完成自动变速动作，获得最佳的燃油经济性和动力性，使驾驶性能得到提高。

（2）提高了行驶性能。自动变速器的挡位变换迅速而且平稳，提高了汽车乘坐的舒适性和操作方便性；通过液压传动和微电脑控制换挡，降低甚至消除了动力传递系统中的冲击和动载，这对在地形复杂、路面条件恶劣情况下作业的工程车辆、军用车辆尤为重要。

（3）延长了发动机和传动系的使用寿命。自动变速器采用液力变矩器实现和发动机的“柔性”连接，外界的冲击负荷可以通过耦合器缓冲，有过载保护的作用，所以在汽车起步、换挡、制动时能吸收振动，相应减小发动机和传动系的动载荷。

（4）操作简单。自动变速器可以根据需要进行自动加挡、减挡，省去了起步和换挡时脚踏离合器、更换变速杆位置和松抬加速踏板位置等复杂的操作规程，减轻了驾驶员的疲劳程度，提高了行车安全性。

（5）提高了汽车的平稳性。液力变矩器的采用，使汽车在起步时，车轮上的牵引力逐步增加，起步平稳；汽车在行驶中的稳定车速也可以降到最低，甚至为零；行驶阻力增大时，发动机也不会出现熄火。

当然，由于自动变速器的类型不同，不同类型的自动变速器所表现出来的优缺点也不尽相同，相关内容将在后面详细介绍。

三、自动变速器的分类及其特点

目前已经产业化批量生产的乘用车自动变速器主要有 4 种类型：液力自动变速器（Automatic Transmission，简称 AT）、无级变速器（Continuously Variable Transmission，简称 CVT）、机械式自动变速器（Automated Mechanical Transmission，简称 AMT）和双离合自动变速器（Dual Clutch Transmission 或 Double Clutch Transmission，简称 DCT）。

1. *液力自动变速器（AT）*

液力自动变速器的基本形式是以液力变矩器和行星齿轮变速器串联为特征，以图 1-4、图 1-5 以及表 1-1 所示的德国 ZF 公司开发的八挡自动变速器 8HP42 为例说明其结构原理。图 1-4 为 8HP42 的基本结构和传动简图，表 1-1 为 8HP42 的换挡逻辑，图 1-5 为 8HP42 的直接升降挡逻辑图。就目前应用状况而言，液力自动变速器的主流产品由三部分构成的：液力变矩器、行星齿轮变速机构和电液式自动控制系统。液力变矩器从根本上简化了操纵，它既具有离合器的功能，又使发动机与传动系之间实现“柔性”连接，可以在一定的范围内实现无级变速，对外负载有良好的自动调节和适应性，与行星齿轮变速器串联或者并联可以扩大其传动比和高效率工作范围，从而满足车辆改变速度和变化输出转矩的需求。齿轮变速器主要由套在轴上的若干个行星排和换挡元件组合而成，通过不同换挡元件的分离或者接合，可以实现多个传动比，从而达到变速的目的。

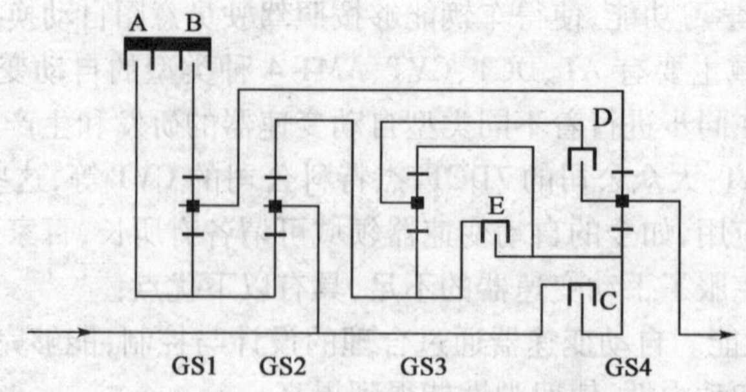

图 1-4　ZF8HP42 八挡自动变速器

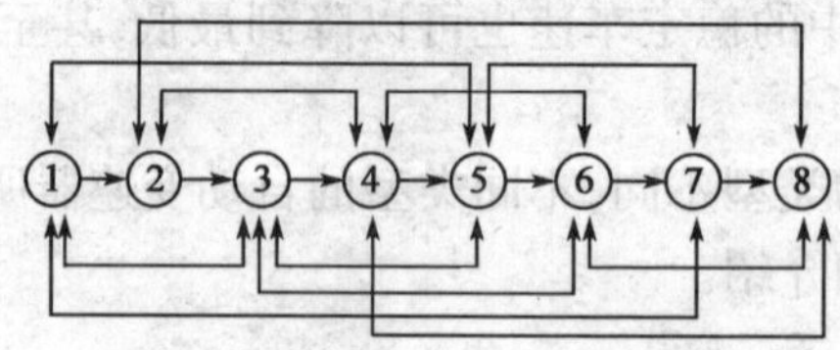

图 1-5　ZF 8HP42 直接升降挡逻辑

ZF 8HP42 换挡逻辑　　表 1-1

跛行回家挡	挡位	换挡元件					挡位传动比	挡位间比
		A	B	C	D	E		
	R	●	●		●		-3.3	
	N			●				
	1	●	●	●			4.7	1.5
	2	●	●			●	3.13	1.49
	3		●	●		●	2.1	1.26
	4		●		●	●	1.67	1.30
	5		●	●	●		1.29	1.29
D	6			●	●	●	1	1.19
	7	●		●	●		0.84	1.25
	8	●			●	●	0.67	
							总传动比	7.05

注：●表示该换挡元件接合，空白表示该换挡元件分离。

液力自动变速器的电液式控制系统用于实现对液力变矩器的闭锁和打滑控制及对齿轮变速器的换挡操纵和换挡品质控制等，基本控制过程如图1-6所示。首先，通过各种传感器检测出汽车运行状态、行驶工况和驾驶员驾驶愿望、要求等参数输入到电子控制系统；然后，经过分析处理选择合适的控制规律，并输出控制指令经电液转换执行机构至液压控制系统；最后，通过液压操纵换挡元件的分离或接合来实现换挡。

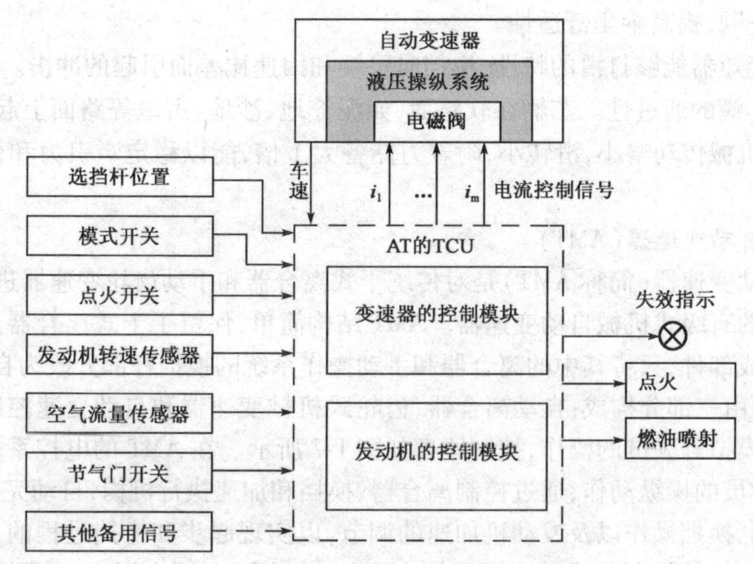

图1-6 常见的电液式控制系统

1926年在别克乘用车上开始使用液力机械传动的变速器。1938年美国克莱斯勒汽车公司采用了液力耦合技术，并在1939年首先成功地研制了由液力耦合器和行星齿轮变速器组成的4挡液力变速器，装备于该公司生产的Oldsmobile乘用车上。该变速器被认为是自动变速器的代表，是当今自动变速器的原始形式，标志着自动变速器的诞生。1939~1950年的11年间是液力自动变速器的成长期。这一时期的特点是液力传动部分采用液力耦合器，机械变速部分采用行星齿轮。1950年美国福特汽车公司成功研制了装用液力变矩器的3挡液力自动变速器，从此乘用车用液力自动变速器技术进入了成熟期。1969年，法国雷诺汽车采用了电控液力自动变速器，其控制方式是由计算机依据检测到的车辆速度和节气门开度的电信号来判断变速的时机，并确定变速程序。1977年后，日本丰田汽车公司成功研制了具有超速挡的液力自动变速器。机械式锁止方式最早在1939年美国通用汽车公司生产的Hydrometric上使用过。1977年，美国克莱斯勒汽车公司在变矩器上装用由液力控制的带减振器的离合器，使锁止装置进入了成熟期。1991年，美国通用汽车公司在前轮驱动的乘用车上装备4T60E型电控液力自动变速器。同年，福特汽车公司也在2种前轮驱动的轿车上装用了AXODE型4挡电控液力自动变速器。在我国，液力传动装置的应用始于20世纪50年代，当时成功地研制了“红旗”高级轿车使用的液力自动变速器。在20世纪70年代，我国已将液力传动应用于一系列的重型矿用汽车上，如SH380型32t矿用自卸车、CA390型60t矿用自卸车等。目前我国生产的部分型号的汽车上已装备了液力自动变速器。自20世纪90年代以来，大量电子技术的应用，使液力自动变速器电控系统的结构和控制方法日臻完善，控制精度越来越高，控制范围日益扩大，正朝着综合控制和智能控制的方向发展。

液力自动变速器的主要特点为：

(1)自动变矩,适应外界阻力的变化。

(2)降低传动系统载荷,使汽车平稳起步,吸收和衰减振动和冲击,延长传动系寿命。

(3)防止发动机因过载而突然熄火。

(4)换挡平顺,提高乘坐舒适性。

(5)利用变矩器能够打滑的特性,换挡时可缓和因速比差而引起的冲击。

(6)提高车辆的通过性。车辆在软路面,如泥泞地、沙地、雪地等路面上起步和加速时,车轮下陷量较机械传动略小,滑转小,附着力储备大1倍,能以稳定牵引力和任意低的车速行驶。

2. 机械式自动变速器(AMT)

机械式自动变速器(简称AMT)是对传统干式离合器和手动齿轮变速器进行电子控制,实现自动换挡的有级式机械自动变速器。AMT结构简单,保留了干式离合器与手动变速器的绝大部分总成部件,只将其中的离合器和手动操作系统的换挡杆部分改为自动控制机构。因此AMT主要由三部分构成:自动离合器、齿轮式机械变速器和自动变速控制系统。其控制过程基本是模拟驾驶员的操作,控制原理如图1-7所示。在AMT的电控系统(TCU)的控制下,模拟驾驶员的操纵动作,通过控制离合器、换挡和加速执行机构,自动完成离合器的分离与接合、选挡、换挡操作以及发动机加速的调节,以实现起步和换挡过程的自动操纵。图1-7显示的AMT换挡控制是通过液压系统实现的,在实际车辆应用中(特别是小排量乘用车),也可以采用电机实现离合器操作和换挡操作的自动化,实现电机控制的自动换挡。在商用车辆应用中,由于商用车自身具有气源,也可以采用气压实现离合器操作和换挡操作的自动化。

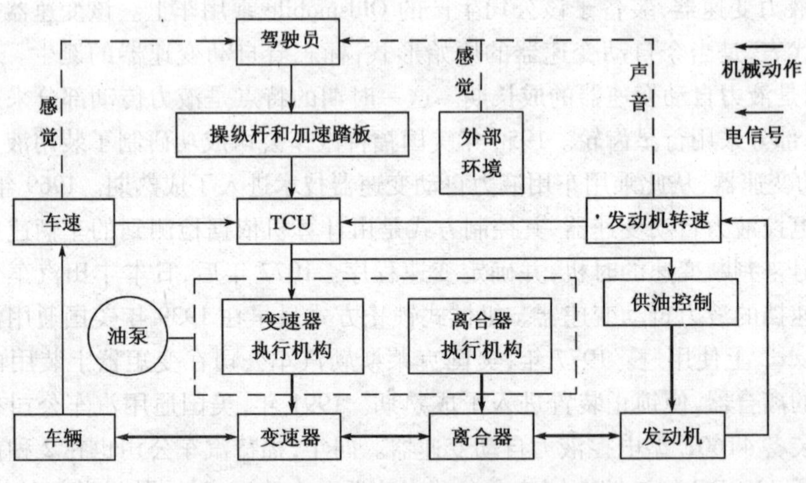

图1-7 AMT的控制原理

机械式变速器的自动控制研究始于20世纪70年代,像早期瑞典Scania的CAG系统、美国Eaton的SAMT系统均采用了机械变速器的半自动操纵方式,其实质是辅助换挡系统,即由电子控制系统实现换挡,而换挡时刻由驾驶员踩离合器踏板来确定,电子显示器可提示驾驶员何时为最佳的换挡时刻,但它们仍然不能取消离合器踏板,实现传动系的全自动操作。1984年日本ISUZU公司将名为NAVI-5的电控机械自动变速器投放市场,这是世界上

第一种实用的全自动机械变速器。继日本之后，美国的 Ford 公司、Eaton 公司，德国的 ZF 公司，意大利的 Fiat 公司相继实现了机械变速器的自动化。研究的重点是自动离合器、换挡控制和换挡策略。在日本采用转矩反馈控制系统后，换挡同步控制日臻完美，但离合器的起步控制和换挡规律仍是困扰着 AMT 发展的难点，造成离合器磨损加剧、坡道和弯道意外换挡等不良现象。由于离合器的起步和换挡操作受到环境因素、车辆运行状态、驾驶者的意愿等多种因素影响，是一个复杂、多变、开放系统，传统控制理论和方法不能满足要求，人们开始采用模糊推理的智能方法进行离合器接合、换挡策略的模糊控制研究。

AMT 的生产继承性较好，在 MT 基础上改造投入费用少，易于被 MT 生产厂接收。但由于 AMT 是非动力换挡，变速器输出转矩与转速变化比较大，容易造成冲击大及换挡期间动力中断等缺点。

3. 双离合自动变速器

为了充分解决 AMT 换挡期间动力中断的缺点，一种采用双离合器结构的自动变速器（Dual Clutch Transmission，简称 DCT）应运而生。双离合器自动变速器是基于手动变速器基础上，加上电子控制和液压驱动，让两个离合器交替工作，不间断地输出动力。DCT 既继承了手动变速器传动效率高、安装空间紧凑、质量轻等优点，又实现了换挡过程的动力换挡，改善了换挡品质；但由于结构本身的特点，只能顺序换挡，即只能由低挡逐挡升到最高挡或由高挡逐挡降到最低挡，而不能实现跳挡换挡。

常见的 DCT 结构原理如图 1-8 所示，此为一款六挡双离合自动变速器。以 2 挡升 3 挡的过程为例，当 DCT 以 2 挡运作时，2 挡齿轮被啮合，而接近换挡时，3 挡位的齿轮已被预选，但与 3 挡相连的离合器 1 仍处于分离状态；当达到换挡点时，离合器 2 开始分离，同时离合器 1 开始接合，两个离合器交替切换，直至离合器 2 完全分离，离合器 1 完全接合，整个换挡过程结束。由于 3 挡齿轮已经预选，因此在整个换挡过程中始终有一组齿轮在输出动力，从而避免了动力中断的状况。DCT 的控制系统分为电子和液压控制系统。液压系统主要包括液压泵、液压控制单元和油液冷却系统。电控系统（TCU）采集车辆运行信息、驾驶员的操作指令，然后进行判断并控制 DCT 的运行。液压系统接收 TCU 的控制指令，对变速器的换挡机构和离合器的工作进行操纵。

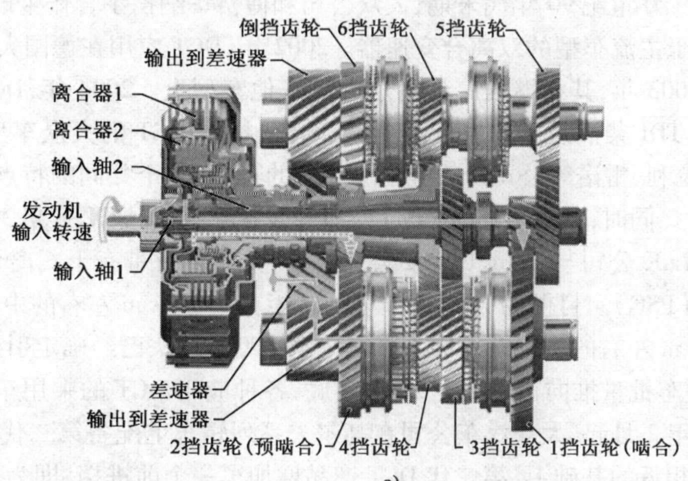

a)

图 1-8

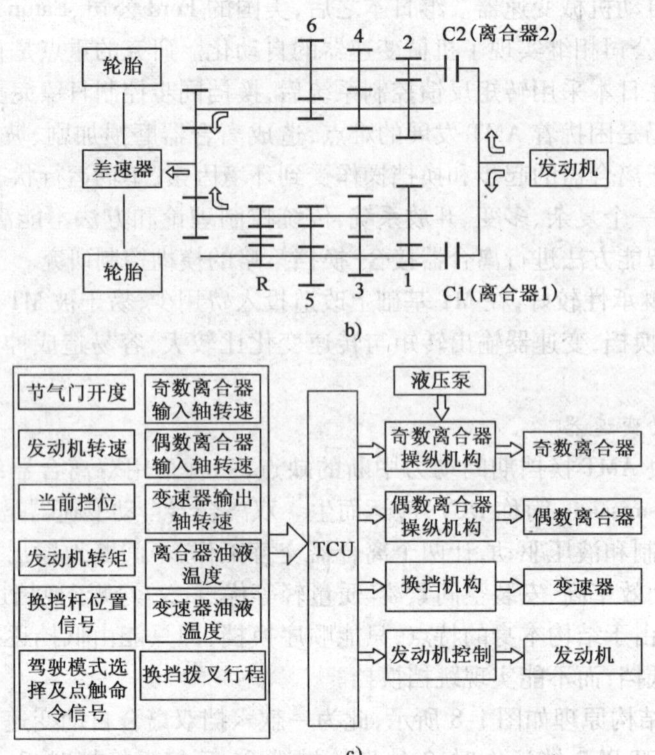

图 1-8 DCT 系统总成示意图

a) DCT 结构图;b) DCT 原理图;c) DCT 控制框图

1940 年,德国 Darmstadt 大学教授 Rudolph Franke 第一个申请了 DCT 专利,随后保时捷也发明了专用于赛车的双离合变速器(PDK)。然而,在那个时代,未能成功将 DCT/PDK 技术投入批量生产。博格华纳从 1997 年开始开发双离合技术,并将双离合技术注册商标为 Dual Tronic,2003 年开始为大众汽车配套。博格华纳因双离合器技术创新荣获了“2005 年度北美供应商超级大奖”。大众与奥迪也把 DCT 称为直接换挡变速器(Direct Shift Gearbox,简称 DSG)。到了 20 世纪 90 年代末期,大众公司和博格华纳携手合作生产第一个适用于大批量生产和应用于主流车型的双离合变速器。2002 年,DCT 应用在德国大众高尔夫 R32 和奥迪 TTV6 上。2003 年,其相继推广到高尔夫等其他车型上。2004 年,DCT 在德国大众途安车型上首次与 TDI 柴油发动机匹配。到 2006 年,搭载 DCT 的大众车型累计生产 70 万辆。2007 年,法拉利、雷诺等公司纷纷推出了各自的赛车,一个共同的特点是全都搭载了类似 DCT 的变速器。同时,里卡多(Ricardo)公司开发出了 7 挡 DCT 样机,并装备在 Bugatti-Veyron 跑车上。LuK 公司与 Ford、Getrag 公司合作,共同开发带有干式离合器的 DCT,称为平行轴式变速器(PSG)。目前的 DCT 车型多为转矩在 350N·m 左右的中级车,现在正准备向转矩在 150N·m 左右的小型车发展。日本一家小型车巨头已经确定引入 DCT,不久将会有 DCT 版的小型车批量推向市场。至 2007 年底,各种应用 DCT 的乘用车已累计销售超过 100 万辆。2008 年 2 月起,大众汽车公司在高尔夫系列轿车上配备第二代 DCT 产品。在保持与第一代体积相近的基础上,第二代 DCT 产品增加了一个前进挡,即为 7 挡自动变速器;而且采用 LuK 公司开发的 2 个前后布置的干式离合器替代了原来并排布置的湿式离合器。在燃油经济性方面与配备湿式双离合器的变速器相比,该 7 挡 DCT 产品能节省超过 10% 的燃料;和传统的手动变速器相比,节省油耗在6%左右。

4. 无级式自动变速器 CVT

无级传动变速器(Continuously Variable Transmission,简称 CVT)又称为机械无级变速器,主要靠主动轮、从动轮和传动带或传动链来实现速比的无级变速。

早期的机械无级变速器是通过两个锥体改变接触半径而实现传动比连续变化,但由于接触部分挤压应力太高,难以进入实用化。后发展成为采用橡胶材料的带传动,又受传动带寿命的影响,无法满足汽车行驶的需要,德国的 PIV 公司从 1956 年起,开始研究链传动的 CVT,德国大众等公司也曾在乘用车上装用过这种变速器。到 20 世纪 80 年代,出现了技术上的突破,橡胶带被由许多薄钢片穿成的钢带代替,使其与两个锥轮的槽在不同半径上"咬合"来改变速比。1987 年,福特公司首次在市场上推出装用这种钢带的 CVT,日本富士重工、菲亚特等公司也已批量投产。

如图 1-9 所示,CVT 系统主要包括主动轮组、从动轮组、传动带和液压泵等基本部件。主动轮组和从动轮组都由可动盘和固定盘组成,与油缸靠近的一侧带轮可以在轴上滑动,另一侧则固定。可动盘与固定盘都是楔形面结构,楔形面形成 V 形槽与 V 形传动带啮合。发动机输出的动力首先传递到主动轮,然后通过 V 形传动带传递到从动轮,最后经减速器、差速器传递给车轮来驱动汽车。当主动轮轴向夹紧力增加,主动轮可动部分向主动轮固定部分靠近,主动带轮间距减小,因带轮的 V 形楔面作用,传动带沿带轮径向向外滑移,作用半径增大。在变速过程中,由于传动带长度一定,从动轮可动部分受传动带力的作用,背离从动轮固定部分向外移动,锥轮间距将增大,从动轮的作用半径减小,从而使无级变速传动比减小。若主动带轮轴向夹紧力减小,则有相反的作用过程,导致无级变速传动比增加。传动带无级变速传动通过调整作用在主、从动轮的轴向夹紧力,改变传动带在主、从动轮上的作用半径,进而实现无级调速。

CVT 与一般齿轮式自动变速器的最大区别在于它省去了复杂而又笨重的齿轮组合变速传动,而只采用了两组带轮来进行变速传动,因此,它的结构比传统变速器更简单、体积更小。与有级式自动变速器相比,它可以消除换挡调速时的跳动与冲击,降低了噪声,提高了行车舒适性与安全性。从理论上说,CVT 可以使发动机始终在其经济转速区域内运行,从而大幅度改善燃油经济性。但由于 CVT 是摩擦传动,与齿轮传动相比效率并不高,从目前的情况来看,节省燃油 10% ~20% 是可能实现的。而且,CVT 在加速中不需切断动力,容易获得较高的换挡品质和较强的加速性能。但是,由于传动带很容易损坏,因此,目前 CVT 主要应用于中、小排量的低功率和低转矩汽车上。

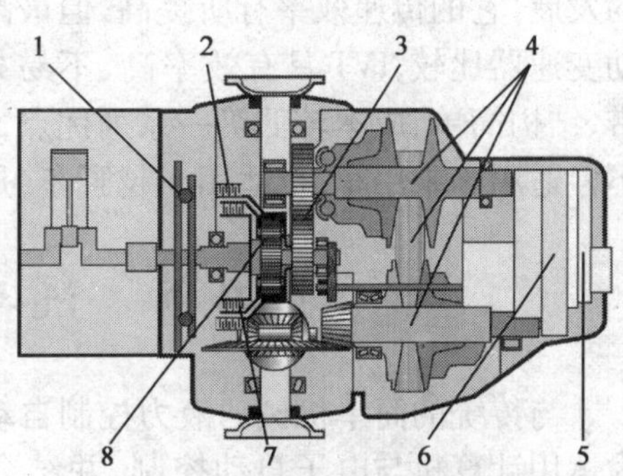

图 1-9　带式无级变速器的基本结构

1-飞轮减振装置;2-倒挡制动器;3-辅助减速齿轮;4-速比变换器;5-电子控制系统;6-液压控制系统;7-前进挡离合器;8-行星齿轮机构

四、新型自动变速器

无限变速式机械无级变速器(Infinitely Variable Transmission,简称 IVT)由英国的 Torotrak 公司研发出来,只是业界一直将它视为 CVT,直至 2003 年 3 月在美国底特律举行的

SAE(美国汽车工程师学会)年会上才将它单独分类。IVT 采用的是一种摩擦板式变速原理。早在 1905 年就出现过这种无级变速器,它由圆板和转子构成,结构简单,如图 1-10 所示。但由于摩擦本身带来的能量损耗大,发热量高,传递转矩小和材料不耐用等缺点,没有进行批量生产。这种变速原理便是今天 IVT 的基础。

IVT 与其他自动变速器最显著的差别之一是不使用变矩器,Torotrak 公司开发的 IVT 使用了 2 套离合器,如图 1-11 所示。驱动力由一套称为 Variato 的装置传递,通过锁止离合器和行星齿轮机构而将动力传递至传动轴。IVT 的核心部分由输入传动盘、输出传动盘和 Variator 传动盘组成。两个输入传动盘分别位于两端,输出传动盘只有 1 个位于中间位置,Variato 传动盘则夹于输入传动盘和输出传动盘中间,它们之间的接触点以润滑油作介质,金属之间不接触,通过改变 Variato 装置的角度变化而实现传动比的连续而无限的变化。

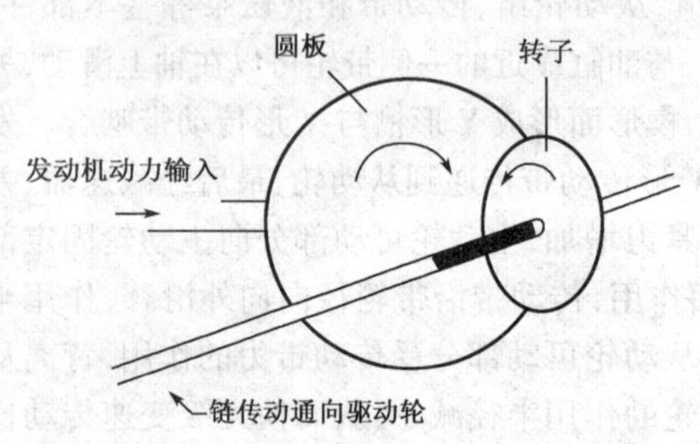

图 1-10 摩擦板式变速器

图 1-11 Torotrak 公司开发的 IVT

液力变矩器的作用是通过油液介质将发动机动力传递给变速器,随着其优化设计技术的发展,它的传递效率有所提高,但最高也在 90% 左右。IVT 由于不使用变矩器,与其他自动变速器比较,IVT 具有效率高、不易打滑、油耗低、不需要工艺复杂造价昂贵的金属传动带、结构简单、成本较低等一系列优点,加上传递转矩大,长时间运转也不会引起过度发热,不但适用于乘用车,也适用于越野车,是一种新型变速器。

第二节 汽车自动变速系统的组成

与传统的简单机械—液力控制自动变速器相比,现代意义的汽车自动变速系统发展成为运用计算机与电子自动控制,并结合机械—液力传动技术完成传动变速过程的全自动控制系统,由机械变速系统、换挡执行机构、液压控制系统和电子控制系统和冷却装置组成。

汽车自动变速系统的工作原理是,首先由电子控制系统接收反映汽车运行状况和驾驶员意愿的车速和节气门开度等传感器的信号,分析确定挡位和换挡点,输出换挡指令,通过电磁阀将电信号转换为液压信号,由液压控制装置控制各种液压阀的动作,进而控制换挡执行元件,使得机械变速系统组成不同传动比的动力传递路线,实现自动换挡过程。

一、机械变速系统

机械变速系统的两种表现形式为齿轮式有级变速机构和带轮式无级变速机构。不同类型的自动变速器，它的基本内容和基本形式还是有所区别的。对AT而言，机械变速系统往往是指液力变矩器和行星齿轮机构，如图1-4所示。对AMT和DCT而言，机械变速系统往往是指圆柱齿轮机构，如图1-1和图1-2中的齿轮和轴系。随着人们对行星轮系和圆柱齿轮多样化组合技术的探讨，也存在行星轮系和直齿轮系组合应用的现象。对CVT而言，机械变速系统往往是指带轮传动机构。

二、换挡执行机构

不同类型的自动变速器，各个组成部分的基本内容还是有所区别的。对AT而言，机械变速系统是指液力变矩器和行星齿轮机构，换挡执行机构是指换挡离合器、制动器和单向离合器等。对AMT而言，机械变速系统是指平行轴式齿轮机构，换挡执行机构是指自动离合器和同步器等。对DCT而言，机械变速系统是指平行轴式齿轮机构，换挡执行机构是指双离合器和同步器等。对CVT而言，机械变速系统是指带轮传动机构，换挡执行机构是指换挡离合器。

三、液压控制系统

自动变速器液压控制系统的作用是通过电磁阀接收电子控制系统的指令并将其转化为液压信号，来控制液压阀阀芯的运动，从而控制换挡执行元件和闭锁离合器的动作，实现自动换挡。根据实现的功能的不同，自动变速器液压控制主要由以下4个部分组成。

1. 供油调压和流量控制系统

该系统主要由油泵和主油路调压系统两部分组成，它的作用是为变速器整个液压系统提供具有一定压力和流量的油液。现代自动变速器只有一个油泵，为所有的液压系统供油。

2. 换挡操纵系统

该系统应该由电子自动控制换挡电磁阀、防止结合元件干涉的互锁阀、人工操纵的手动阀和一些特殊要求的液压阀等组成。它必须具备3个功能：换挡功能、互锁功能和失效保障功能。

现代自动变速器都必须具有自动换挡和人工换挡两种功能，以满足汽车各种复杂工况的使用要求。除了在电子控制失效时仍能保持部分挡位之外，人工换挡还可以对自动换挡进行干预使得换挡更符合要求。人工干预主要体现在换挡杆的位置上，一般的自动变速器换挡杆的位置除了驻车P、空挡N、倒挡R、前进挡D之外，还设置了D1、D2或者D3等挡位用于雪地、上下坡等特殊行驶工况。

在自动变速器中有些接合元件相互间存在矛盾关系，不能同时接合，否则，会产生结构的干涉。尽管在TCU电控系统内已有措施（电控互锁），但是为了安全起见，往往在油路上设计机械互锁阀，称之为机械互锁。

自动变速器的液压系统还必须具有失效保障措施。当电子控制系统出现故障或者电磁阀失效时，汽车必须能够用手动换挡，保证具有基本行驶挡位仍可以开车行驶。

3. 换挡品质控制系统

对有级式自动变速器，换挡过程实际上是接合元件的分离和接合的转换过程，由于存在速比差，传动系运动状况发生突变，如果接合元件分离和接合交替过程搭接不当，以及接合元件的摩擦接合力矩变化，会引起换挡冲击，给人不舒服的感觉。因此，在现代乘用车自动变速器中都设有电液控制的换挡品质控制油路，主要实现两个方面的油压控制：

(1)换挡搭接控制，进行换挡时接合元件分离和接合转换精确的定时控制。

(2)换挡时接合元件的油压变化曲线，包含将要分离的接合元件的油压下降曲线和将要接合的接合元件的油压上升曲线。

另外，为了控制接合元件的油压平稳增长，还需要并联或者串联调压阀(例如溢流阀、减压阀和节流阀)。

4. 闭锁离合器控制系统和冷却润滑系统

该系统是针对 AT 而言的，用于液力变矩器的闭锁离合器的接合、分离和打滑控制，该系统由压力阀、滤油器、冷却散热器和管路等组成。压力阀一般设置在入口处，防止进入液力变矩器的油压过高，使作用在叶轮上的轴向力过大，损坏变矩器。背压阀设置在出口处，保证变矩器内具有一定的油压，防止产生气蚀。冷却器一般设置在出口，液压油从变矩器流出，经散热器至变速器润滑冷却，然后回油箱。

自 1977 年开始采用变矩器液体流动方向的改变使闭锁离合器接合和分离的方案后，该结构方案就成为闭锁离合器的主流。液体从泵轮入口进入变矩器，从泵轮出口流出至闭锁离合器摩擦片，将它压紧在泵轮壳体上，使闭锁离合器接合；反之，闭锁离合器分离。打滑控制是由通过改变闭锁离合器摩擦片上的压紧油压来实现的。首先，根据车速、节气门开度等传感器信号，由电子控制系统计算出实际打滑率，并与存储在控制器中的目标打滑率比较来控制闭锁离合器的压紧油压。为了精确控制压紧油压，采用电子控制，其控制方式有电子控制电液比例阀和电子控制高速电磁阀两种。打滑的控制方法最早采用简单的 PID 反馈控制，但由于情况复杂，影响因素多，且控制过程要求响应快、稳定性好，因此，很难满足要求。目前，主要是采用模糊控制、学习控制和鲁棒控制等复杂的控制方法。

四、电子控制系统

自动变速器的电子控制系统(Transmission Control Unit，简称 TCU)的作用是根据车速、节气门开度等传感器信号，分析确定挡位和换挡点，输出换挡指令，通过电磁阀产生液压信号来控制换挡元件的动作，从而实现自动换挡过程。

自动变速器电控系统由传感器、电控单元 TCU(包括控制软件)和执行组件三部分组成，如图 1-12 所示。传感器组件一般包括车速传感器、节气门位置传感器、发动机冷却液温度传感器、空挡起动开关、制动灯开关、超速开关、模式选择开关等，用于感知车速、节气门开度、冷却液温度和其他工作情况，并将这些信息转变成电信号输入电控单元。自动变速器的电控单元 TCU 可以是独立的，也可以与发动机的电控单元 ECU 集成于一体，TCU 和 ECU 集成为动力总成控制器是发展趋势。电控单元根据传感器输送的信号确定换挡和锁止时机，通过控制相应的电磁阀而达到控制液压系统。执行组件主要指电磁阀，包括换挡电磁阀、调压电磁阀、变矩器锁止电磁阀、加力电磁阀、冬天驾驶防滑阀等，它们控制作用于液压阀门上的油压从而控制换挡和锁止时机。

电控系统精确控制自动变速器的换挡时刻和闭锁离合器的工作情况，同时要求使换挡更加平顺。

1. 换挡点控制

这是最基本的控制项目。在自动变速器中，传动速比进行自动切换的位置称为换挡点

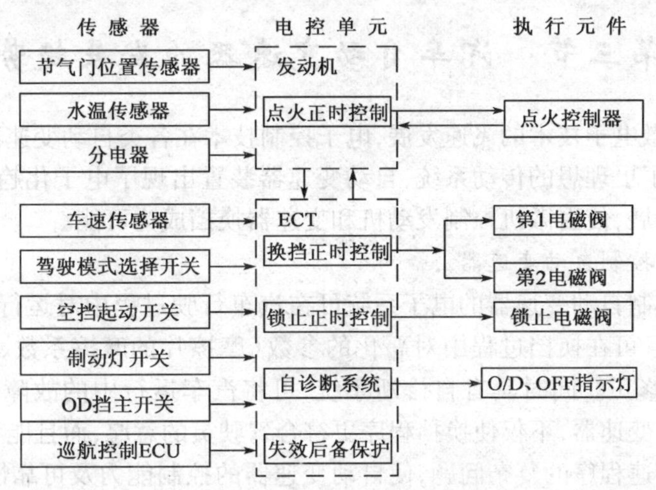

图 1-12 自动变速器电子控制框图

(变速点)。换挡点通常是由发动机节气门开度和车速决定的,车速提高时的换挡点和车速下降时的换挡点之间设有"滞后性",以防止在换挡点附近频繁变速引起的不稳定性。实际上,降挡线设置在比升挡线低速的一侧。换挡点文件位置存储在 TCU 中,在行驶中通过切换"特性工况选择开关",能够选择任意的换挡位置。

2. 闭锁控制

利用闭锁电磁线圈的开或关特性控制液力变矩器闭锁阀。为了防止在液力变矩器内的液体空转引起发动机功率损失,应尽可能使液力变矩器的闭锁离合器闭锁。在闭锁状态,车辆燃油经济性提高,但是液力变矩器不能发挥增大转矩和减少转矩冲击的作用,降低了车辆的加速性能。一般而言,在加速工况重视行驶性时,闭锁点的车速高一些;在经济工况重视燃油经济性时,闭锁点的车速低一些。

3. 变速时过渡特性控制

变速器行星齿轮的各组件在变速过程中,由于离合器与制动器的作用,需要频繁的啮合和分离,这时,由于各组件的转矩变化及旋转部件的惯性力的影响,引起输出轴转矩的变动。这种转矩变化导致车辆的加速度变化(变速冲击),使乘员感到极其不舒适。为了缓和变速冲击,要求进行变速控制以减少转矩变化。与此同时,作为转矩传动系统,也必须考虑车身整体的振动系统。

4. 发动机转矩控制

发动机转矩控制是指在离合器工作时所传递的转矩发生下降,限制变速时的转矩变动,通过变速时发动机的点火时间滞后,使发动机的输出转矩临时下降,以使离合器接合平缓,在加速升挡变速时,输出变速信号,输入轴转速(发动机转速来自变速器输入轴速度传感器)降低到某一数值时,向发动机 ECU 提出滞后控制的要求,以使点火时间比标准时间推迟,降低发动机的转矩输出。

5. 离合器油压控制

离合器油压控制是指调整离合器接合时的工作油压,控制接合力,以减少转矩的变动。TCU 把理想的离合器接合动作的状态,作为输入轴转速的变化状态(目标转速)进行存储,按照输入转速与目标转速差控制作用于电磁线圈电压的占空比,控制离合器的接合过程,减少变速时的转矩变动,直至离合器接合终了。

第三节　汽车自动变速器的发展趋势

近年来,随着微电子技术的飞速发展,电子控制技术在各类自动变速器上得到了广泛的应用,给汽车带来了更理想的传动系统,自动变速器装置出现了电子化趋势,特别是大规模集成电路技术的发展,使由微机控制发动机和变速器换挡成为可能。

1. 智能型电子控制自动变速器

智能型电子控制自动变速器的电子系统可在汽车行驶过程中对运行参数进行控制,合理选择换挡点,而且可在换挡过程中对恶化的参数(摩擦片的摩擦系数、油的黏度、车辆的复合变化等)进行修正。同时具有自诊断系统,可将汽车运行中的故障记录下来,便于维护。利用微机控制变速器,不仅使换挡程序更符合驾驶员的意愿,而且能利用模糊控制理论解决特殊情况下变速程序的复杂问题,使自动变速器的控制能力及可靠性大幅度提高。现代电子控制自动变速器的主要特点是一机(微机)多参数、多规律性的控制。多参数指输入微机的控制参数多元化,即控制参数不仅有发动机转速、车速、节气门开度等信号,而且有反映发动机、变速器工作环境、行驶状况等信号。控制参数多元化,能全面反映发动机和变速器的实际工况。多规律是指微机中存储多种不同的换挡规律,如最佳经济性、动力性及各种加速行驶时的经济性、最佳排放量等,驾驶员可按需要调用相应的规律,实现最佳控制。多参数、多规律性的电子控制,使发动机和变速器在不同节气门开度和各种行驶环境下都能处于最佳工作状态。

2. 电子控制无级变速器(ECVT)

无级变速器能自由改变速比,故能进行理想的变速控制,比多挡位齿轮传动机构更优越。自动变速器多挡化虽能扩大自动变速的范围,但它并不安全、迅速,只在有级变速与无级变速之间,而理想的无级变速器是在整个传动范围内能连续地切换变速比,使变速器始终按最佳换挡规律自动变速。无级化是对自动变速器的理想追求。但是无级变速器存在体积大、笨重和传动效率低的问题,而且缺少解决耐久性问题的相应措施。随着电子技术的应用,电子控制的V形金属带型无级变速器在西欧及日本得到应用和推广,主要有日本富士重工公司、荷兰VDT公司等。当今世界各大汽车公司对无级变速器的研制十分活跃。

3. 小型化

减轻质量、缩短动力传递路线能使汽车节油,自动变速器的小型化正起着这种作用。汽车质量是一个重要参数,是油耗的决定因素之一。实验表明:汽车质量降低1%,油耗可降低0.7%。未来汽车研究将致力于减轻所有部件的质量。另一方面,人们对汽车安全性的要求日益提高,要求在偶然发生碰撞的情况下,汽车有足够的刚度,提供更大的驾驶空间,因此,变速器的小型轻量化日显重要。

4. 低噪声化

在汽车的诸多噪声源中,传动系的噪声仅次于发动机和排气系统的噪声。齿轮噪声又是变速器的主要声源,在降低变速器噪声中占有非常重要的比例。几十年来,人们对齿轮的低噪声化进行了大量研究,取得了明显成效。在齿轮参数的降噪设计中,通过提高齿轮啮合齿轮的重合度来降低高速挡齿轮的噪声,小模数、小压力角、大齿高的齿轮设计已成为潮流。

变速器箱体在降低变速器噪声方面也发挥着重要作用，改进箱体的截面形状，运用有限元法掌握并改善箱体的振动特性，可有效降低变速器噪声。

5. 电子控制

与液压控制相比，电子控制具有明显优势，可实现液压控制难以实现的更复杂多样的控制功能，使变速器的使用性能提高；可极大地简化液压控制结构，减少生产投资等。电子控制功能借助于软、硬件结合才能实现，由于软件易于修改，可使产品具有适应结构参数变化的特性。随着汽车电子化的发展，汽车传动系统的电子控制可与发动机、制动、安全气囊等系统通过总线联网，资源共享而实现整体控制，进一步简化控制结构。

第四节　汽车自动变速器的仿真技术

根据仿真工具的不同，用于汽车自动变速器领域的仿真技术可以分为两类。

1. 有限元分析

有限元法由于具有能够解决结构形状和边界条件等任意力学问题的优点，在汽车自动变速器结构分析中得到广泛应用。目前，市场上有大量成熟的通用化有限元软件，如 ANSYS、NASTRAN。各种自动变速器结构件，尤其是轴、齿轮和壳体，都可以用有限元法进行静态分析、固有特性分析和动态分析。图 1-13 为某变速器一轴的有限元模型。借助于该模型，可以得到外载荷下的节点位移、应力和应变，研究轴承支撑位置、支撑刚度、轴及齿轮的尺寸、材料以及加工工艺的方法等对其的影响。利用有限元法可以进一步优化该轴的结构设计，以求获得更小的应力应变。

2. 多学科领域建模仿真

汽车自动变速器是一个复杂的系统，涉及多门交叉学科，包括机、电、液压、电磁和热等。自动变速器的多学科性和快速发展的特点，要求它的设计过程灵活、快速且经济。只有根据动态性能指标要求来设计自动变速器系统，从系统的角度优化设计自动变速器的零部件，才能设计出性能优良的自动变速器产品，满足日益激烈的市场竞争和愈加苛刻的技术要求，增加自主创新能力。

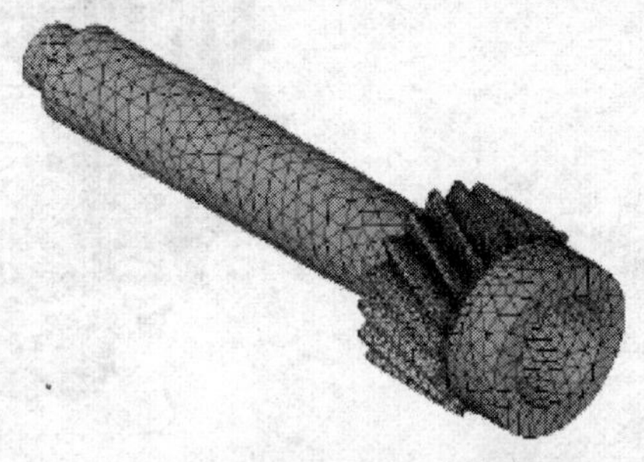

图 1-13　变速器某轴的有限元模型

由于机电液气控制系统的非线性以及研制过程耗时和耗资巨大，运用仿真和优化设计手段成为首选。成熟的商业系统仿真软件能够从元件设计出发，可以考虑摩擦、油液和气体的本身特性、环境温度等非常难以建模的部分，直至组成部件和系统进行功能仿真和优化，并能够联合其他优秀软件进行联合仿真和优化，还可以考虑控制器在构成闭环系统进行仿真，使设计出的产品完全满足实际应用环境的要求。目前工程领域上常用的成熟商业软件有很多，例如 Matlab/Simulink、AMESim 和 Simulation X。这些软件能够完成复杂系统的综合分析设计，例如车辆的动力传动系（发动机、手动变速器 MT、液力自动变速器 AT、机械式自动变速器 AMT、双离合自动变速器 DCT 等）、整体传动效率分析、换挡舒适性、液压驱动器的设计和优化及控制策略分析等。图 1-14、图 1-15 和图 1-16 为采用德国 ITI 公司的 Simulation X 软件建立的部分自动变速器的模型。其中，图 1-14 为某 AMT 产品的自动换挡模型，图 1-15 为 ZF 公司的 6AT 产品的自动换挡模型。这些自动换挡模型可以研究不同负载下换挡性能和换挡舒适性、换挡策略以及分析换挡过程中的问题。图1-16为某型号装甲车辆匹配的AT产品的液压系统模型,可以用来验证液压系统的功能和优化各种阀和管路的结构参数等。

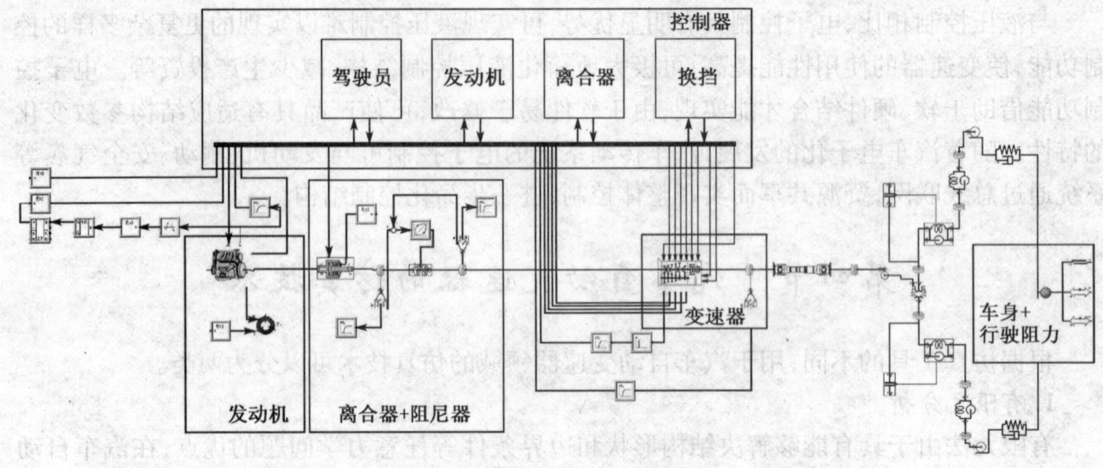

图1-14 AMT产品的自动换挡模型(基于Simulation X平台建立)

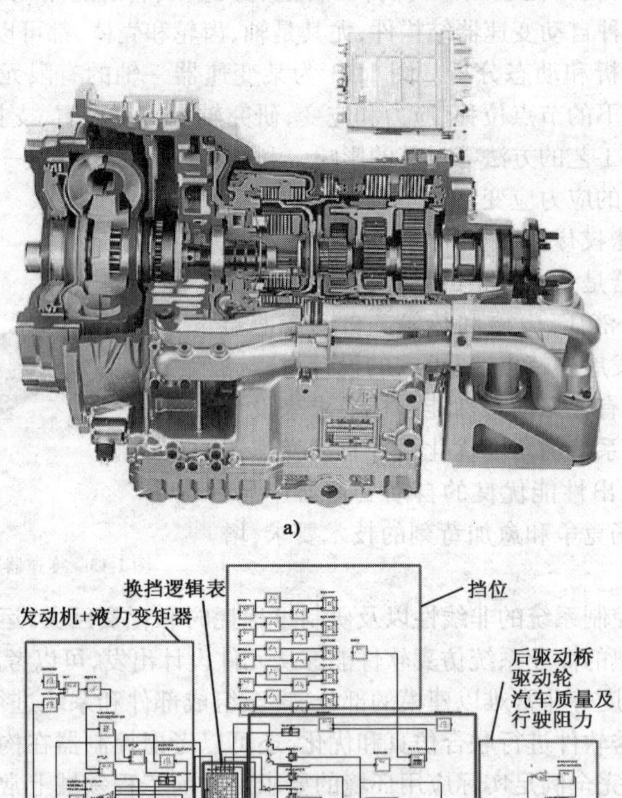

a)

b)

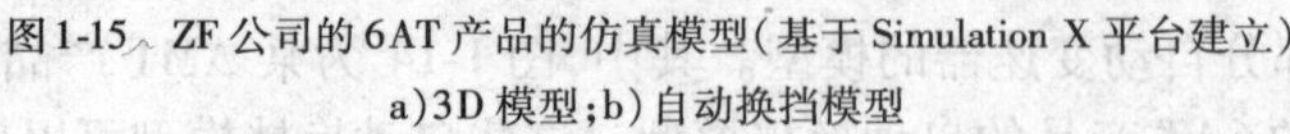

图1-15、ZF公司的6AT产品的仿真模型(基于Simulation X平台建立)

a)3D模型;b)自动换挡模型

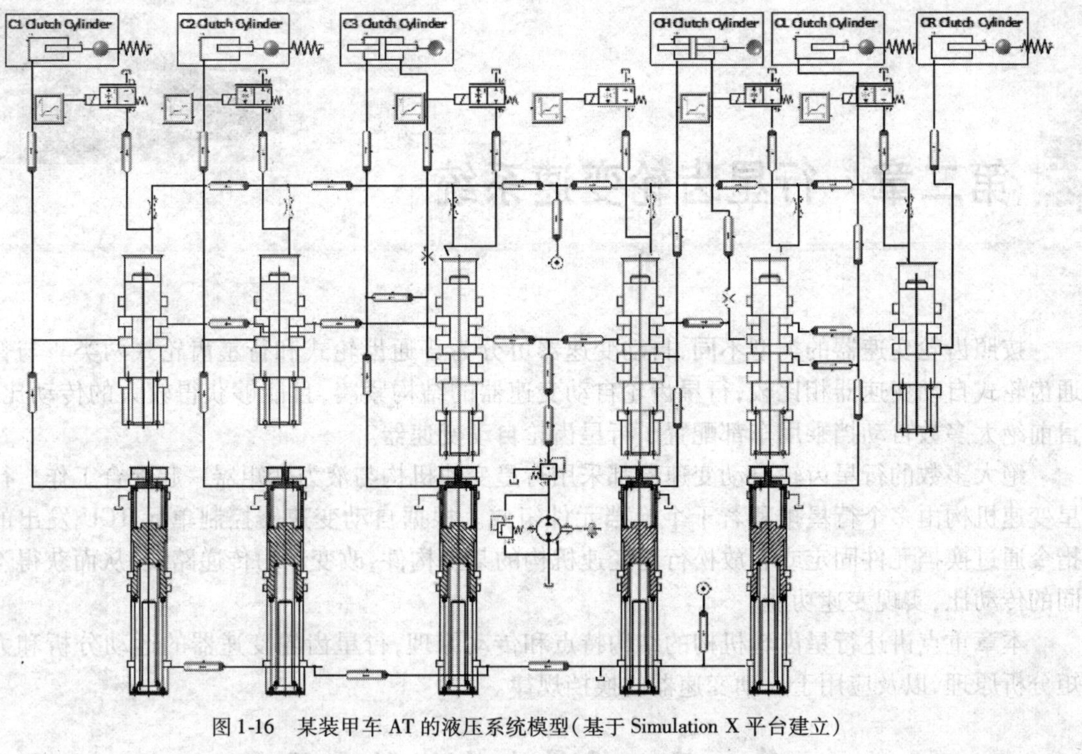

图 1-16 某装甲车 AT 的液压系统模型(基于 Simulation X 平台建立)

第二章　行星齿轮变速系统

按照齿轮变速器的类型不同,自动变速器可分为普通齿轮式和行星齿轮式两类。与普通齿轮式自动变速器相比较,行星齿轮自动变速器的结构紧凑,且能够获得较大的传动比,目前绝大多数自动挡乘用车都配置了行星齿轮自动变速器。

绝大多数的行星齿轮自动变速器都采用行星变速机构与液力变矩器一起配合工作。行星变速机构由多个行星排和若干个换挡元件组成。根据自动变速器控制单元 TCU 发出的指令通过换挡元件固定或者放松行星变速机构的某一构件,改变动力传递路线,从而获得不同的传动比,实现变速功能。

本章重点讲述行星齿轮机构的结构特点和传动原理,行星齿轮变速器的运动分析和力矩分析原理,以及应用于自动变速器的换挡规律。

第一节　行星齿轮传动原理

一、行星排组成及其固有特性

简单的行星排由 3 个基本构件组成:太阳轮、行星架(含行星轮)和齿圈,如图 2-1 所示。其中,与行星轮外啮合的太阳轮绕自身轴线转动;与行星轮内啮合的齿圈绕自身轴线转动;行星轮除绕自身轴线自转外,还绕太阳轮进行公转。行星排中多用具有相同作用的若干个行星轮,使动力由几个行星轮同时传递,图 2-1 中布置了 3 个行星轮,通常均匀或者对称布置行星轮的个数为 3 ~6,具体个数由传递的力学特性和装配条件共同决定。与普通齿轮机构相比,行星排的整体外形为圆柱形且结构紧凑,而且除行星轮外,其他 3 大基本构件的轴线重合。

根据齿的朝向不同,可以将行星排中的齿轮分为两类:外啮合齿轮和内啮合齿轮,如图 2-2所示。一般情况下,行星排中的太阳轮为外啮合齿轮,齿圈为内啮合齿轮;行星轮可以是外啮合齿轮,也可以是内啮合齿轮。为了便于对行星变速机构进行运动分析和力矩分析,在此规定:外啮合齿轮的齿数为正数,内啮合齿轮的齿数为负数。

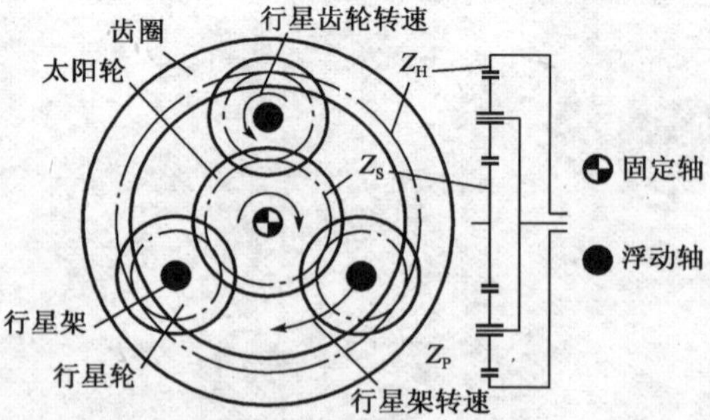

图 2-1　简单行星排的简图

对于任意行星排,如果固定行星架,太阳轮和齿圈的转速比称为该行星齿轮机构的固定传动比,该值为其固有特性,与输入轴和输出轴的设置无关。根据齿轮传动中转速比和齿数比之间的关系,可以推导出任意行星排的固定

a)

b)

图 2-2　行星排中齿轮的分类

a）外啮合齿轮；b）内啮合齿轮

传动比。如果某行星排的固定传动比为负数，则称其为负号行星排，否则称其为正号行星排。以图 2-1 为例，可以推导出它的固定传动比 i_0 为：

$$i_0 = \frac{n_S}{n_H} = \left(-\frac{z_P}{z_S}\right)\left(-\frac{z_H}{z_P}\right) = \frac{z_H}{z_S} \tag{2-1}$$

式中：n_S——太阳轮的转速；

n_H——齿圈的转速；

z_S——太阳轮的齿数，$z_S > 0$；

z_H——齿圈的齿数，$z_H < 0$。

根据式（2-1），可以判断图 2-1 所示的简单行星排为负号行星排。实际上，行星排的结构形式存在很多种，表 2-1 列出了常见的几种行星排结构及其固定传动比的计算公式。考虑到制造成本的因素，目前在商品化的行星齿轮自动变速器中经常采用的是前两种结构形式的行星排。

常见的行星排结构简图及其固定传动比计算公式　　表 2-1

机构简图	固定传动比	类　型
P1　2　3　1	$i_0 = \frac{n_1}{n_2} = \left(-\frac{z_{P1}}{z_1}\right)\left(-\frac{z_2}{z_{P1}}\right) = \frac{z_2}{z_1}$	$i_0 < 0$ 负号行星排
2　P1　P2　1　3	$i_0 = \frac{n_1}{n_2} = \left(-\frac{z_{P1}}{z_1}\right)\left(-\frac{z_{P2}}{z_{P1}}\right)\left(-\frac{z_2}{z_{P2}}\right) = -\frac{z_2}{z_1}$	$i_0 > 0$ 正号行星排
P1　2　P1′　1　3	$i_0 = \frac{n_1}{n_2} = \left(-\frac{z_{P1}}{z_1}\right)\left(-\frac{z_2}{z_{P1'}}\right) = \frac{z_{P1}}{z_1}\frac{z_2}{z_{P1'}}$	$i_0 < 0$ 负号行星排
P1　P1′　3　2　1	$i_0 = \frac{n_1}{n_2} = \left(-\frac{z_{P1}}{z_1}\right)\left(-\frac{z_2}{z_{P1'}}\right) = \frac{z_{P1}}{z_1}\frac{z_2}{z_{P1'}}$	$i_0 < 0$ 负号行星排

续上表

机构简图	固定传动比	类型
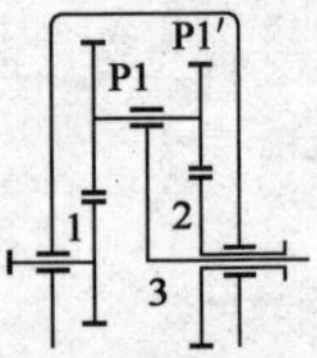	$i_0 = \frac{n_1}{n_2} = \left(-\frac{z_{P1}}{z_1}\right)\left(-\frac{z_2}{z_{P1'}}\right) = \frac{z_{P1}}{z_1}\frac{z_2}{z_{P1'}}$	$i_0 > 0$ 正号行星排
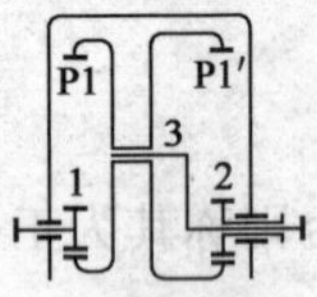	$i_0 = \frac{n_1}{n_2} = \left(-\frac{z_{P1}}{z_1}\right)\left(-\frac{z_2}{z_{P1'}}\right) = \frac{z_{P1}}{z_1}\frac{z_2}{z_{P1'}}$	$i_0 > 0$ 正号行星排
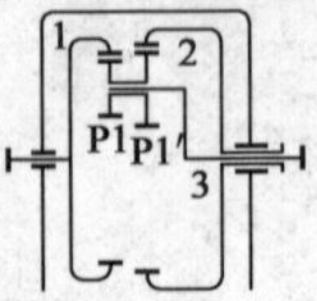	$i_0 = \frac{n_1}{n_2} = \left(-\frac{z_{P1}}{z_1}\right)\left(-\frac{z_2}{z_{P1'}}\right) = \frac{z_{P1}}{z_1}\frac{z_2}{z_{P1'}}$	$i_0 > 0$ 正号行星排
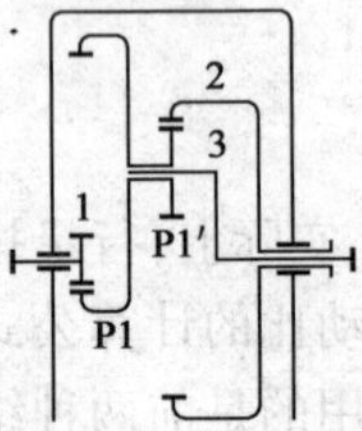	$i_0 = \frac{n_1}{n_2} = \left(-\frac{z_{P1}}{z_1}\right)\left(-\frac{z_2}{z_{P1'}}\right) = \frac{z_{P1}}{z_1}\frac{z_2}{z_{P1'}}$	$i_0 > 0$ 正号行星排

二、单个行星排的运动分析和力矩分析

在行星排的啮合传动过程中，行星轮的受力如图 2-3 所示。其中啮合切向力 F_1 和 F_2 大小相等，方向相同；但与行星架施加在行星轮上的切向力 F_3 方向相反。根据力平衡原理，有：

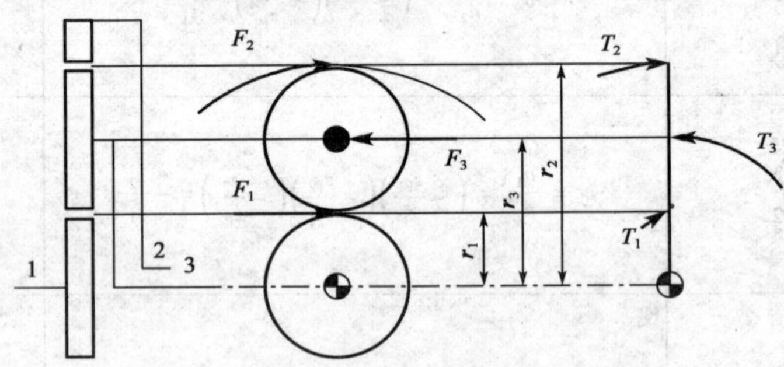

图 2-3　行星轮的受力分析

$$\sum F = F_1 + F_2 + F_3 = 0$$

根据力和齿轮的分度圆半径，可以分别计算出太阳轮、齿圈和行星架上的转矩值为：

$$T_1 = F_1 r_1 \quad T_2 = F_2 r_2 \quad T_3 = F_3 r_3$$

根据力矩平衡原理，作用在行星轮上的所有转矩之和应该等于零，即为：

$$\sum T = T_1 + T_2 + T_3 = 0 \tag{2-2}$$

又可得，齿圈和太阳轮上的转矩比为：

$$\frac{T_2}{T_1} = \frac{F_2 r_2}{F_1 r_1} = \frac{r_2}{r_1} = -i_0 \tag{2-3}$$

式(2-2)和式(2-3)即为描述单个行星排在不考虑功率损失的情况下的一般力学特性方程式。

根据能量守恒定律，3 个元件上的输入和输出功率之和应该等于零，即有：

$$T_1 n_1 + T_2 n_2 + T_3 n_3 = 0 \tag{2-4}$$

式中：n_1——太阳轮的转速；

n_2——齿圈的转速；

n_3——行星架的转速。

将式(2-2)和式(2-3)代入式(2-4)，可得：

$$n_1 - i_0 n_2 + (i_0 - 1)n_3 = 0 \tag{2-5}$$

式(2-5)即为描述单个行星排的一般运动规律的特性方程式。可见，每个行星排具有 2 个自由度，只有确定两根轴的转速，才能够确定第三轴的转速。

若考虑传动效率，则式(2-3)变为：

$$\frac{T_2}{T_1} = -\eta_0^w i_0 \tag{2-6}$$

式中：η_0——行星排的传动效率，一般为齿轮啮合效率和轴承传递效率的乘积；

w——功率的流向。

功率的流向计算公式为：

$$w = \mathrm{sign}[T_1(n_1 - n_3)] \tag{2-7}$$

式中的转速和转矩由式(2-2)、式(2-3)和式(2-5)计算得到。$w=1$ 表示功率从太阳轮流向齿圈；$w=-1$ 表示功率从齿圈流向太阳轮，如图 2-4 所示。

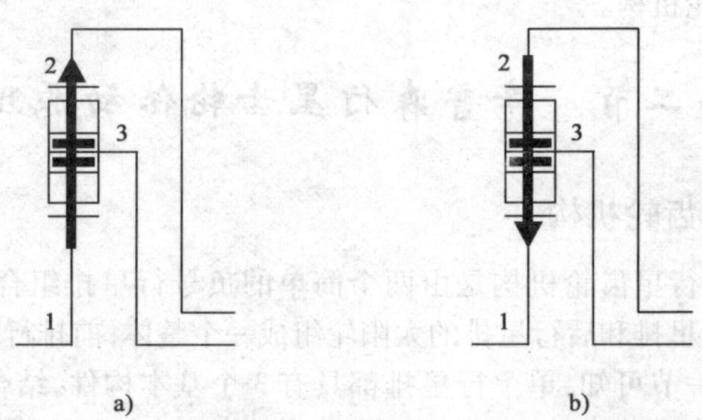

图 2-4　功率的流向

a)从太阳轮流向齿圈；b)从齿圈流向太阳轮

三、单个行星排的传动方案

在太阳轮、齿圈和行星架 3 个基本构件中，任选两个轴分别作为输入轴和输出轴，另一轴固定不动或者其运动受到一定的约束，则该行星排将以一定的传动比 i_p 传递动力，传动比 i_p 的计算公式为：

$$i_p = \frac{n_{input}}{n_{output}} \tag{2-8}$$

式中：n_{input}——输入轴的转速；

n_{output}——输出轴的转速。

若将太阳轮、齿圈和行星架 3 个基本构件分别编号为 1、2 和 3，根据输入轴、输出轴和固定轴的不同选择，加上直接挡和空挡，可以获得 8 种不同的传动方案。如表 2-2 所示。

单个行星排的传动比方案　　表 2-2

方案	输入轴	输出轴	固定轴	传动比	$i_0<0$	$i_0>0$
A	太阳轮	齿圈	行星架	$n_3=0$; $i_{p0}=\frac{n_1}{n_2}=i_0$	倒挡，减速传动	前进挡，减速传动
B	齿圈	太阳轮	行星架	$n_3=0$; $i_{p0}=\frac{n_2}{n_1}=\frac{1}{i_0}$	倒挡，超速传动	前进挡，超速传动
C	太阳轮	行星架	齿圈	$n_2=0$; $i_{p0}=\frac{n_1}{n_3}=1-i_0$	前进挡，减速传动	倒挡
D	行星架	太阳轮	齿圈	$n_2=0$; $i_{p0}=\frac{n_3}{n_1}=\frac{1}{1-i_0}$	前进挡，超速传动	倒挡
E	齿圈	行星架	太阳轮	$n_1=0$; $i_{p0}=\frac{n_2}{n_3}=\frac{i_0-1}{i_0}$	前进挡，减速传动	前进挡，超速传动
F	行星架	齿圈	太阳轮	$n_1=0$; $i_{p0}=\frac{n_3}{n_2}=\frac{i_0}{i_0-1}$	前进挡，超速传动	前进挡，减速传动
G	任何两个构件连成一体			$i_p=1$	直接挡	直接挡
H	所有元件都不受约束			自由转动	空挡	空挡

从表 2-2 中可以看出，仅由单个行星排并配以各种离合器和制动器，就能够实现 4 个前进挡和 1 个倒挡的齿轮变速系统。但是，由于需要的离合器较多，导致这种齿轮变速系统的体积过大；而且其速比范围也有限。因此，在实际应用的行星齿轮变速系统中，都是采用多个行星排组合而成的。现代液力自动变速器上使用的行星齿轮机构，用得最多的是辛普森和拉维娜两种行星齿轮机构。

第二节　辛普森行星齿轮传动原理

一、辛普森行星齿轮机构

辛普森(Simpson)行星齿轮机构是由两个简单的负号行星排组合而成的，如图 2-5 所示。在该机构中，前行星排和后行星排的太阳轮组成一个整体；前排行星架和后排齿圈组成一个整体。由本章第一节可知，单个行星排都具有 3 个基本构件，结合上述轴间的连接关系，可以判断出，辛普森式行星齿轮机构具有 4 个基本构件：太阳轮组件、前排齿圈、前排行星架和后排齿圈组件、后排行星架。由本章第一节可知，每个行星排有两个自由度，通过轴间的连接关系约束掉两个自由度数，因此，辛普森式行星齿轮机构有 2 个自由度，即：只有已知两个构件的转速，才可以确定其他两个构件的转速。

在辛普森式行星齿轮机构变化不大的情况下，可以通过换挡元件的不同组合，得到三挡和四挡的自动变速器。辛普森行星齿轮机构具有结构紧凑等特点，在自动变速器中得到广泛应用，如 ZF3HP-20、ZF4HP-22、丰田 A40、丰田 A340E、丰田 A350E 等都采用了辛普森行星齿轮机构。下面以四挡辛普森行星齿轮变速器(图 2-6)为例，说明其传动原理。

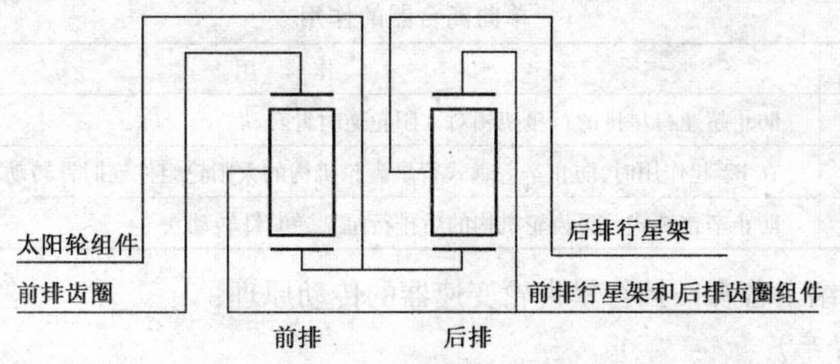

图 2-5　辛普森式行星齿轮机构简图

二、辛普森四挡行星齿轮变速器

辛普森四挡行星齿轮变速器是在三挡行星齿轮变速器的基础上发展而来的，它是由 3 个行星排（简单超速行星排和辛普森式行星齿轮机构）和 10 个换挡执行元件（3 个离合器、4 个制动器和 3 个单向离合器）组成的具有 4 个前进挡、1 个倒挡和 1 个空挡的自动变速器。变速杆共有 P、R、N、D、2 和 L 等 6 个操纵位置，当变速杆处于 D 位置时，可以实现 4 个前进挡 D1 ~ D4；当变速杆处于 2 位置式，可以实现 2_1 和 2_2 两个挡位。变速器的结构简图如图 2-6 所示，换挡逻辑如表 2-3 所示，单向离合器的作用如表 2-4 所示。其中，辛普森式行星齿轮机构的前排行星架和后排齿圈组件作为该变速器的输出轴。

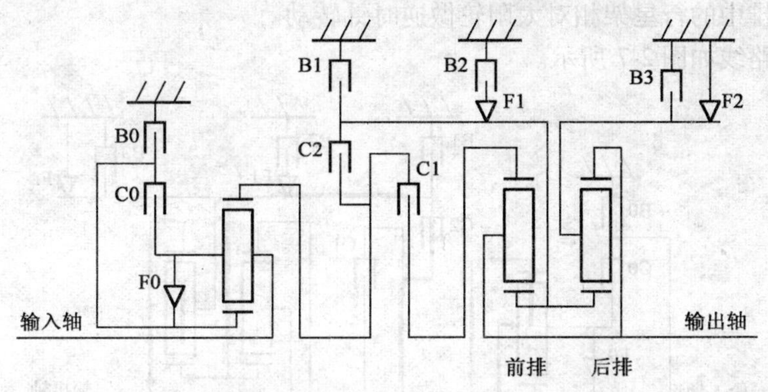

图 2-6　辛普森四挡行星齿轮变速器的结构简图

辛普森四挡行星齿轮变速器的换挡逻辑表　　　　表 2-3

变速杆位置 \ 元件符号	C0	B0	F0	C1	C2	B1	B2	B3	F1	F2
P	O							O		
R	O		O		O			O		
N	O									
D1(2_1)	O		O	O						O
D2	O		O	O			O		O	
D3	O		O	O	O		O			
D4		O		O	O		O			
2(2_2)	O		O	O		O			O	
L	O		O	O				O		O

注：O 表示结合状态。

单向离合器的作用　　表 2-4

元件符号	作用
F0	防止超速行星排的行星架相对太阳轮逆时针转动
F1	在 B2 起作用时,防止辛普森式行星齿轮机构的太阳轮组件逆时针转动
F2	防止辛普森式行星齿轮机构的后排行星架逆时针转动

下面具体介绍辛普森四挡行星齿轮变速器的传动原理:

1. P 位置(停车)

此时,变速杆放在 P 位置,离合器 C0 和制动器 B3 分别结合,其他换挡元件分离。C0 接合,使得超速行星排 3 个构件以同一转速转动,不起变速作用。由于离合器 C1 和 C2 分离,因此动力无法传递到输出轴,处于空挡位置。制动器 B3 工作的原因是为了避免当变速杆从 P 位置移动到 R 位置时,离合器 C2 和制动器 B3 不同步结合而引起的换挡冲击。

2. R 位置(倒车)

此时,变速杆放在 R 位置,离合器 C0 和 C2、单向离合器 F0 和制动器 B3 分别接合,其他换挡元件分离。C0 接合,使得超速行星排的 3 个构件与输入轴同方向(顺时针)、同一转速转动;C2 接合,使得动力从超速行星排的齿圈传给辛普森式行星齿轮机构的太阳轮组件(顺时针);B3 接合,后排行星架固定,使得动力从太阳轮组件(顺时针)经过后排行星轮(逆时针)最后传递到输出轴(逆时针),从而实现车辆倒行。单向离合器 F0 结合的原因是为了防止超速行星排中的行星架相对太阳轮做逆时针转动。

动力传递路线如图 2-7 所示。

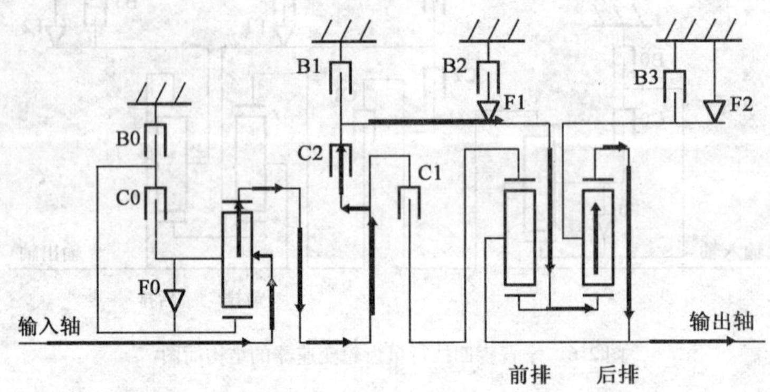

图 2-7　R 位置的动力传递路线

由于 B3 的限制作用,后轮动力可以通过辛普森式行星齿轮机构的后排齿圈经后排行星轮传给太阳轮组件,并经 C2 传给超速行星排;由于 C0 的接合,使得超速行星排处于直接挡,因此动力由超速行星排回传给发动机,产生发动机制动效果。

3. N 位置(空挡)

此时,变速杆放在 N 位置,仅离合器 C0 接合,其他换挡元件分离,因此,辛普森式行星齿轮机构的前、后行星排都处于自由空转状态,输出轴无动力输出。

4. D 位置(前进挡)

此时,变速杆放在 D 位置,自动变速器根据发动机节气门开度和车速的变化,自动接合不同的离合器、制动器和单向离合器,从而实现在 D1 ~ D4 位置间换挡。

1) D1 挡(2_1 挡)

由于 2_1 挡与 D1 挡的换挡逻辑相同，因此，两者也具有相同的传动原理，不再重复介绍 2_1 挡。

此时，离合器 C0 和 C1、单向离合器 F0 和 F2 结合，其他换挡元件分离。C0 结合，使得超速行星排的 3 个构件与输入轴同方向（顺时针）、同一转速转动；C1 结合，使得动力由超速行星排的齿圈传给辛普森式行星齿轮机构的前排齿圈，经前排行星轮（顺时针）传给太阳轮组件（逆时针）和输出轴（顺时针）；F2 接合，后排行星架的逆时针转动被锁止，使得动力由太阳轮组件经前后排行星轮（顺时针）传给输出轴（顺时针），从而实现车辆的向行驶。单向离合器 F0 接合的原因是为了防止超速行星排中的行星架相对太阳轮做逆时针转动。

动力传递路线如图 2-8 中的箭头所示。

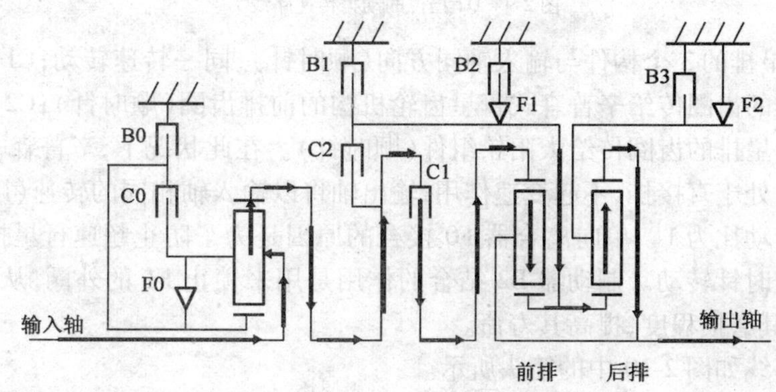

图 2-8　D1 挡位的动力传递路线

D 挡位作为起步挡。起步时，输出轴与车轮相连接未转动，前排行星架被固定，因此，动力经前排齿圈（顺时针）经前排行星轮（顺时针）传给太阳轮组件（逆时针），经后排行星轮（顺时针）力图使后排行星架（逆时针）转动，而由于 F2 阻止该转动，因此，强迫后排齿圈（顺时针）转动，从而动力传递到输出轴，汽车实现起步。

由于 F2 不限制后排行星架的顺时针转动，因此，后轮动力无法回传给发动机，不产生发动机制动效果。

2）D2 挡

此时，离合器 C0 和 C1、制动器 B2、单向离合器 F0 和 F1 接合，其他换挡元件分离。C0 接合，使得超速行星排的 3 个构件与输入轴同方向（顺时针）、同一转速转动；C1 接合，使得动力由超速行星排的齿圈传给辛普森式行星齿轮机构的前排齿圈（顺时针）；B2 接合，锁止 F1 的外圈；F1 接合，使得 F1 的内圈不能逆时针转动，从而使得太阳轮组件不能逆时针转动，使得动力由前排齿圈经前排行星轮（顺时针）传给输出轴（顺时针）；后排不起作用，从而实现车辆前进行驶。单向离合器 F0 接合的原因是为了防止超速行星排中的行星架相对太阳轮做逆时针转动。

动力传递路线如图 2-9 中的箭头所示。

由于 F1 不限制辛普森式行星齿轮机构的太阳轮组件的顺时针转动，因此后轮动力无法回传给发动机，不产生发动机制动效果。

3）D3 挡

此时，离合器 C0、C1 和 C2、制动器 B2、单向离合器 F0 接合，其他换挡元件分离。C0 接

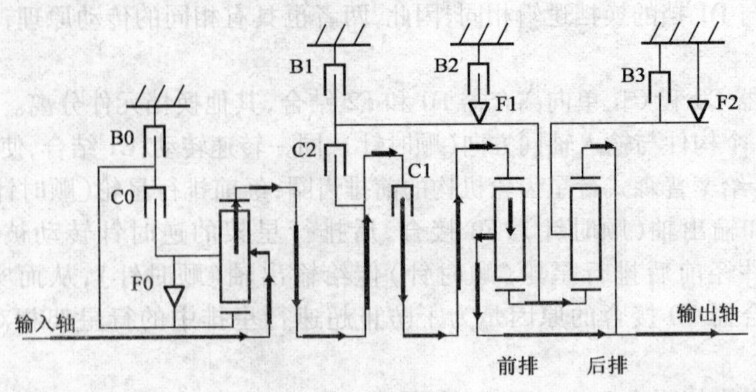

图 2-9　D2 挡位的动力传递路线

合，使得超速行星排的 3 个构件与输入轴同方向（顺时针）、同一转速转动；C1 接合，使得动力由超速行星排的齿圈传给辛普森式行星齿轮机构的前排齿圈（顺时针）；C2 接合，使得动力同时由超速行星排的齿圈传给太阳轮组件（顺时针）。在此状况下，辛普森式行星齿轮机构的前排和后排处于直接挡，不起变速作用，输出轴将以输入轴相同的转速（顺时针）转动，整个变速器的传动比为 1。单向离合器 F0 接合的原因是为了防止超速行星排中的行星架相对太阳轮做逆时针转动。制动器 B2 结合的作用是用来锁止 F1 的外圈，从而降低 F1 的相对转速，减轻其磨损程度，提高其寿命。

动力传递路线如图 2-10 中的箭头所示。

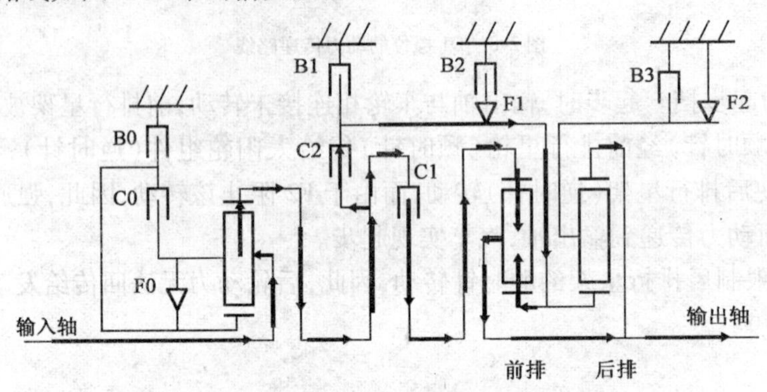

图 2-10　D3 挡位的动力传递路线

由于离合器 C1 和 C2 接合，辛普森式行星齿轮机构的前排始终处于直接挡；由于 C0 接合，超速行星排处于直接挡。因此，后轮动力可以通过前排、C1、C2 和超速行星排回传给发动机，产生发动机制动效果。

4）D4 挡

此时，离合器 C1 和 C2、制动器 B0 和 B2 接合，其他换挡元件分离。制动器 B0 接合，固定超速行星排的太阳轮，动力由输入轴（顺时针）传给超速齿圈（顺时针）。根据表 2-2，该部分传动是超速传动，传动比小于 1。与 D3 挡位相同，C1 和 C2 接合，使得辛普森式行星齿轮机构的前排和后排不起变速作用，传动比等于 1。因此总传动比小于 1，该挡位为超速挡。B2 结合的作用与 D3 挡位的相同。

动力传递路线如图 2-10 所示，唯一不同的是，在 D4 挡，超速行星排起到了变速的作用。

由于离合器 C1 和 C2 接合，辛普森式行星齿轮机构的前排始终处于直接挡，因此，后轮动力可以通过前排、离合器 C1 和 C2 传给超速行星排的齿圈；由于制动器 B0 的限制作用，动力可以由超速行星排的齿圈经超速行星轮传给输入轴，从而将动力回传给发动机，产生发动机制动效果。

5. 2 位置(2_2 挡)

此时，离合器 C0 和 C1、制动器 B1 和 B2、单向离合器 F0 和 F1 接合，其他换挡元件分离。C0 接合，使得超速行星排的 3 个构件与输入轴同方向(顺时针)、同一转速转动；C1 接合，使得动力由超速行星排的齿圈传给辛普森式行星齿轮机构的前排齿圈(顺时针)；B2 和 F1 均处于接合状况，使得辛普森式行星齿轮机构的太阳轮组件不能逆时针转动，使得动力由前排齿圈经前排行星轮(顺时针)传给输出轴(顺时针)，后排不起作用。当太阳轮组件有顺时针转动的趋势时，B2 和 F1 将不起作用，主要由 B1 来固定太阳轮组件，使得动力由前排齿圈经前排行星轮(顺时针)传给输出轴(顺时针)，后排依然不起作用。

动力传递路线如图 2-9 所示，不同的是制动器 B1 的结合阻止了辛普森式行星齿轮机构的太阳轮组件的顺时针转动，使该挡位产生发动机制动效果。

6. L 位置

此时，离合器 C0 和 C1、制动器 B3、单向离合器 F0 和 F2 接合，其他换挡元件分离。C0 接合，使得超速行星排的 3 个构件与输入轴同方向(顺时针)、同一转速转动，处于直接挡；C1 接合，使得动力由超速行星排的齿圈传给辛普森式行星齿轮机构的前排齿圈，经前排行星轮(顺时针)传给太阳轮组件(逆时针)和输出轴(顺时针)；B3 结合，固定后排行星架的转动，使得动力由太阳轮组件经前、后排行星轮(顺时针)传给输出轴(顺时针)，从而实现车辆前进行驶。单向离合器 F0 接合的原因是为了防止超速行星排中的行星架相对太阳轮做逆时针转动。单向离合器 F2 接合的原因是为了减少换挡瞬间的冲击。

动力传递路线如图 2-8 所示，唯一不同的是制动器 B3 的结合阻止了辛普森式行星齿轮机构的后排行星架的顺时针转动，使动力可以回传给发动机，发动机可以产生制动效果。

第三节　拉维娜行星齿轮传动原理

一、拉维娜行星齿轮机构

拉维娜(Ravigneavx)行星齿轮机构是由一个简单的负号行星排和正号行星排复合而成，因此也可以称为拉维娜复合行星排，复合原理如图 2-11 所示。两个行星排共用 1 个齿圈和 1 个行星架，在行星架上安装有互相啮合的两套行星齿轮：长行星轮和短行星轮。由齿圈、长行星轮、行星架和前太阳轮组成一个简单的负号行星排；由齿圈、行星架、长行星轮、短行星轮和后太阳轮组成一个简单的正号行星排。由本章第一节可知，单个行星排都具有 3 个基本构件，结合上述轴间的连接关系，可以判断出，拉维娜行星齿轮机构具有 4 个基本构件：前太阳轮、后太阳轮、齿圈、行星架。由本章第一节可知，每个行星排有两个自由度，通过轴间的连接关系约束掉两个自由度，因此，拉维娜行星齿轮机构有 2 个自由度，即：只有已知两个构件的转速，才可以确定其他两个构件的转速。

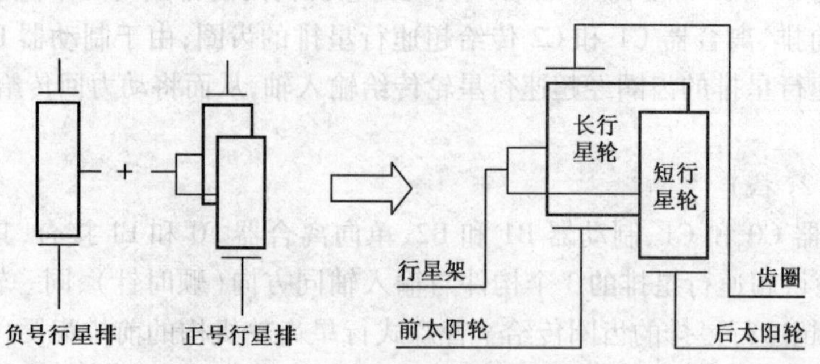

图 2-11 拉维娜行星齿轮机构简图

在拉维娜行星齿轮结构变化不大的情况下，可以通过换挡元件的不同组合，得到三挡和四挡的自动变速器。拉维娜行星齿轮机构的变速器有大众 01M、大众 AG4、ZF4HP-18、ZF6HP-26 等，下面以大众 01M 四挡拉维娜行星齿轮变速器为例，说明其传动原理。

二、大众 01M 拉维娜四挡行星齿轮变速器

大众 01M 拉维娜四挡行星齿轮变速器是由拉维娜行星齿轮机构和 6 个换挡元件（3 个离合器、2 个制动器和 1 个单向离合器）组成的具有 4 个前进挡和 1 个倒挡的自动变速器。变速杆共有 P、R、N、D 和 L 等 5 个操纵位置，当变速杆处于 D 位置时，可以实现 4 个前进挡 D1 ~ D4；当变速杆在 L 位置时，可以实现 1 个挡位。变速器的结构简图如图 2-12 所示，换挡逻辑如表 2-5 所示，单向离合器 F 的作用是锁止拉维娜行星齿轮机构的行星架的逆时针转动。其中，拉维娜行星齿轮机构的齿圈作为该变速器的输出轴。

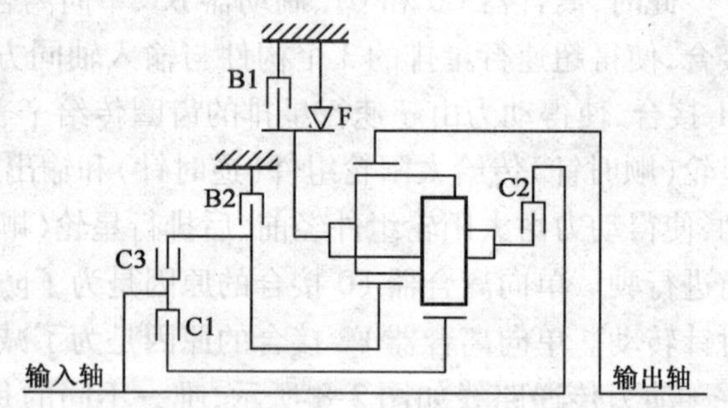

图 2-12 大众 01M 拉维娜四挡行星齿轮变速器的结构简图

大众 01M 拉维娜四挡行星齿轮变速器的换挡逻辑 表 2-5

变速杆位置\元件符号	C1	C2	C3	B1	B2	F
P						
R			O	O		
N						
D1	O					O
D2	O				O	
D3	O	O				
D4		O			O	
L	O			O		

注：O 表示结合状态。

下面具体介绍拉维娜四挡行星齿轮变速器的传动原理：

1. P 位置（驻车挡）

此时，变速杆放在 P 位置，换挡元件全部分离，不传递任何动力。

2. R 位置（倒车挡）

变速杆放在 R 位置，离合器 C3 和制动器 B1 接合，其他换挡元件分离。C3 接合，使得动力由输入轴（顺时针）经 C3 传给拉维娜行星齿轮机构的前太阳轮（顺时针）；B1 接合，固定拉维娜行星齿轮机构的行星架，从而使得动力由前太阳轮经长行星轮（逆时针）传给齿圈（逆时针）到输出轴（逆时针），实现车辆的倒行。

动力传递路线如图 2-13 所示。

由于制动器 B1 的制动作用，后轮动力可以通过拉维娜行星齿轮机构的齿圈经长行星轮传给前太阳轮，并经 C3 回传给输入轴，产生发动机制动效果。

3. N 位置（空挡）

此时，变速杆放在 N 位置，换挡元件全部分离，不传递任何动力。

4. D 位置（前进挡）

此时，变速杆放在 D 位置，自动变速器根据发动机节气门开度和车速的变化，自动结合不同的离合器、制动器和单向离合器，从而实现在 D1 ~ D4 间换挡。

1) D1 挡

此时，离合器 C1 和单向离合器 F 接合，其他换挡元件分离。离合器 C1 接合，使得动力由输入轴（顺时针）经 C1 传给拉维娜行星齿轮机构的后太阳轮（顺时针）；单向离合器 F 接合，锁止拉维娜行星齿轮机构的行星架的逆时针转动，使得动力由后太阳轮先后经短行星轮（逆时针）和长行星轮（顺时针）传给齿圈（顺时针）到输出轴（顺时针），实现车辆的向前行驶。

动力传递路线如图 2-14 所示。

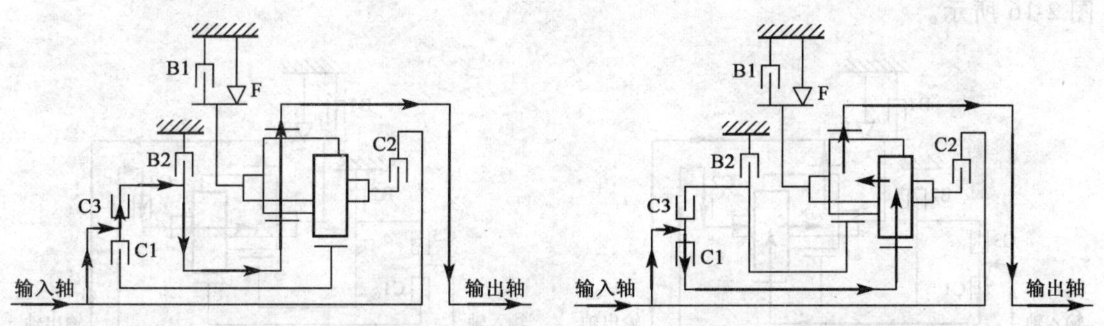

图 2-13　R 位置的动力传递路线　　图 2-14　D1 挡位的动力传递路线

该挡位作为起步挡。起步时，输出轴与车轮相连接未转动，拉维娜行星齿轮机构的齿圈被固定，因此，动力经后太阳轮（顺时针）先后经短行星轮（逆时针）和长行星轮（顺时针）传给行星架（逆时针），而由于单向离合器 F 阻止该齿圈逆时针转动，因此强迫齿圈（顺时针）转动，从而将动力经齿圈传递到输出轴，实现汽车的起步。

松抬加速踏板时，连接输出轴的齿圈（顺时针）转速高，连接输入轴的后太阳轮（顺时针）转速低，根据式(2-5)可知，行星架将作顺时针转动。由于单向离合器 F 只限制拉维娜行星齿轮机构的行星架的逆时针转动，因此，后轮动力无法经拉维娜行星齿轮机构回传给发动机，即不会产生发动机制动效果。

2) D2 挡

此时，离合器 C1、制动器 B2 和单向离合器 F 接合，其他换挡元件分离。C1 接合，使得动力由输入轴（顺时针）经 C1 传给拉维娜行星齿轮机构的后太阳轮（顺时针），后太阳轮带动短行星轮(逆时针)转动,并使长行星轮(顺时针)转动。长行星轮有使前太阳轮(逆时针)和行星架(逆时针)转动的趋势,由于B2接合固定了拉维娜行星齿轮机构的前太阳轮,以及单向离合器F接合锁止了行星架的逆时针转动,使得动力由长行星轮(顺时针)传给齿圈(顺时针)到输出轴(顺时针),实现车辆的前进行驶。

动力传递路线与D1挡位的类似,如图2-14所示。不同的是,放松加速踏板时,由于B2的接合固定了前太阳轮的转动,因此,根据式(2-5)可知,对于由齿圈、长行星轮和前太阳轮组成的负号行星排,齿圈和行星架之间可以获得固定的传动比,从而驱动短行星轮和后太阳轮最终经C1回传给发动机,使发动机产生制动效果。

3)D3挡

此时,离合器C1和C2接合,其他换挡元件分离。C2接合,使得拉维娜行星齿轮机构的后太阳轮和行星架连在一起,拉维娜行星齿轮机构作为整体一起运动,处于直接挡;C1接合,使得动力由输入轴(顺时针)传给拉维娜行星齿轮机构的齿圈(顺时针)至输出轴(顺时针),实现车辆的前进行驶。

动力传递路线如图2-15所示。由于是直接挡,因此该挡位有发动机制动效果。

4)D4挡

此时,离合器C2和制动器B2接合,其他换挡元件分离。C2接合,使得动力由输入轴(顺时针)经C2传给拉维娜行星齿轮机构的行星架(顺时针);B2接合,固定前太阳轮,从而使得长行星轮在被行星架带动绕前太阳轮转动的同时绕自身轴线转动,将动力传给齿圈(顺时针)至输出轴(顺时针),实现汽车的前进行驶。动力传递路线如图2-16所示。

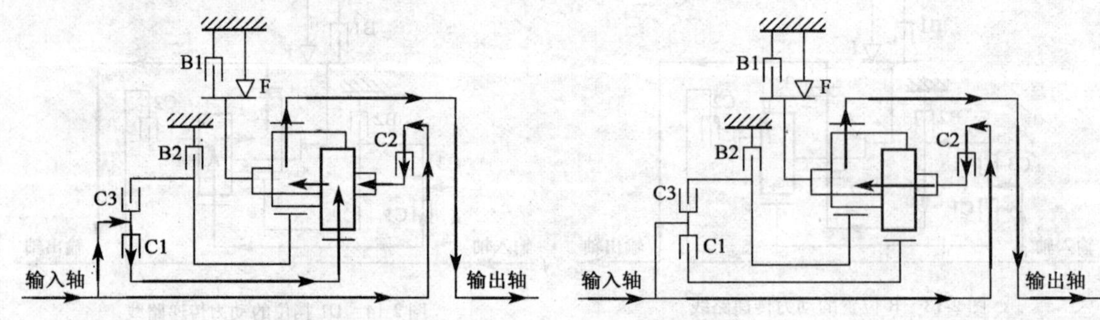

图2-15　D3挡位的动力传递路线　　图2-16　D4挡位的动力传递路线

放松加速踏板时,由于B2的接合固定了前太阳轮的转动,因此,根据式(2-5)可知,对于由齿圈、长行星轮和前太阳轮3个构件组成的负号行星排,齿圈和行星架之间可以获得固定的传动比,从而将动力传给行星架,产生发动机制动效果。

5. L位置

此时,离合器C1和制动器B1接合,其他换挡元件分离。C1接合,使得动力由输入轴(顺时针)经C1传给拉维娜行星齿轮机构的后太阳轮(顺时针);B1接合,固定了行星架的转动,因此对于由齿圈、行星架和后太阳轮3个基本构件组成的正号行星排,动力将由后太阳轮经短行星轮(逆时针)和长行星轮(顺时针)传给齿圈(顺时针),最后至输出轴(顺时针),实现汽车的前进行驶。

动力传递路线与D1挡位的类似,如图2-14所示。但不同的是,在D1挡位单向离合器

F 只是限制行星架的逆时针转动,在 L 位置制动器 B1 的接合也限制了行星架的顺时针转动,因此,可以产生发动机制动效果。

第四节 行星齿轮机构的综合传动方案与运动分析

一、行星齿轮机构传动方案综合理论

与普通齿轮变速器相比,行星齿轮变速器具有结构紧凑、尺寸小、质量轻、传动比大、传动效率高、承载能力大、换挡轻便和迅速、容易实现自动换挡等优点。多挡位行星齿轮变速器的传动方案是由若干个行星排通过不同方式的串联和并联来组成各种挡数的传动比,其中还包括用来控制不同挡的离合器、制动器和消除自由度的辅助构件。其可能理论方案数可达几千、几万甚至几百万或过亿种,以 3 个个行星排和 6 个换挡元件实现 6 个挡位为例,3 个自由度存在 25 855 200 个方案,4 个自由度存在 5 640 742 800 个方案。从这么多可能性中寻找一个满意方案,是多自由度行星齿轮机构传动方案综合法的基本要求。国内外都投入了大量的人力、物力进行综合法的理论研究及其 CAD 系统研究。

多自由度行星变速机构传动方案综合法的基本问题可以归结为:

(1)研究什么样的综合法理论,能够快速达到综合法的目的;

(2)在给定挡位数下,需用多少个自由度数、行星排数、操纵件数、离合器数、制动器数,使得结构紧凑,性能优良;

(3)从众多方案中如何淘汰几何矛盾的方案和不合要求的特性参数方案;

(4)从可行方案中,如何优选满意方案;

(5)如何实现方案选择过程的计算机化。

目前,已经形成三类综合法理论:作图综合法、构件分析综合法和图论综合法。

作图综合法最早由苏联在 20 世纪 40 年代提出。根据给定各挡位传动比要求,用二维角速度平面图能描述各构件位置的角速度线图,并能确定各构件运动学和传递转矩,用不同构件角速度线图的组合方法去寻找一切可行方案,形成二自由度行星齿轮变速机构的线图综合法。20 世纪 60 年代中,苏联又提出用相对坐标将三维问题转化为二维角速度平面图,形成三自由度行星齿轮变速机构的线图综合法,但是其中所用技巧比二自由度要复杂得多。20 世纪 70 年代初,我国刘太来教授发展了原有的作图综合法,是迄今为止最具代表性和体系较为完整的作图综合法。虽然作图综合法是本领域的首创,但由于该方法采用人工绘制二维角速度平面图,工作量大,对设计师的技巧依赖程度高,且容易出错,难以实现计算机化。

构件分析综合法由我国万耀青教授提出的,通过分析行星齿轮变速器中构件的特征和组成,建立数学模型,求解出最优方案。该综合法摒弃了作图综合法的繁琐过程,且便于实现计算机化,理论上可适用于任意自由度数。构件分析综合法的难点为方案图几何矛盾的自动判别,其提出的综合连线图法需要人工绘制,势必增加设计时间和工作量。

目前,图论综合法的发展主要侧重于行星变速机构传动方案的图模型表示和结构方案几何矛盾的判别两个方面。行星变速机构的图论综合法最早开始于 20 世纪 60 年代。Freudenstein 首先采用双色图表示行星变速机构的拓扑构造。Olson 采用线图对行星变速机构进行拓扑分析,证实了利用图画可以有效地表示行星变速机构的拓扑构造。Chung 等采

用有向图和相邻矩阵表示行星变速机构的拓扑结构。但是,上述提及的图模型中,存在一个齿轮系可能对应多个不同图模型的问题。Lam 提出的复接头运动链图画法解决了上述问题,实现了行星齿轮系与图画间的1:1对应,且证实了图论不仅可用于方案综合,还可用于运动分析;并提出了基于行星齿轮系运动图画目录的汽车自动变速机构的运动构造设计系统程序,但对于高自由度,该目录的创建难度较大。在淘汰不可行方案时,图论综合法的核心为采用什么平面图理论能够“高效自动”进行行星传动方案结构几何矛盾的判别。基于图论理论的对平面图判定算法的研究由来已久,例如库托拉斯基(Kuratowski)定理法,D. M. P(Demoucron Malgrange Pertuise)算法等。另外,不少人以平面图的嵌入算法为基础寻求合适的算法,本质上有两种不同的线性时间图的平面性判定算法:一种是由 Lempel, Even and Cederbaum 提出的基于 PQ-Trees 的平面性判定算法(Vertex-Addition-Algorithm,顶点嵌入法),其后由 Even 和 Tarjian 证明了该方法有一种线性时间的实现;另一种是由 Hopcroft 和 Tarjan 提出的基于 DFS 搜索树的平面性判定算法(Path-Addition-Algorithm,路径嵌入法)。这些算法的实现都较为复杂,有不少人在这方面做了不少工作,并开始将其应用于多自由度行星齿轮变速机构传动方案的结构几何矛盾的判别中。这些研究促进了图论综合法的发展,但由于算法的复杂性,程序开始难度较大,目前多数还仅限于三自由度行星传动方案的创新和设计。对于更高自由度的行星传动方案的优选,只有少数国外知名汽车零部件企业掌握该核心技术,例如德国 ZF 公司于 2008 年新发布的 4 自由度 8 挡行星变速器结构方案就是基于图论综合法优选得到的,其结构如图 2-17 所示。其中采用了 4 个行星排和 5 个换挡元件,实现了 8 个前进挡、1 个倒挡和 1 个空挡。

行星变速机构传动方案分析的理论较简单,关键在于如何建立系统的运动学方程组和动力学方程组,并实现计算机化。针对传动方案的优化设计问题,涉及行星变速机构与整车动力传动系统的匹配,计算模型具有强非线性,难度较大,目前这方面的研究工作较少。行星传动方案优选的难点在于评价指标的合理选择。目前还没有标准的评价指标体系,多数研究采用的评价指标基本分为两类:①影响机构性能的参数:转速、转矩、摩擦转矩、内传动比、行星轮相对转速、行星轮轴承允许转速和传动比等;②表征结构特征的参数:套轴层数、构件迂回长度和紧凑性等,具有一定的合理性。然而,上述部分参数之间是相互关联而非独立的,可能会不利于保证评估模型的正确性;而且,参数越多,数学模型越复杂,优选程序越难开发。另外,好的高功率密度传动方案应该在动力性、经济性、舒适性、排放、成本和体积等方面具有综合的优势。

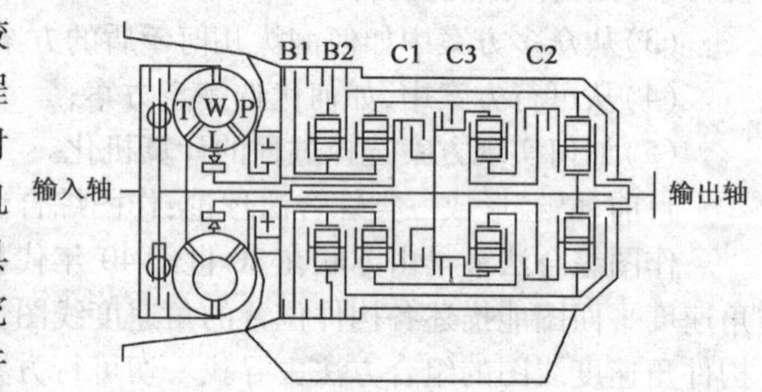

图 2-17 ZF 公司 2008 年最新发布的 8AT 的结构简图

基于以上分析,可以看出,每种综合法的理论日益完善,但大部分精力还集中于行星齿轮变速器结构可行性方案的搜索和判别上,在方案的优选和优化设计方面还只是探索性的工作。而且,从工程应用角度考虑,都还没有形成完整的综合法和发挥到较大的工程应用作用。如何评价一种综合法是否完整和有效,需要从以下 3 个条件进行考虑:

(1)能够遍及到所有的可行传动方案,这是保证获得最优方案的前提。

(2)适用范围要广。该方法必须能够应用于任意结构形式的多挡行星齿轮变速器,行星排结构类型和要求的挡位无关。

(3)容易实现计算机化。这是研究和提出 3 个自由度以上的行星齿轮变速器结构新方案的唯一有效的实现途径,也是使得综合法具有工程应用意义的前提。而且随着综合法的理论发展和完善,该条件逐渐成为各个综合法发展的一个关键因素。

二、行星齿轮变速系统的运动分析和力矩分析

在行星齿轮传动机构的综合与分析技术中,行星齿轮变速机构的运动分析和力矩分析计算是行星齿轮变速器传动方案综合技术中的一项重要内容。通过运动分析,可以获得每个挡位下行星齿轮变速机构中所有构件的转速、换挡元件的相对转速、挡位传动比等。通过力矩分析,可以获得每个挡位下所有构件的力矩和传动效率等。分析结果经常作为行星齿轮变速器方案评价和详细结构设计的参考依据,例如行星轮的最高转速决定了轴承的选择,转递力矩的大小决定齿轮、轴和换挡元件的参数和结构设计等。

下面以德国著名汽车零部件公司 ZF 开发的六挡行星齿轮变速器 6HP26 为例,来说明行星齿轮变速系统的运动分析和力矩分析的方法,图 2-18 为该变速器的结构简图和换挡逻辑。

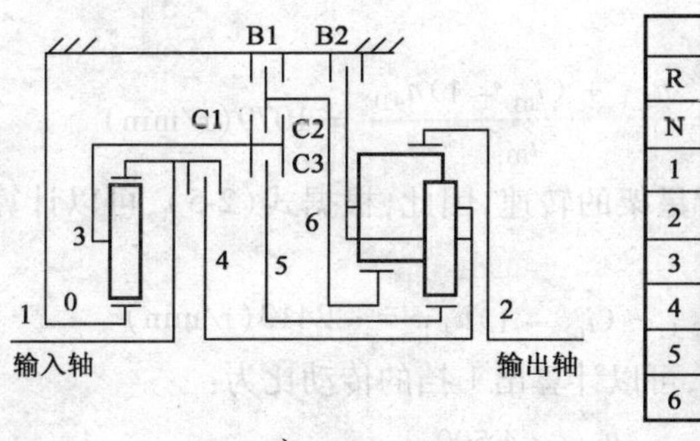

	C1	C2	C3	B1	B2
R		■			■
N					
1			■		■
2			■	■	
3		■	■		
4	■		■		
5	■	■			
6	■			■	

b)

图 2-18 ZF 公司的 6HP26 的结构简图及换挡逻辑

a)结构简图;b)换挡逻辑

由图 2-18 可以看出,该变速器是由 1 个简单负号行星排和拉维娜复合行星排组成。为了方便计算,在进行运动分析和力矩分析过程中,需要将拉维娜复合行星排拆分为 1 个简单的正号行星排和 1 个简单的负号行星排,如图 2-11 的逆过程。表 2-6 列出了 3 个行星排所有齿轮的齿数、固定传动比及其传动效率。

6HP26 中 3 个行星排的齿轮齿数、固定传动比和传动效率 表 2-6

行星排 / 构件	行 星 排 1	行 星 排 2	行 星 排 3
太阳轮齿数	37	38	31
齿圈齿数	−71	−85	−85
行星轮齿数	17	23(长行星轮)	23(长行星轮) 28(短行星轮)
固定传动比	−1.919	−2.237	2.742
传动效率	98%	98%	96.5%

假设输入转速为:$n_{in} = 4\,500\text{r/min}$,输入力矩为:$T_{in} = 400\text{N} \cdot \text{m}$。

为了计算的方便,对行星齿轮变速机构的所有旋转轴进行数字编号,如图 2-18 所示。

其中,输入轴标记为1,输出轴标记为2,变速器壳体标记为0。

首先进行运动分析。以1挡为例,离合器C3和制动器B2结合。规定符号 n_{i_j} 表示轴 i 在 j 挡位下的对应转速。

根据输入条件,可以轴1在1挡下的转速为:$n_{1\_1}=n_{in}=4\,500\text{r/min}$。

对于行星排1,由于太阳轮被固定,转速等于零;而且齿圈和输入轴相连,根据式(2-5),可计算出该行星排的行星架在1挡下的转速为:

$$n_{3\_1}=\frac{i_{01}n_{1\_1}}{i_{01}-1}=\frac{-1.919\times 4\,500}{-1.919-1}=2\,958(\text{r/min})$$

由于离合器C3结合,轴3和轴5连成一体,因此有:

$$n_{5\_1}=n_{3\_1}$$

由于制动器B2处于制动状态,因此拉维娜复合行星排的行星架被固定,因此,轴4的转速等于零:

$$n_{4\_1}=0$$

对于行星排3,已知太阳轮和行星架的转速,根据式(2-5),可以计算出齿圈即输出轴的转速为:

$$n_{out}=n_{2\_1}=\frac{n_{5\_1}+(i_{03}-1)n_{4\_1}}{i_{03}}=1079(\text{r/min})$$

对于行星排2,已知齿圈和行星架的转速,因此,根据式(2-5),可以计算出太阳轮的转速为:

$$n_{6\_1}=i_{02}n_{2\_1}-(i_{02}-1)n_{4\_1}=-2413(\text{r/min})$$

根据输入轴和输出轴的转速,可以计算出1挡的传动比为:

$$i_1=\frac{n_{in}}{n_{out}}=\frac{4\,500}{1\,079}=4.171$$

其他挡位下的运动分析原理与1挡相同,根据联合输入条件、换挡元件的结合情况用式(2-5)来计算出所有轴的转速,唯一不同的是每个挡位采用了不同的换挡元件组合方式,在此不再赘述(此方法属各挡直接计算方法,简单明了,但繁琐计算量大。可以借助矩阵理论,使用计算机编程计算)。

下面进行力矩分析,仍然以1挡为例,离合器C3和制动器B2结合。规定符号如下:

(1)T_{ij_k} 表示基本构件 i 在 k 挡位时对应的转矩,其中 i 分别表示行星排 j 的太阳轮、齿圈和行星架3个基本构件所在轴的编号;

(2)T_{l_k} 表示轴 l 在 k 挡位时的合力矩。

首先进行不考虑功率损失下的力矩分析。

对于行星排1,由于齿圈和输入轴连成一体,因此,该行星排齿圈上的力矩为:

$$T_{11\_1}=T_{in}=400(\text{N}\cdot\text{m})$$

又根据式(2-2)和式(2-3),可以计算出行星排1的行星架和太阳轮上的力矩为:

$$T_{31\_1}=\left(\frac{1}{i_{01}}-1\right)T_{11\_1}=-608(\text{N}\cdot\text{m})$$

$$T_{01\_1}=-\frac{T_{11\_1}}{i_{01}}=208(\text{N}\cdot\text{m})$$

由于离合器C2和制动器B1分离,因此它们不承受力矩,也就是行星排2的太阳轮上的力矩为零，即为：

$$T_{62\_1} = 0(\mathrm{N \cdot m})$$

又根据式(2-2)和式(2-3)，可以计算出行星排2的行星架和齿圈上的力矩为：

$$T_{42\_1} = (i_{02} - 1)T_{62\_1} = 0(\mathrm{N \cdot m})$$

$$T_{22\_1} = -i_{02}T_{62\_1} = 0(\mathrm{N \cdot m})$$

由于离合器C3结合，轴3和轴5连成一体，根据轴的力矩平衡原理，可知行星排3的太阳轮上的力矩为：

$$T_{53\_1} = -T_{31\_1} = 608(\mathrm{N \cdot m})$$

又根据式(2-2)和式(2-3)，可以计算出行星排3的行星架和齿圈上的力矩为：

$$T_{43\_1} = (i_{03} - 1)T_{53\_1} = 1\,060(\mathrm{N \cdot m})$$

$$T_{23\_1} = -i_{03}T_{53\_1} = -1\,668(\mathrm{N \cdot m})$$

对于拉维娜复合行星排，行星排2和行星排3共用一个行星架和一个齿圈，因此拉维娜复合行星排的行星架和齿圈上的力矩应该等于两个行星排各自行星架和齿圈的力矩之和：

$$T_{4\_1} = T_{42\_1} + T_{43\_1} = 1\,060(\mathrm{N \cdot m})$$

$$T_{2\_1} = T_{22\_1} + T_{23\_1} = -1\,668(\mathrm{N \cdot m})$$

由于拉维娜复合行星排的齿圈和输出轴连成一体，因此，1挡的输出力矩为：

$$T_{\mathrm{out\_1}} = T_{2\_1} = -1\,668(\mathrm{N \cdot m})$$

同样可以获得1挡的传动比为：

$$i_1 = -\frac{T_{\mathrm{out\_1}}}{T_{\mathrm{in}}} = -\frac{-1\,668(\mathrm{N \cdot m})}{400(\mathrm{N \cdot m})} = 4.171$$

其他挡位下不考虑功率损失的力矩分析原理与1挡相同，都是联合输入条件、换挡元件的结合情况、用式(2-2)和式(2-3)来计算出所有构件和所有轴的力矩，唯一不同的是每个挡位采用了不同的换挡元件组合方式，在此不再赘述(此方法属各挡直接计算方法，简单明了，但计算量繁琐，可以借助矩阵理论，使用计算机编程计算)。

下面进行考虑功率损失下的力矩分析。

根据式(2-7)，可以计算出行星排1的功率流向为：

$$w_1 = \mathrm{sign}[T_{01\_1} \cdot (0 - n_{3\_1})] = -1$$

对于行星排1，由于齿圈和输入轴连成一体，因此，该行星排齿圈上的力矩为：

$$T_{11\_1} = T_{\mathrm{in}} = 400(\mathrm{N \cdot m})$$

又根据式(2-2)和式(2-6)，可以计算出行星排1的行星架和太阳轮上的力矩为：

$$T_{31-1} = \left(\frac{1}{i_{01}\eta_{01}^{w1}} - 1\right)T_{11-1} = -604(\mathrm{N \cdot m})$$

$$T_{01-1} = -\frac{T_{11-1}}{i_{01}\eta_{01}^{w1}} = 204(\mathrm{N \cdot m})$$

根据式(2-7)，可以计算出行星排2的功率流向为：

$$w_2 = \mathrm{sign}[T_{62\_1} \cdot (n_{6\_1} - n_{4\_1})] = 0$$

由于离合器C2和制动器B1分离，因此它们不承受力矩，也就是行星排2上的太阳轮的力矩为零，即为：

$$T_{62\_1} = 0(\mathrm{N \cdot m})$$

又根据式(2-2)和式(2-6),可以计算出行星排2的行星架和齿圈上的力矩为:

$$T_{42\_1} = (i_{02}\eta_{02}^{w2} - 1)T_{62\_1} = 0(\mathrm{N \cdot m})$$

$$T_{22\_1} = -i_{02}\eta_{02}^{w2}T_{62\_1} = 0(\mathrm{N \cdot m})$$

根据式(2-7),可以计算出行星排3的功率流向为:

$$w_3 = \mathrm{sign}[T_{53\_1} \cdot (n_{5\_1} - n_{4\_1})] = 1$$

由于离合器C3结合,轴3和轴5连成一体,根据轴的力矩平衡原理,可知行星排3上的太阳轮的力矩为:

$$T_{53\_1} = -T_{31\_1} = 604(\mathrm{N \cdot m})$$

又根据式(2-2)和式(2-6),可以计算出行星排3上的行星架和齿圈的力矩为:

$$T_{43\_1} = (i_{03}\eta_{03}^{w3} - 1)T_{53\_1} = 995(\mathrm{N \cdot m})$$

$$T_{23\_1} = -i_{03}\eta_{03}^{w3}T_{53\_1} = -1\,559(\mathrm{N \cdot m})$$

对于拉维娜复合行星排,行星排2和行星排3共用一个行星架和一个齿圈,因此拉维娜复合行星排上的行星架和齿圈的力矩应该等于两个行星排各自行星架和齿圈的力矩之和:

$$T_{4\_1} = T_{42\_1} + T_{43\_1} = 995(\mathrm{N \cdot m})$$

$$T_{2\_1} = T_{22\_1} + T_{23\_1} = -1\,599(\mathrm{N \cdot m})$$

由于拉维娜复合行星排的齿圈和输出轴连成一体,因此,1挡的输出力矩为:

$$T_{\mathrm{out}\_1} = T_{2\_1} = -1\,599(\mathrm{N \cdot m})$$

图2-19表示经过上述计算,在考虑功率损失的情况下每个行星排的3个基本构件上的力矩值,图2-19中箭头表示功率流向。

其他挡位下考虑功率损失的力矩分析原理与1挡相同,都是联合输入条件、换挡元件的结合情况,用式(2-2)和式(2-5)来计算出所有构件和所有轴的力矩,唯一不同的是每个挡位采用了不同的换挡元件组合方式,在此不再赘述。

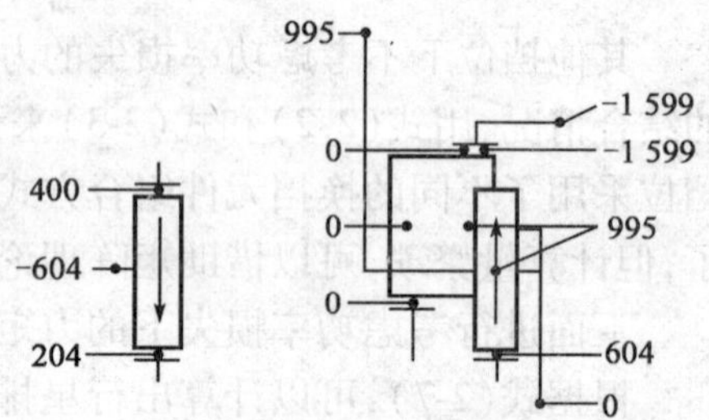

图2-19　考虑功率损失情况下3个行星排上构件的力矩及功率流向(1挡,单位N·m)

依据上面计算得到的转速值和力矩值,可以计算出每个挡位在考虑功率损失情况下所有行星排的构件和所有轴的功率值,进而计算出该挡位的传动效率。仍以1挡为例进行说明。

行星排1的太阳轮、齿圈和行星架的功率分别为:

$$P_{01\_1} = T_{01\_1} \cdot \frac{2\pi n_{0\_1}}{60} = 0(\mathrm{kW})$$

$$P_{11\_1} = T_{11\_1} \cdot \frac{2\pi n_{1\_1}}{60} = 188.5(\mathrm{kW})$$

$$P_{31\_1} = T_{31\_1} \cdot \frac{2\pi n_{3\_1}}{60} = -187.2(\mathrm{kW})$$

行星排2的太阳轮、齿圈和行星架的功率分别为:

$$P_{62\_1} = T_{62\_1} \cdot \frac{2\pi n_{6\_1}}{60} = 0(\mathrm{kW})$$

$$P_{22\_1} = T_{22\_1} \cdot \frac{2\pi n_{2\_1}}{60} = 0(\text{kW})$$

$$P_{42\_1} = T_{42\_1} \cdot \frac{2\pi n_{4\_1}}{60} = 0(\text{kW})$$

行星排 3 的太阳轮、齿圈和行星架的功率分别为：

$$P_{53\_1} = T_{53\_1} \cdot \frac{2\pi n_{5\_1}}{60} = 187.2(\text{kW})$$

$$P_{23\_1} = T_{23\_1} \cdot \frac{2\pi n_{2\_1}}{60} = -180.7(\text{kW})$$

$$P_{43\_1} = T_{43\_1} \cdot \frac{2\pi n_{4\_1}}{60} = 0(\text{kW})$$

对于拉维娜复合行星排，行星排 2 和行星排 3 共用一个行星架和一个齿圈，因此拉维娜复合行星排的行星架和齿圈上的力矩应该等于两个行星排各自行星架和齿圈的功率之和：

$$P_{4\_1} = P_{42\_1} + P_{43\_1} = 0$$

$$P_{2\_1} = P_{22\_1} + P_{23\_1} = -180.7(\text{N} \cdot \text{m})$$

由于拉维娜复合行星排的齿圈和输出轴连成一体，因此，1 挡下的输出功率为：

$$P_{\text{out}\_1} = P_{2\_1} = -180.7(\text{N} \cdot \text{m})$$

因此，1 挡的传动效率为：

$$\eta_1 = -\frac{P_{\text{out}\_1}}{P_{\text{in}}} = 95.8\%$$

图 2-20 表示 1 挡考虑功率损失情况下的功率图，其中实线表示实际传递的功率，虚线表示损失的功率。

其他挡位考虑功率损失情况下的功率和传动效率计算原理与 1 挡相同，在此不再赘述。

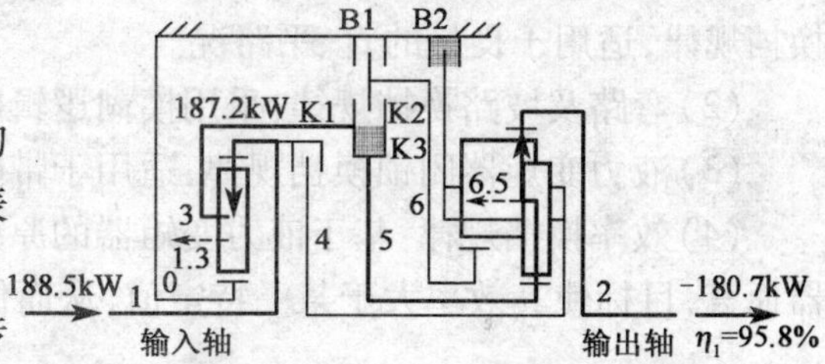

图2-20　考虑功率损失情况下的功率流图（1 挡，单位 kW）

第五节　换挡元件的分类和作用

行星齿轮自动变速器中的换挡元件包括离合器、制动器和单向离合器等。其中，离合器和制动器利用液压实现结合和分离的操纵，单向离合器利用摩擦力来起作用。

一、离合器的作用

离合器是用于连接输入轴和行星机构的某一构件或者连接行星机构中的某两个构件的换挡元件，从而使两者的运动同步。如图 2-12 中的离合器 C1 用于连接输入轴和拉维娜复合行星排的后太阳轮；图 2-18 中的离合器 C1 用于连接行星排 1 的齿圈和拉维娜复合行星排的行星架。

离合器闭合，动力就会进行传递；离合器分离，动力就会中断。

二、制动器的作用

制动器是用于连接变速器壳体和行星机构的某一换挡元件，从而限制该构件的运动。如图 2-18 中的离合器 B1 就是将变速器壳体与拉维娜复合行星排的前太阳轮连接。

制动器闭合，与此相连构件的转动将被阻止；制动器分离，与此相连的构件的转动将不受约束。

三、单向离合器的作用

单向离合器用于连接行星机构中的某两个构件的换挡元件，从而限制某一元件相对另一元件发生的某一方向的运动。例如图2-12中的单向离合器F的作用是锁止拉维娜式行星齿轮机构的行星架的逆时针转动。

单向离合器接合，与此相连的两个构件在某一方向的运动将被限制；单向离合器分离，与此相连的两个构件之间不存在任何约束。

第六节　自动变速器的换挡规律与控制策略

当变速杆放在D位置时，自动变速器会按照一定的规则进行自动换挡，这一规则就是自动变速器的换挡规律。自动变速器的换挡规律是根据合适的控制参数得到当前最佳的挡位，从而决定是否换挡和换到那一挡。换挡规律的好坏直接影响汽车的动力性、燃油经济性、排放特性、安全性和舒适性等的优劣，是自动变速器的关键技术之一。

根据换挡规律作用的不同，可以分为四类：

(1)经济性和动力性换挡规律：基于发动机的稳态特性获得最佳动力性和最佳经济性换挡规律，适用于良好的直、平路况。

(2)弯路及坡路换挡规律：采用模糊逻辑的控制方法来获得换挡规律。

(3)液力变矩器闭锁换挡规律：适用于带闭锁离合器的液力变矩器的自动变速器。

(4)效率换挡规律：基于液力变矩器的原始特性曲线获得的换挡规律，仅针对液力变矩器而言，目标使其效率大于某一特定值，从而保证液力变矩器始终工作在高效区。

一、经济性和动力性换挡规律

为了使汽车具有最佳的行驶性能，制定自动变速器的换挡规律时，需要根据发动机的工作状态来选择最佳的变速器挡位。根据优化计算时选用的目标函数的不同，可以分为两种最佳换挡规律：最佳燃油经济性换挡规律和最佳动力性换挡规律。最佳燃油经济性换挡规律，是驾驶员以最小的燃油消耗工况来进行换挡的规律。最佳动力性换挡规律，是汽车牵引力得到最充分的利用而发动机功率获得最大的发挥来进行换挡的规律。如果节气门开度较小，表示驾驶员希望获得最佳的燃油经济性，此时驾驶员换挡车速较低，使发动机运行在该节气门开度下燃油消耗较低的转速范围。如果驾驶员迅速踏下加速踏板，表示驾驶员想获得最大的加速度，此时换挡点对应着发动机的转速为该节气门开度下最大功率点的转速。

根据控制参数的选择不同，可以将换挡规律分为三类：单参数、两参数和三参数。目前，自动变速器中应用最为广泛的是后两类换挡规律，因此，本节只介绍后两类换挡规律的基本原理。

1. 两参数换挡规律

目前，广泛采用的两个控制参数为：节气门开度θ和车速v，如图2-21所示，实线为升挡曲线，虚线是降挡曲线。在一定节气门开度下，当车速位于实线右侧，升入3挡；反之当车速降低到虚线左侧时则换回到2挡，虚线右侧和实线左侧的区域为两挡的可能工作区，视汽车原来的行驶状况而定。这种升降挡之间的交错现象，称为换挡延迟或换挡重叠，主要是为了避免循环换挡。

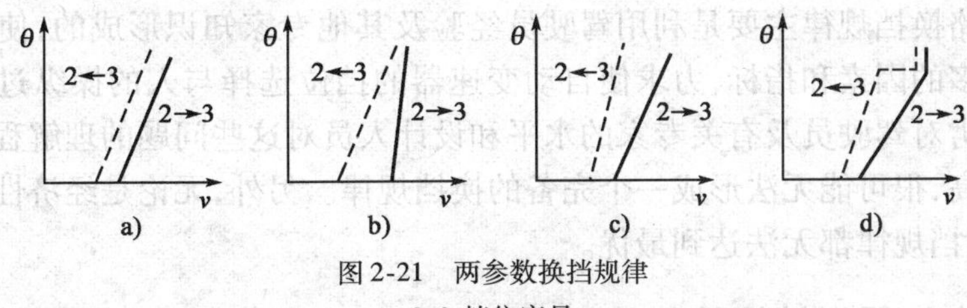

图 2-21　两参数换挡规律

2、3-挡位序号

根据换挡延迟的变化，可以将两参数换挡规律分为 4 种：等延迟型（图 2-21a）、收敛型（图 2-21b）、发散型（图 2-21c）和组合型（图 2-21d）。

1）等延迟型

在等延迟型两参数换挡规律中，换挡延迟不随着节气门开度的变化而变化。主要特点是：在小节气门开度时换入高挡的车速较低，发动机噪声低，燃油经济性好。

2）收敛型

在收敛型两参数换挡规律中，换挡延迟随着节气门开度的增大而减小，呈收敛状分布。主要特点是：在大节气门开度时，换挡延迟较小，升降挡发动机的功率利用率高，动力性好；在小节气门开度时，换挡延迟较大，可以避免过多的换挡，发动机可以在较低转速工作，燃油经济性好，发动机噪声低，行驶平稳舒适。

3）发散型

在发散型两参数换挡规律中，换挡延迟随着节气门开度的增大而增大，呈发散状分布。主要特点是：当快速松抬加速踏板时，可以提前换入高挡，发动机噪声低，燃油经济性好；在大节气门开度时，升挡的发动机转速高，接近最大功率点，动力性好，减少了换挡次数，但降挡时发动机转速低，功率利用率差。

4）组合型

为了便于在不同节气门开度下获得不同的汽车性能，在组合型两参数换挡规律中，换挡规律由两段或者多段不同变化规律组成。通常，小节气门开度下，以舒适、稳定、少排放为主；中开气门开度下，以保证最佳燃油经济性为主，兼顾动力性；在大开气门开度下，以获得最佳动力性为主。

2. 三参数换挡规律

在两参数换挡规律中，换挡点都是基于发动机稳态特性进行制定的，但是汽车的起步、加速、制动减速和换挡等过程是动态变化的。因此，在三参数换挡规律中，除了开气门开度 θ 和车速 v 之外，还引入反映动态过程的加速度 dv/dt，作为选挡控制参数。与两参数换挡规律相比，三参数换挡规律进一步反映了汽车的实际操纵规律，能够改善汽车的加速性、燃油经济性、舒适性。由于该换挡规律需要通过试验获得发动机非稳定特性，因此目前工程上应用较少。

二、弯路及坡路换挡规律

该换挡规律用于解决汽车行驶过程中的特殊问题：弯路和爬坡。汽车在转弯时，因为短时间车速下降，按照动力性或经济性换挡规律会产生频繁换挡。汽车在爬坡时，也会由于牵引力不足而引起车速快速下降造成频繁换挡。频繁地换挡操纵会大大增加换挡元件的使用

频率,从而降低其寿命。为了避免频繁换挡,在经济性和动力性换挡规律中,引入弯路和坡路信息,利用模糊控制技术进行实时修正,即为弯路及坡路换挡规律。

弯路及坡路换挡规律主要是利用驾驶员经验及其他专家知识形成的,使换挡在其决策过程中考虑更多的因素和指标,力求使自动变速器的挡位选择与人的操纵过程相似。这种换挡规律的优劣对驾驶员及有关专家的水平和设计人员对这些问题的理解程度等诸多因素的依赖程度很高,很可能无法形成一个完备的换挡规律。另外,无论是经济性指标还是动力性指标,这种换挡规律都无法达到最优。

三、液力变矩器闭锁换挡规律

为了提高液力变矩器的传动效率,需要在自动变速器控制系统中设定液力变矩器的闭锁规律。液力变矩器闭锁规律规定的是液力换挡和机械换挡之间的转换问题,因此,它是换挡控制的一部分。

闭锁规律主要包括闭锁控制参数与闭锁点等两个方面。

根据闭锁控制参数的不同,闭锁规律可以分为两类:单参数控制(涡轮转速、车速)、双参数控制(速比、涡轮转速与节气门开度、车速与节气门开度)。

从理论上讲,闭锁点应该设在耦合器工况点附近,即转矩比等于或接近1的点。

四、效率换挡规律

效率换挡规律是针对液力变矩器的传动效率较低的问题提出的,其目的是通过变速器换挡来控制液力变矩器在高效区工作。高效区就是系统在某挡下能够达到某效率指标的转速区间,是人为规定的包含最大效率点的转速区间。

效率换挡规律是以控制液力变矩器的效率高于某一特定值(一般取为0.75~0.8)为目标,通过自动变速控制系统计算变速器的传动比,来获得下一时刻变速器挡位的决策方法。控制中的关键问题是如何识别换挡点。

效率换挡规律需要借助于自动变速器的试验手段获得。根据试验结果,作出发动机与变速器共同工作的变速器效率与输出动力的特性曲线,当发动机节气门开度一定时,即发动机输出转速一定时,变速器各个挡位效率和车速的统计特性如图2-22所示。相邻两挡动力曲线的交点为换挡点,如图2-22中的A、B和C点。从图2-22中可以发现,相邻两个换挡点之间的输出转速范围与效率曲线上该挡的高效区近似对应。改变节气门开度,发动机工作点变化,传动效率与动力特性也发生变化;但这种近似对应关系仍然存在。因此,如果工作点经过某换挡点时但没有换挡,系统势必进入低效区,所以可以认为换挡点之间的区域为近似高效区,这样可以直接利用以上换挡动力曲线作为换挡控制策略。

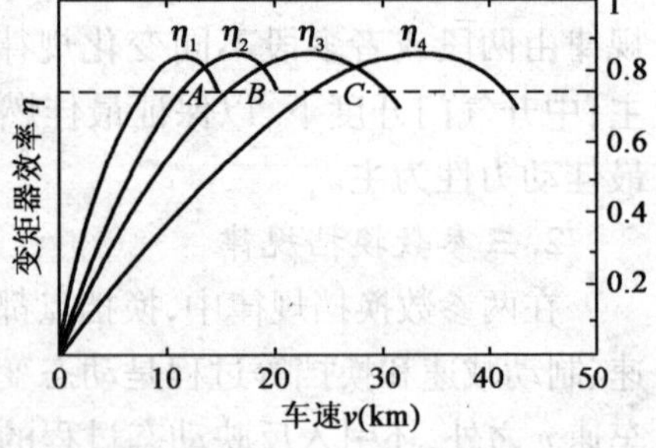

图2-22　效率换挡规律的原理

第三章　液压控制系统

AT 液压控制系统是车辆综合传动装置的重要组成部分,其功能是保证车辆传动系统正常工作,控制车辆的换挡工况转换,同时对车辆传动系统的换挡过程进行控制。合理地匹配和控制换挡过程中的油压和流量特性,不但能够延长换挡离合器以及整个变速器的使用寿命,而且可以有效地减少换挡过程中的动力损失,保证车辆的加速性能,使换挡过程平稳过渡,保证车辆的换挡品质。

AT 液压操纵系统属于机、电、液、信相接合的复杂操纵控制系统。AT 液压控制系统操纵控制元件多,结构复杂,操纵控制精度要求高。

车用自动变速器的齿轮变速系统控制方式主要有纯液压控制和电液控制两大类,现今市场上销售的 AT 以及在研的 AT 产品都为电液控制方式,故本章主要介绍电液控制方式的 AT 液压控制系统的基本结构和工作原理。

本章将重点介绍以下内容:

(1)液压控制系统的基本组成与工作原理;

(2)液力变矩器的基本结构和工作原理,液力变矩器的特性;

(3)液压控制系统主要元件的结构、工作原理及设计方法;

(4)ZF6HP 液压控制系统分析。

第一节　液压控制系统基本组成与工作原理

一、液压控制系统的基本组成

AT 通过液压操纵换挡元件(离合器或制动器)的分离或接合来实现动力换挡。液压操纵系统的基本组成包括以下 3 个部分:一是供油调压和流量控制系统,二是换挡操控系统,三是液力变矩器供油闭锁控制和冷却润滑系统。

二、液压控制系统的工作原理

典型的自动变速器液压控制系统组成如图 3-1 所示。发动机驱动油泵运转,油泵将液压油以一定的压力输送到控制阀体,在控制阀体内有若干控制阀,控制阀起油路“开关”的作用,控制阀的移动使油路接通或切断,使液压油缸内活塞动作,从而使离合器或制动器接合或分离,达到自动换挡的目的。自动换挡控制系统的控制信息主要有 3 个:手动换挡杆的位置、节气门开度(负荷)和汽车行驶的车速。当驾驶员选定了换挡杆位置之后,控制系统将根据节气门开度和车速来实现自动换挡。

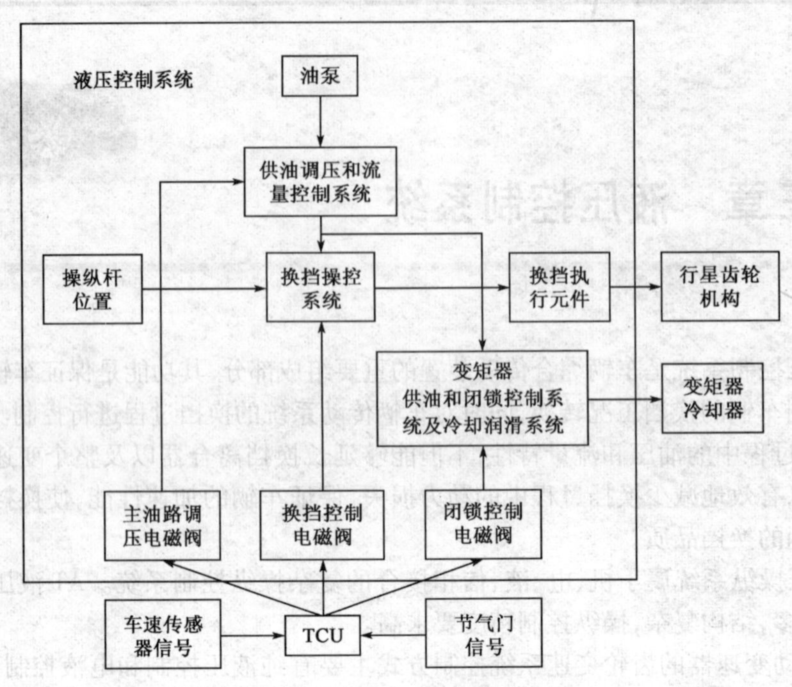

图 3-1 自动变速器液压控制系统原理图

第二节 液力变矩器

液力传动分为动液传动和静液传动两大类。动液传动是靠液体在循环流动过程中动能的变化而传递动力,静液传动是利用液体在密闭工作容积内压能的变化而传递动力。液力变矩器属于动液传动装置,是广泛应用于汽车自动变速器和工程机械的液力传动装置。

汽车从静止状态起步,发动机与变速器接合时,发动机曲轴和变速器输入轴之间有一个转速差,会产生冲击,此时需要一个连接元件来缓解冲击,在安装自动变速器的车辆上,液力变矩器就是一个标准的缓解冲击的连接元件,连接在发动机和自动变速器之间。液力变矩器的作用不仅能使汽车舒适和平顺的起动,降低发动机输出转速的波动,同时还可以在一定范围内改变发动机的输出转矩,从而提高汽车的起步加速能力。

在现代自动变速器中,液力变矩器是其核心组成部件之一。其主要作用是利用液体的循环流动来改变动能从而传递动力。

液力变矩器是为了改变液力耦合器的性能而在其基础上发展起来的,它与液力耦合器的最大区别是在泵轮和涡轮之间增加了导轮,正是因为增加了导轮这一部件,自动变速器从此进入了高速发展的阶段,汽车传动系统在真正意义上得到了革新。

液力变矩器导轮的结构、数量以及固定方式可以有不同的形式,据此可以将液力变矩器分为 3 种主要形式,如图 3-2 所示。德国工程师 Föttinger-Wandler 首先发明了导轮固定在变矩器壳体上的液力变矩器,但随着对液力变矩器传动效率要求的提高,并使发动机在较宽的区域内稳定工作,又先后出现了导轮固定在单向离合器上的液力变矩器和带锁止离合器的液力变矩器。另外,在此三种基本的液力变矩器基础上又逐渐发展了多种形式的液力变矩器,如双泵轮液力变矩器、导轮反转液力变矩器以及双涡轮液力变矩器等。由于篇幅所限,本书仅重点介绍液力变矩器的基本结构和工作原理。

现代汽车上广泛采用带锁止离合器的液力变矩器,如图 3-2c)所示。

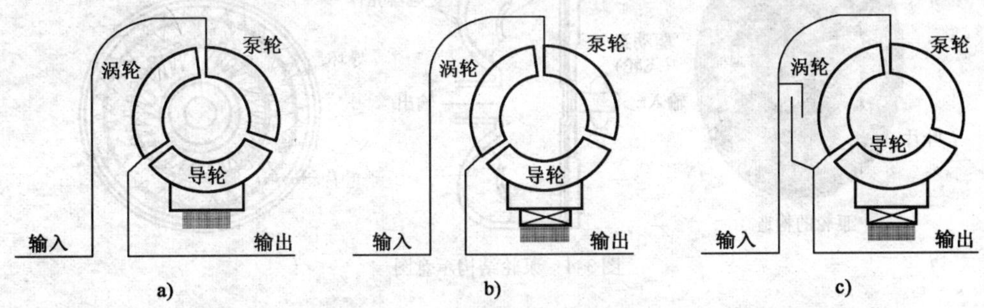

图 3-2 液力变矩器主要类型

a)导轮固定在壳体上;b)导轮固定在单向离合器上;c)带锁止离合器且导轮固定在单向离合器上

一、液力变矩器的基本结构

普通液力变矩器主要由泵轮、涡轮、导轮和变矩器外壳 4 个部件组成。导轮由固定套固定在变速器壳体上,并且与泵轮和涡轮保持一定的轴向间隙,装配后,所有工作轮形成的环形断面称为液力变矩器循环圆,其基本结构如图 3-3 所示。目前,汽车用液力变矩器的工作轮一般由钢板焊接冲压而成,而工程机械和一些军用车辆的液力变矩器工作轮则由铝合金精密铸造而成。

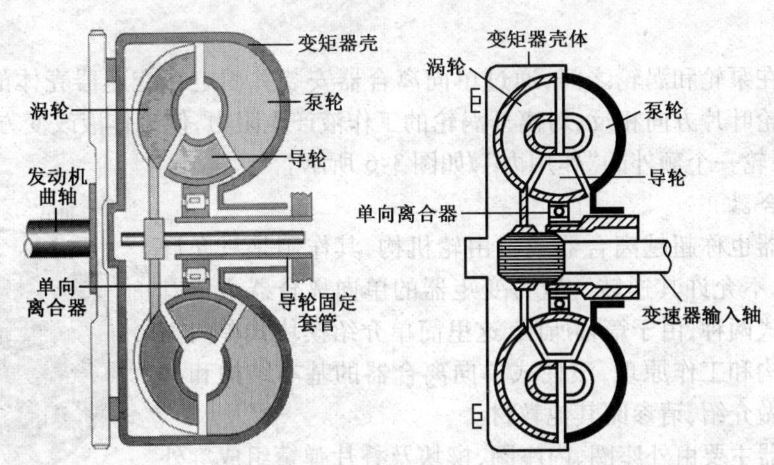

图 3-3 液力变矩器结构示意图

1. 泵轮

泵轮与变矩器壳体刚性连接,然后用螺栓固定安装在发动机飞轮上并与曲轴一起旋转。泵轮内部沿径向安装有许多较平直的叶片,叶片内缘安装有导环,其作用是让工作液平滑流动,基本结构如图 3-4 所示。发动机工作时,泵轮内的工作液在离心力的作用下由外缘甩出而冲击涡轮,发动机转速越高,工作液的流速越大,对涡轮的冲击力越大,涡轮转速越高。

2. 涡轮

涡轮与变速器输入轴用花键连接,内部安装有许多叶片,与泵轮不同的是叶片呈曲线形状,方向与泵轮叶片的弯曲方向相反(相对安装时的方向相反),如图 3-5 所示。涡轮叶片与泵轮叶片相对放置,中间留有很小的间隙。

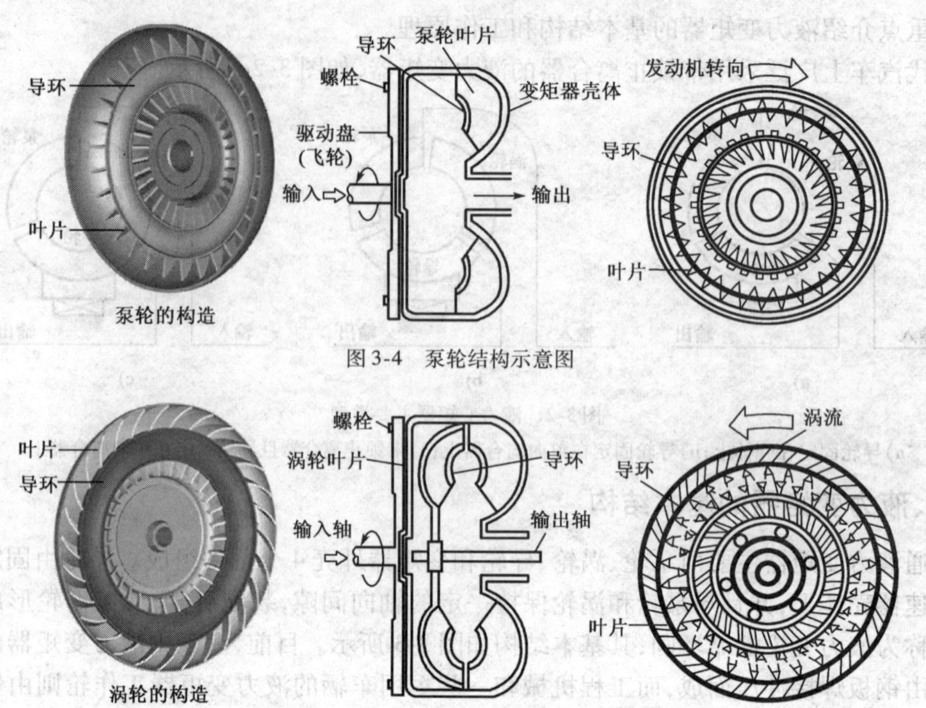

图 3-4　泵轮结构示意图

图 3-5　涡轮结构示意图

3. 导轮

导轮安装在泵轮和涡轮之间，通过单向离合器安装并固定在变速器壳体的导轮轴上。导轮叶片与涡轮叶片方向相反，对离开涡轮的工作液产生阻力，使工作液改变方向冲击泵轮叶片背面，给泵轮一个额外的“作用力”，如图 3-6 所示。

4. 单向离合器

单向离合器也称超越离合器或自由轮机构，其作用是只允许导轮单向旋转，不允许其逆转。液力变矩器的单向离合器主要有滚柱式和楔块式两种，由于篇幅所限，这里简单介绍楔块式单向离合器的基本结构和工作原理，滚柱式单向离合器的基本结构和工作原理本书不做介绍，请参阅其他教材。

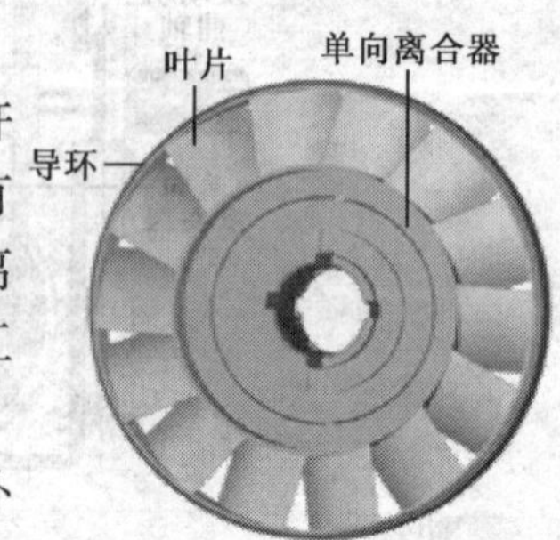

图 3-6　导轮结构示意图

单向离合器主要由外座圈、内座圈、楔块及叠片弹簧组成。外座圈与导轮叶片用铆钉或花键固定连接在一起，内座圈用花键（或铆钉）与导轮固定套连接，而固定套被固定在变速器的壳体上，因而内座圈是固定不动的，如图 3-7 所示。

楔块安装于单向离合器的内外座圈之间，保持架（定位弹簧）使楔块总是朝着锁止外座圈的方向略微倾斜，如图 3-8 和图 3-9 所示。当涡轮转速较低，与泵轮转速差较大时，工作液冲击导轮叶面使外座圈逆时针方向旋转（图 3-8 中虚线箭头所示），在摩擦力的作用下，外座圈欲带动楔块逆时针方向转动，但由于 $L_2 > L$，使楔块顶住外座圈而不能转动，此时工作液产生反作用力矩，变矩器起增大转矩的作用。当涡轮转速升高到一定值而使工作液对导轮的冲击力反向，使外座圈顺时针方向旋转（图 3-8 中实线箭头所示），在摩擦力的作用下，外座圈带动楔块顺时针方向转动而倾斜，由于 $L_1 < L$，外座圈可以旋转，导轮成为自由轮并与涡轮一起转动，不再对工作液产生反作用力矩，变矩器转入耦合器工作状态，该点称为耦合点。

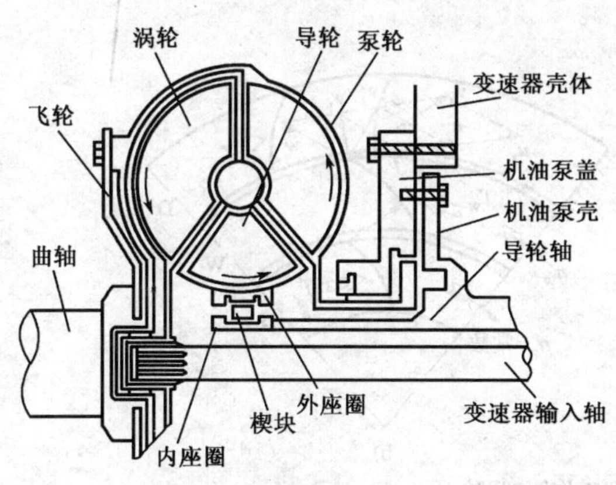

图 3-7　单向离合器的结构

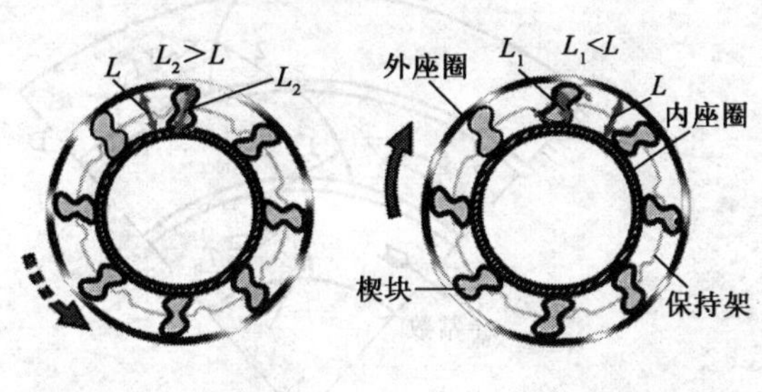

图 3-8　楔块式单向离合器的工作原理图

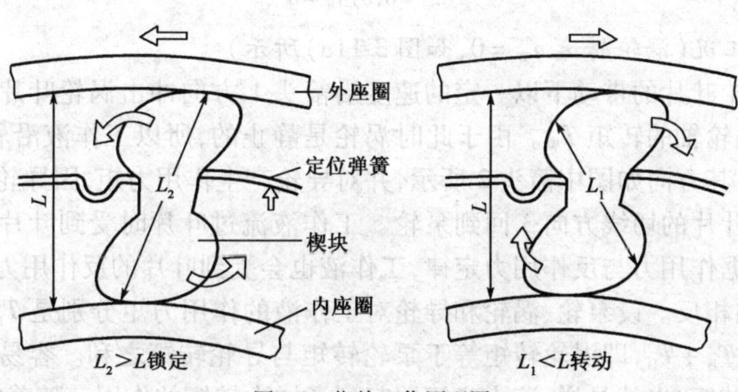

图 3-9　楔块工作原理图

习惯上，我们把这种可以转为耦合器工况的变矩器称为综合式液力变矩器，因为它具有变矩器和耦合器两种工作状态，故称为“双相”；又因为安装在泵轮与导轮间的涡轮数为 1，称为“单级”；所以上述变矩器的全称应为“单级双相三元件综合式液力变矩器”，“元件数”是指泵轮、涡轮和导轮等工作轮的个数。

二、液力变矩器的工作原理

如前所述变矩器不仅能传递转矩，而且能够在泵轮转矩不变的情况下，随着涡轮转速（反映汽车行驶速度）的不同而改变涡轮输出的转矩。变矩器之所以具有变矩作用，是因为结构上比耦合器多了导轮机构，在液体循环流动的过程中，固定不动的导轮给涡轮一个反作用力矩，使涡轮输出的转矩不同于泵轮输入的转矩。

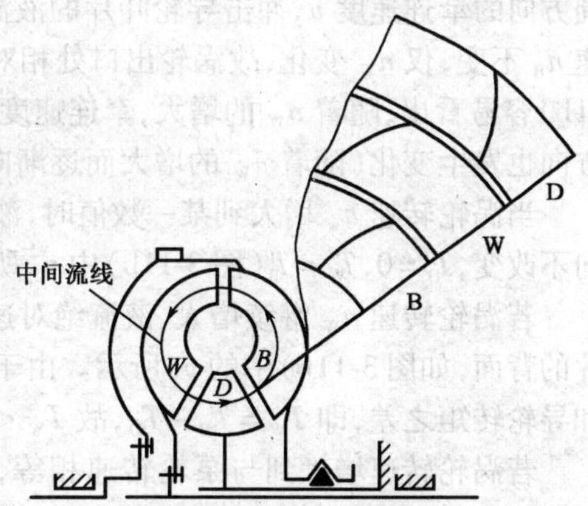

图 3-10　液力变矩器工作轮展开示意图

B-泵轮；W-涡轮；D-导轮

现以工作轮的展开示意图 3-10 来说明液力变矩器的工作原理。依据液流方向将循环圆上的中间流线在同一平面上展开成一直线，按泵轮→涡轮→导轮展开，工作轮的叶片角度也清晰地表示出来，如图 3-11 所示。

为便于说明问题，假定发动机转速和负荷不变，即变矩器泵轮的转速 n_B 和泵轮转矩 T_B' 为常数。

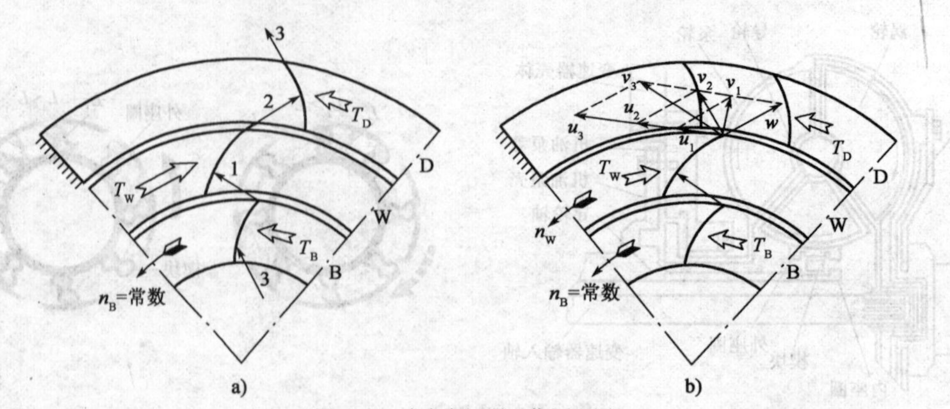

图 3-11 液力变矩器工作原理图

a) $n_W=0$;b) $n_W \neq 0$

1. 汽车起步工况(涡轮转速 $n_W=0$,如图 3-11a)所示)

工作液在泵轮叶片的带动下以一定的速度沿箭头 1 方向冲击涡轮叶片,对涡轮有一个作用力,产生绕涡轮轴的转矩 T_W。由于此时涡轮是静止的,所以工作液沿着叶片切线方向流动并冲向导轮,其方向如图中箭头 2 所示,并对导轮产生作用力矩,因导轮固定不动,所以工作液又沿导轮叶片的切线方向 3 回到泵轮。工作液流过叶片时受到叶片的作用力,其方向发生变化。根据作用力与反作用力定律,工作液也会受到叶片的反作用力矩,其大小与作用力矩相等、方向相反。设泵轮、涡轮和导轮对工作液的作用力矩分别是 T'_B、T'_W和 T'_D,根据平衡条件有 $T_W=T_B+T_D$,即涡轮转矩等于泵轮转矩与导轮转矩之和。容易看出,此时的涡轮转矩大于泵轮转矩,也就是说,液力变矩器起到了增大转矩的作用。随着发动机转速的升高,涡轮转矩逐渐增大,当涡轮转矩经传动系统传递到驱动轮上的转矩足以克服汽车的起步阻力矩时,汽车起步并开始加速,相应的涡轮转速也从零逐渐升高。

2. 汽车正常行驶(涡轮转速 $n_W \neq 0$,如图 3-11b)所示)

汽车起步后,涡轮出口处的工作液不仅具有沿叶片方向的相对速度 w,而且还具有沿圆周方向的牵连速度 u,冲击导轮叶片的液流速度应该是此二者的合成速度 v。因假设泵轮转速 n_B 不变,仅 n_W 变化,故涡轮出口处相对速度 w 不变,只是牵连速度 u 发生变化。由图 3-11b)容易看出,随着 n_W 的增大,牵连速度 u 增大,合成速度(绝对速度)v 随之增大,且 v 的方向也发生变化(随着 n_W 的增大而逐渐向左倾斜),作用于导轮的转矩逐渐减小。

当涡轮转速 n_w 增大到某一数值时,液流的方向正好沿导轮出口方向冲向导轮,液流方向不改变,$T'_D=0$,$T'_W=T'_B$(图 3-11b)中 v_2 所示)。

若涡轮转速 n_W 继续增大,液流绝对速度 v 的方向继续向左倾斜。此时液流冲击导轮叶片的背面,如图 3-11b)中的 v_3 所示。由于导轮与泵轮的转矩方向相反,故涡轮转矩为泵轮和导轮转矩之差,即 $T_W=T_B-T_D$,故 $T_W<T_B$,即液力变矩器的输出转矩小于其输入转矩。

若涡轮转速增大到与泵轮转速相等,即 $n_W=n_B$ 时,工作液在循环圆中的循环流动停止,液力变矩器不再传递动力,此时 $T_W=0$。

三、液力变矩器特性

液力变矩器的特性主要包括内特性、外特性和无因次特性等。

内特性是指涡轮的性能参数与变矩器内部液体流动参数之间的关系,如液体的流速、压力、进口冲击角、出口偏离角、冲击损失系数、循环流量和雷诺数等,主要为变矩器设计提供理论依据。外特性是指液力变矩器的效率、变矩系数以及泵轮转矩和涡轮转矩随涡轮转速变化而变化的特性，实际上就是液力变矩器的输出特性。外特性是在试验台上测试或理论计算得到的，称为试验外特性或预期外特性。无因次特性是根据相似理论对外特性进行无因次化所计算出的特性。本章主要介绍液力变矩器的输出特性，即泵轮转速一定时，液力变矩器的性能参数随涡轮转速变化的规律，如图 3-12 所示。

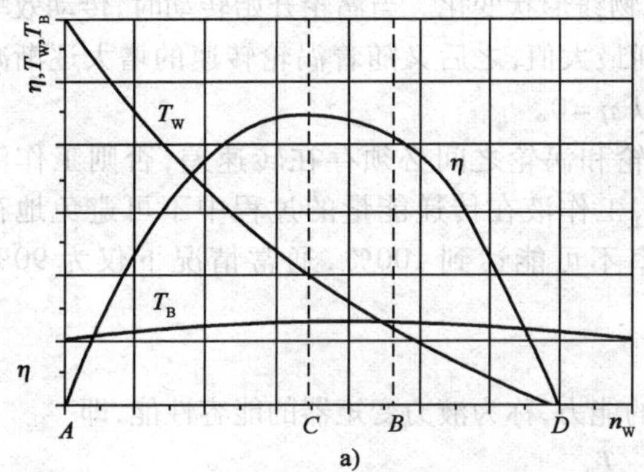

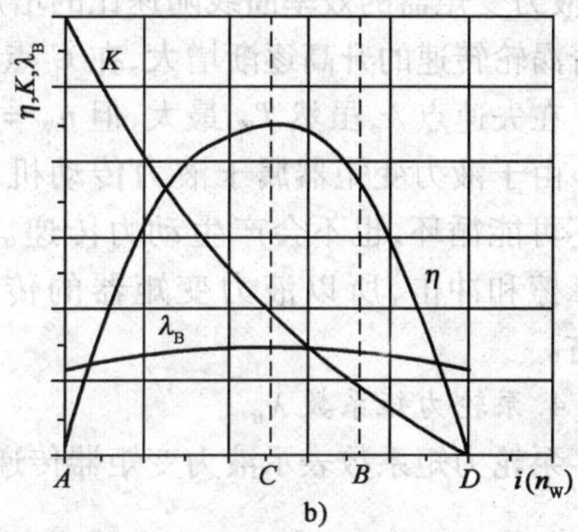

图 3-12　液力变矩器特性曲线

A-失速点；*C*-最高效率点；*B*-耦合点；*D*-不传递能量和转矩点

1. 速比 i

液力变矩器的速比同液力耦合器一样，定义为输出转速与输入转速之比，即

$$i=\frac{n_{\mathrm{W}}}{n_{\mathrm{B}}} \tag{3-1}$$

速比表示输出转速降低的倍数。根据上面的分析，我们知道 $i\leqslant 1$。

当汽车被阻止前进（泵轮转速最大，而涡轮转速为零）时，发动机节气门全开，此时的工况称为失速工况或失速点。在失速点，泵轮与涡轮的转速差 s 达到最大值 1。变矩器的最大变矩系数就在失速点，变矩系数通常在 1.7～2.5 之间。

2. 变矩系数 K

液力变矩器的涡轮输出转矩与泵轮输入转矩之比称为变矩系数或变矩比，它说明输出转矩增大的倍数，用 K 表示，即，

$$K=\frac{T_{\mathrm{W}}}{T_{\mathrm{B}}}=\frac{T_{\mathrm{B}}\pm T_{\mathrm{D}}}{T_{\mathrm{B}}} \tag{3-2}$$

泵轮转矩 T_{B} 主要与环流流量和泵轮转速有关，不同结构的液力变矩器具有不同的泵轮转矩特性。由图 3-12a）可以看出，涡轮转矩 T_{W} 随涡轮转速 n_{W} 的增加而减小，由图 3-12b）可以看出，速比越低，变矩系数越大，说明液力变矩器的减速增矩作用十分明显。随着速比的增大，变矩系数逐渐减小，当速比达到 1 时，变矩系数 K 为 0，此时液力变矩器不能传递转矩。当速比达到某一定值时，变矩系数 K 几乎为 1∶1，此时传递转矩的大小不变，该点（B 点）即为耦合器工作点。

当汽车起步、上坡或遇到较大阻力时，如果发动机的转速和负荷不变，车速将会降低，即涡轮转速 n_{W} 降低，变矩系数相应增大，驱动轮所获得的转矩增大，保证汽车能够克服增大的阻力而继续行驶，因此液力变矩器是一种能随汽车行驶阻力的不同而自动改变变矩系数的无级变速器。

3. 传动效率 η

变矩器的传动效率是指泵轮得到的能量传递给涡轮的效率，即

$$\eta = \frac{P_W}{P_B} = \frac{T_W n_W}{T_B n_B} = K \cdot i \tag{3-3}$$

式 3-3 说明，液力变矩器的传动效率等于其变矩系数与速比的乘积。由图 3-12 可以看出，液力变矩器的效率曲线随速比的增加成抛物线形状变化。当涡轮开始转动时，传动效率随着涡轮转速的升高逐渐增大，在 C 点时达到最大值，之后又随着涡轮转速的增大逐渐减小。在失速点 A，虽然 T_W 最大，但 $n_W=0$，所以 $\eta=0$。

由于液力变矩器属于液力传动机械，泵轮和涡轮之间必须存在转速差，否则工作液即不可能循环，也不会产生动力传递。此外，工作液在传递能量的过程中不可避免地存在摩擦和冲击，所以液力变矩器的传动效率不可能达到 100%，通常情况下仅为 90% 左右。

4. 泵轮力矩系数 λ_B

泵轮力矩系数表示液力变矩器传递功率的能力，称为液力变矩器的能容性能，即

$$\lambda_B = \frac{T_B}{\rho \cdot \omega_B^2 \cdot D^5} \tag{3-4}$$

式中：ρ——液体的密度；

ω_B——泵轮的旋转角速度；

D——泵轮直径。

不同结构形式的液力变矩器泵轮力矩系数不同；对于同一个液力变矩器，λ_B 是速比的函数，即 $\lambda_B=f(i)$。几何相似的液力变矩器，在速比相同时，λ_B 值相等。

5. 转差率 s

液力变矩器泵轮、涡轮的转速差与泵轮的转速之比定义为转差率 s。

$$s = \frac{\omega_B - \omega_W}{\omega_B} = 1 - \frac{\omega_W}{\omega_B} = 1 - i \tag{3-5}$$

6. 穿透数 H

液力变矩器泵轮转速不变时，载荷变化引起泵轮力矩系数 λ_B 变化的性能。

$$H = \frac{\lambda_{B0}}{\lambda_{Bi}} \tag{3-6}$$

式中：λ_{B0}——零速比工况泵轮的力矩系数；

λ_{Bi}——某一工况的泵轮力矩系数。

液力变矩器的穿透性能与穿透程度主要由 $\lambda_B=f(i)$来决定的。

当 λ_B 不随转速比 i 变化时，那么 $H=1$，也就是当涡轮转矩发生变化时泵轮转矩不发生变化，这种液力变矩器的转矩特性具有非穿透性能。

当 λ_B 随转速比 i 增大而减小时，那么 $H>1$，也就是当涡轮转矩增大时泵轮转矩也随之增大，这种液力变矩器的转矩特性具有正穿透性能。

当 λ_B 随转速比 i 增大而增大时，那么 $H<1$，也就是当涡轮转矩增大时泵轮转矩随之减小，这种液力变矩器的转矩特性具有负穿透性能。

某些液力变矩器在牵引工况时，既有正穿透性，又有负穿透性，这称为混合穿透性。

车辆上使用的液力变矩器一般拥有正穿透性和适当的混合穿透性能。

四、液力变矩器的特点

由于液力变矩器与液力耦合器均属于动液传动机械，所以液力变矩器同样具有液力耦合器起步平稳、减振、过载保护等特点；同时，液力变矩器能够改变转矩的大小。此外，液力变矩器还具有以下两个特点：

(1)输出轴的转速总是小于输入轴的转速，两轴的转速差随传递转矩的变化而变化；

(2)较强的自适应性。载荷增加时输出转速自动下降，反之自动上升，有良好的自动变速性能。

液力变矩器结构复杂，精度要求较高，制造维修成本亦较高。由于其内部存在液流损失，因此，与机械传动相比传动效率较低，最高效率只有85%~90%。

五、带锁止离合器的液力变矩器

如前所述，液力变矩器的传动效率较低，故采用液力变矩器的汽车在正常行驶时燃油经济性较差，且液流损失的能量转换为热能需要进行强制冷却，从而增大了自动变速器的体积和质量。考虑到汽车(尤其是轿车)经常在良好的路面上行驶，液力传动的优势发挥不明显，如果高速时采用机械传动，则能够提高效率并改善经济性。因此，出现了带锁止离合器的液力变矩器。

早在1949年，Packard公司就已经在其Ultramatic型自动变速器中采用了能够将泵轮与涡轮锁止在一起以形成直接传动的锁止离合器LC(Lockup Clutch)。但由于该结构增加了汽车的生产成本，再加上当时的汽油价格很低，对这一结构的要求并不是非常迫切，所以长时间内锁止离合器没有得到发展和应用。直到1978年，迫于石油危机的压力，美国克莱斯勒(Chrysler)汽车公司才又带头重新研发装用锁止离合器的液力变矩器。

目前，汽车上使用的液力变矩器锁止离合器主要有液压锁止型、离心锁止型和黏性锁止型3大类，其中以液压锁止型最为常见，它利用自动变速器液压系统中的油压产生接合，将液力变矩器泵轮与涡轮锁止在一起。

1. 带锁止离合器的液力变矩器结构和工作原理

带锁止离合器的液力变矩器有如下特点：当汽车在变工况下行驶(如起步、加减速)时，锁止离合器分离，相当于普通液力变矩器；当汽车在稳定工况下行驶时，锁止离合器接合，动力直接经机械系统传递，此时变矩器的传动效率为1。

锁止离合器位于液力变矩器的涡轮前端，由油缸活塞、传力盘和离合器从动盘等组成。在液压系统的控制下，能够在适当的时刻进行锁止切换。现代汽车上常用的带锁止离合器的液力变矩器结构简图如图3-13所示。

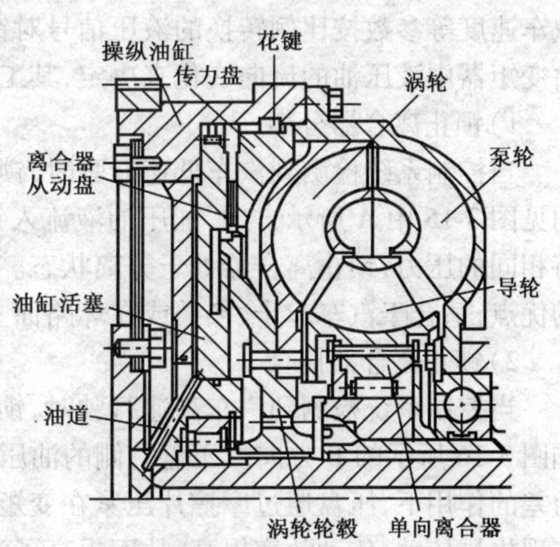

图3-13 带锁止离合器的液力变矩器

锁止离合器的主动部分是油缸活塞(即压盘)和传力盘，传力盘通过花键与泵轮连接并一起旋转。从动部分是装在涡轮轮毂花键上的离合器从动盘，离合器从动盘与涡轮输出轴一起旋转，并可以沿轴向移动。为了减小锁止离合器接合或分离瞬间的冲击力（即动载荷），通常离合器从动盘的内圈上安装有减振元件。压盘右侧的油液与泵轮、涡轮中的工作液相通，而左侧的油液通过变矩器输出轴中间的控制油道与阀板总成上的锁止控制阀相通。压力油经油道进入后，推动油缸活塞右移，压紧离合器从动盘，锁止离合器接合，泵轮与涡轮接合成一体旋转，变矩器不起作用；当油压撤除时，锁止离合器分离，变矩器正常工作。

2. 带锁止离合器的液力变矩器特性

带锁止离合器的液力变矩器特性曲线如图3-14所示，进入耦合点（B点）之前与普通液力变矩器特性曲线图3-12完全相同。当达到B点时锁止离合器锁止，液力传动转变为机械传动，液力变矩器转变为液力耦合器工作。可以看出，液力变矩器效率随之升高，且沿直线变化并趋近于1。因此，我们将变矩器的工作特性分为两个区域，即变矩区和耦合区。变矩区转矩成倍增大，耦合区转矩不变，耦合器工作点即为该两个区域的分界点。

带锁止离合器的液力变矩器传动效率明显高于普通液力变矩器。

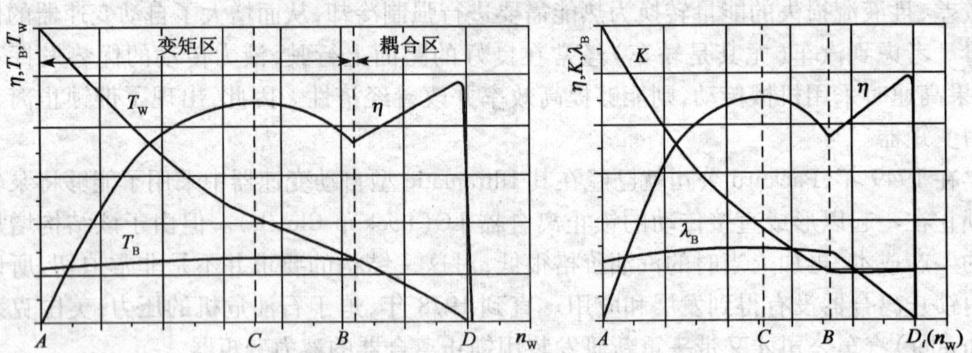

图3-14 带锁止离合器的液力变矩器特性曲线

A-开始点，涡轮被起动；C-最高效率点；B-耦合点；D-不传递能量和转矩点

3. 液力变矩器锁止离合器的控制

带锁止离合器的液力变矩器，其液压系统不仅要为液力变矩器和冷却润滑系统提供工作油液和冷却润滑油，而且要控制锁止离合器的接合与分离。控制系统依据节气门开度和汽车速度等参数按比例转换的液压信号对锁止控制阀实施控制。锁止离合器的接合和分离由变矩器中液压油的流向变化来决定，其工作过程如下。

1）锁止离合器分离

当控制系统检测到汽车低速行驶时，锁止继动阀接通变矩器的压力油路，工作液流动方向见图3-15中A所示方向，加压油液流入锁止离合器右侧，使压盘（油缸活塞）左右两侧保持相同的压力，锁止离合器处于分离状态。动力须经液力变矩器传递，可充分发挥液力传动的优点，适合于汽车起步、换挡或在坏路面上行驶工况。

2）锁止离合器接合

当控制系统检测到汽车高速行驶时，锁止继动阀使变矩器的回油路接通，油液流动方向如图3-16所示的B方向。压盘右侧的油压降低，而压盘左侧的油液压力仍然较高，在此压力差的作用下，压盘通过摩擦片压紧在变矩器壳体上，锁止离合器接合。动力经锁止离合器实现机械传动，传动效率提高，从而提高了汽车的燃油经济性。当锁止离合器接合时，导轮单向离合器脱开而成为自由轮，泵轮与涡轮一起转动，两者之间没有转速差，因而不产生涡流。实际工作中，当锁止离合器接合时，泵轮、涡轮与导轮之间存在一定的转速差，因此，变矩器内仍有少量的油液在循环流动，并消耗一定的能量，产生少量的热量，即锁止离合器在接合状态下的传动效率亦达不到100%。

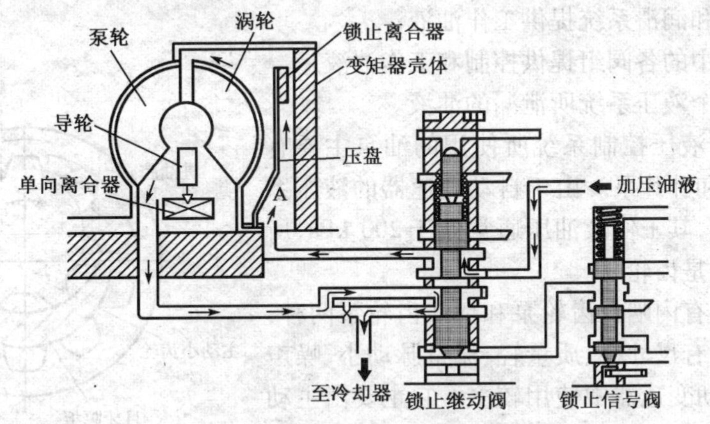

图3-15 锁止离合器分离时油液流动图

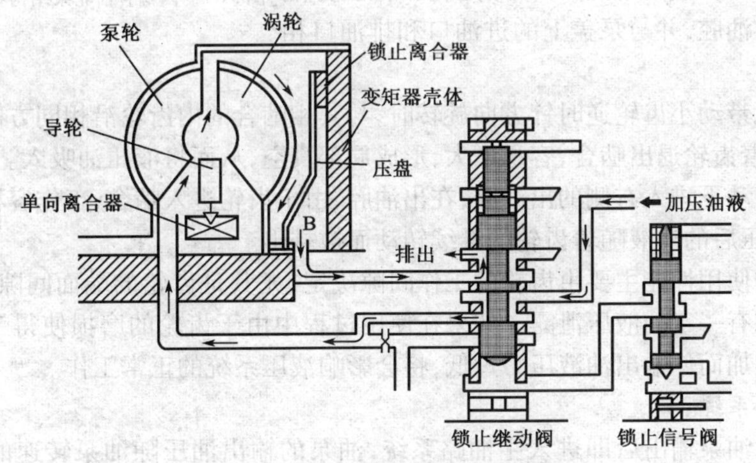

图3-16 锁止离合器锁止时油液流动图

第三节 液压控制系统元件结构和工作原理

自动变速器的液压控制系统大体可分为主油路系统、换挡信号系统、换挡阀组和缓冲安全系统。自动变速器的性能与系统中各液压元件的基本结构密切相关，这些液压元件主要包括油泵、蓄能器、各种液压阀（如主调节阀、副调节阀、换挡阀、调速阀等）以及阀板等。由于篇幅所限，本节仅介绍主要液压元件的基本结构和工作原理。

1. 油泵

油泵是自动变速器液压控制系统的动力源，为自动变速器提供必要流量和油压液压油。通常情况下是一泵多用，其技术状况对自动变速器的使用性能及使用寿命有很大影响。油泵通常安装在变矩器的后端，由泵轮通过轴套驱动，其转速保持与发动机同步。其基本功能如下：

(1)为液力变矩器提供液压油，保持足够的油压和流量，防止液力变矩器中产生气蚀现象；

(2)为换挡执行元件提供换挡时所需的足够液压油，并保证在挡位保持状态下，接合元件处于接合状态，不打滑；

(3)为冷却和润滑系统提供工作油液；

(4)为系统中的各阀组提供控制和工作油液；

(5)补充整个液压系统所泄漏的油液。

自动变速器液压控制系统所使用的油泵主要有齿轮泵、转子泵和叶片泵。由于自动变速器的液压系统属于低压系统，其工作液油压通常低于 200 kPa，所以最广泛使用的是齿轮泵。

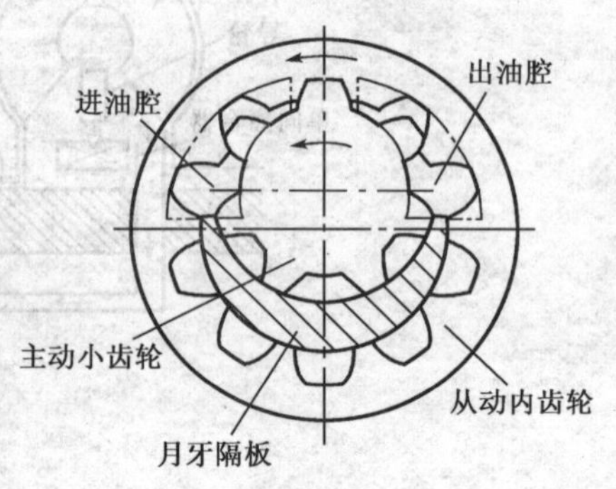

图 3-17　内啮合齿轮泵结构和工作原理示意图

齿轮泵主要有内啮合齿轮泵和摆线齿轮泵两种，内啮合齿轮泵具有尺寸小、质量轻、流量脉动小、噪声低等特点，在自动变速器中使用较多。它主要由主动小齿轮、从动内齿轮、月牙形隔板、泵壳、泵盖等组成，如图 3-17 所示。月牙形隔板的作用是将工作腔分隔成进油腔和出油腔，并与泵盖上的进油口和排油口相对应。

当发动机带动小齿轮逆时针方向旋转时，与其相啮合的内齿轮沿相同方向旋转，在左侧的进油腔，随着齿轮退出啮合，容积增大，形成局部真空，从而将液压油吸入。进入油腔的油液在齿轮的带动下进入右侧的出油腔；在出油腔，由于齿轮进入啮合，工作容积减小，油液的压力升高，升压后的油液随着齿轮的继续转动而被排出。

液压泵的使用性能主要由齿轮的工作间隙决定，尤其是齿轮的端面间隙影响最大。在这些间隙处总有一定的液压泄露。如果在使用过程中由于齿轮的磨损使得工作间隙过大，导致泄油量增加而使输出油液压力过低，将会影响液压系统的正常工作。

2. 主油路系统

液压油从油泵输出后即进入主油路系统，油泵的输出油压随油泵转速的升高而增加。油泵由发动机直接驱动，所以油泵的输出流量和压力均受发动机运转工况影响。我们知道，发动机的工作转速范围很宽，怠速仅 800r/min 左右，最高转速通常在 6 000r/min 以上，这必然引起液压泵输出压力的大幅波动。为防止系统中油压过高或过低而导致自动变速器不能正常工作，必须对油路油压进行控制，最简单的方法是在油路中设置主调节阀。

1)主调节阀

主调节阀的作用是根据变速杆的位置、汽车的行驶速度和节气门开度的变化，自动调节流向各液压系统的油液压力(管路油压力)，使其与发动机功率相适应。常用的主调节阀通常采用阶梯形滑阀，结构如图 3-18 所示，它主要有上部的阀芯、下部的柱塞和调压弹簧等组成。在阀门的上端 A 处，受到来自油泵的油液压力作用；下端受到柱塞下部 C 处，来自发动机节气门阀控制油液压力和调压弹簧的作用力。A、C 两端液压作用力的平衡，决定阀体所处的位置。

液压油经油泵加压后进入主调节阀并对阀芯施加向下的作用力，此力克服弹簧力，打开出油口泄油。当向下的作用力与弹簧力平衡时保持管路油压一定，同时，液压系统为第二调节阀(副调节阀)输送一定压力的液压油。

当发动机转速降低时，油泵提供的工作液压力随之减小，阀体上端的压力小于其下端的作用力，阀体上移，出油口开度减小，泄油量减小，保持管路油压不变，反之亦然。

当驾驶员踩下加速踏板时，节气门阀控制的油液压力作用在主调节阀的下端，柱塞下端的压力大于上端的压力；阀体上移，出油口开度减小，泄油量减小，当阀体上、下作用力达到新的平衡时，管路油压在新的状态下保持平衡。也就是说，液压系统管路压力的大小是与节气门开度有关的。节气门开度越大，泄油口开度越小，管路压力越大；反之，当节气门开度减小时，向上的压力减小，泄油口开度增大，泄油量增多，管路压力下降。这样就保证了自动变速器离合器、制动器传递的动力能够随节气门开度的变化而变化。

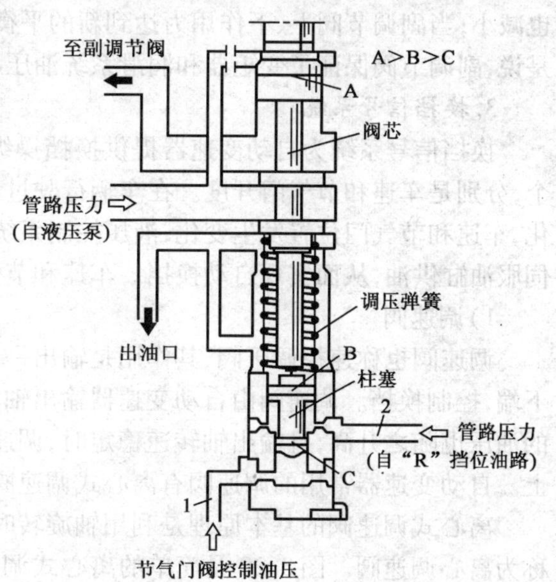

图 3-18　主调节阀结构和工作原理示意图

当驾驶员将变速杆置于 R 位置时，由手动阀过来的油压作用于柱塞的下端，向上的作用力增加，从而使阀体向上移动，泄油口开度减小，管路油压升高，以满足倒挡的需要。

我们知道，自动变速器的所有离合器和制动器都是由管路压力操纵的，且管路压力也是变速器内部其他压力的压力源，所以管路压力是控制自动变速器的最基本和最重要的压力。因此，主调节阀是自动变速器最重要的液压元件之一。如果主调节阀不能正常工作，管路压力就会过高或过低，从而出现较大的压力波动。压力过高，换挡时产生冲击，效率降低；压力过低，会造成离合器和制动器打滑，严重时车辆停驶。

2）副调节阀

副调节阀的作用是根据节气门开度和汽车行驶速度的变化，调节输送到液力变矩器和润滑系统的油压，使之与发动机功率和车速相适应。常用的副调节阀结构如图 3-19 所示。

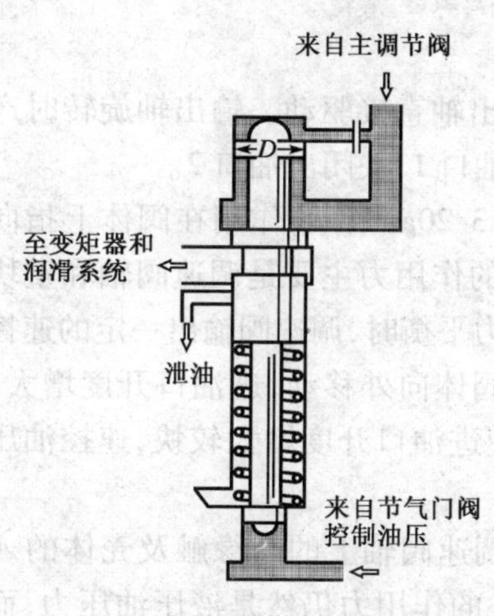

图 3-19　副调节阀结构和工作原理示意图

副调节阀的上端作用者来自主调节阀的油液压力，其大小等于油压与面积的乘积，在其下端作用者弹簧力和节气门阀控制油液压力。其作用力的大小控制阀体的上下移动。

来自主调节阀的工作液进入副调节阀的上端，产生向下的作用力，克服弹簧力从而打开通往变矩器和润滑系统的油路。当油液压力与向上的弹簧力平衡时，副调节阀为变矩器和润滑系统提供一定的压力油。主调节阀压力波动时，副调节阀使系统的油压保持稳定。

当驾驶员踩下加速踏板时，从节气门阀来的油压作用在副调节阀的下端，下端的压力大于上端的压力，阀体上移，通往变矩器的出油口开度减小，泄油量也减小；当副调节阀上、下作用力达到新的平衡时，管路油压在新的状态下保持平衡。也就是说，副调节阀保证了变矩器和润滑系统油压与发动机功率相适应。

3. 换挡信号系统

换挡信号系统为自动变速器提供换挡操纵信号（也称控制参数）。控制参数主要有两个，分别是车速和节气门开度。在车辆行驶过程中，随着道路交通状况和路面附着系数的变化，车速和节气门位置发生变化，液压控制系统立即控制油泵向需要做换挡动作的离合器或伺服油缸供油，从而实现自动换挡。车速和节气门位置信号分别由调速阀和节气门阀提供。

1）调速阀

调速阀也称速控调压阀，其作用是输出一个与车速相关的控制油压，作用于各换挡阀的下端，控制换挡。调速阀由自动变速器输出轴驱动，要求当输出轴转速升高时，调速阀输出的油压也随之升高，且输出轴转速稳定时，调速阀输出的油压也稳定在与车速相对应的水平上。自动变速器常用的调速阀有离心式调速阀和中间复合式双级调速阀两种结构形式。

离心式调速阀的基本原理是利用轴旋转时重块产生的离心力控制滑阀阀芯的位置，故称为离心调速阀。图3-20是简单的离心式调速阀基本结构，主要有壳体、阀体、调速阀轴、重块和弹簧等组成。

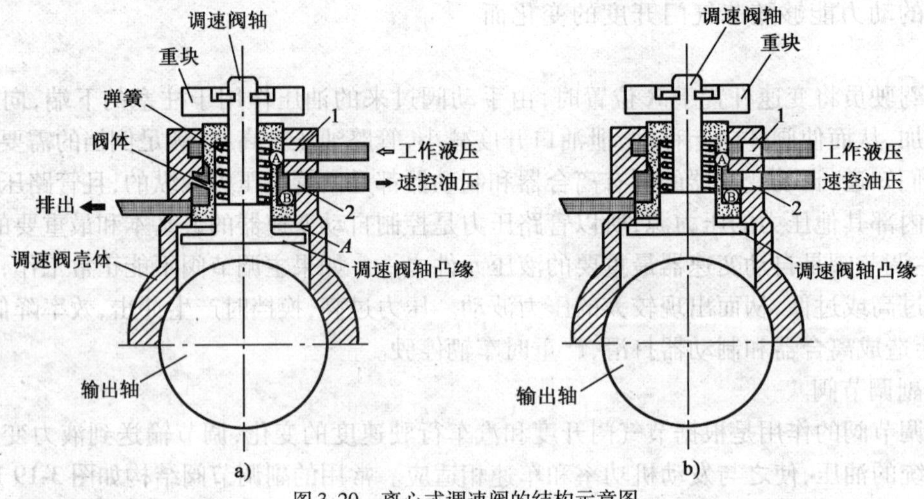

图3-20　离心式调速阀的结构示意图

1-进油口；2-出油口

离心式调速阀通常都安装在变速器输出轴上，由输出轴直接驱动。输出轴旋转时产生的离心力使调速阀轴、重块、阀体一起向外移动，打开进油口1，关闭出油口2。

当调速阀轴上的凸缘未触及壳体的 *A* 平面时，如图3-20a）所示，作用在阀体上指向输出轴中心的作用力主要是液压油压力；离开输出轴中心的作用力主要是调速阀轴和重块的离心力、阀体离心力和弹簧力。当上述两个方向的作用力平衡时，调速阀输出一定的速控油压（由速度控制的油压）。当转速升高时，离心力增大，阀体向外移动，进油口开度增大，速控油压升高，且由于此时调速阀轴和重块的离心力，故使进油口开度增大较快，速控油压上升亦较快，使低速换挡性能得到改善。

随着转速的继续升高，向外的离心力继续增大，当调速阀轴上的凸缘触及壳体的 *A* 平面时，如图3-20b）所示。作用在阀体上指向输出轴中心的作用力仍然是液压油压力；而离开输出轴中心的作用力则主要包括阀体离心力和弹簧力。当向内和向外的作用力平衡时，调速阀输出一定的速控油压。转速升高时,离心力增大,速控油压升高。由于此时的离心力不包括调速阀轴和重块的离心力,故速控油压上升缓慢。

由上面分析可知,速控油压与汽车速度相对应,并作为控制信号被输送到各换挡阀的下端,是自动变速器中又一个重要的控制油压。

离心式调速阀径向尺寸较大,当发动机前置、前轮驱动时难以布置,因此出现了体积较小、能够被放置在变速器输出轴轴管内的中间复合式双级调速阀,它由安装在变速器输出轴上的齿轮间接驱动。如美国通用的THM系列自动变速器就采用该调速阀,结构简图如图3-21所示。它由调速阀阀芯、主重块、次重块、阀体及保持架、弹簧、从动齿轮等组成。阀体上有进油口A、出油口B和泄油口C,进油口A与阀芯上的径向和轴向油孔相通。

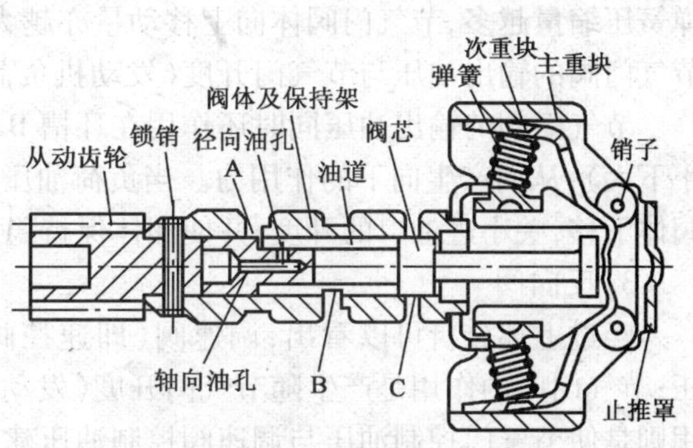

图3-21 复合式双级调速阀的结构示意图

当来自主油路的压力油由进油口A进入,经阀芯由出油口B流出,同时经阀芯的径向油孔和轴向油孔至阀芯左端,对阀芯施加一个向右的作用力,使阀芯向右移动,关小进油口A,而泄油口C的开度则增大,调速阀输出油液压力降低。当从动齿轮带动阀芯、阀体及保持架旋转时,重块组件在离心力的作用下绕销子向外摆动,与次重块相连的弹簧推动阀芯向左,使进油口A开度增大,泄油口C开度减小,调速阀输出油压升高。

输出轴转速较低时,重块所受离心力较小,阀芯在油压的作用下处于较右端位置,进油口A开度减小,调速阀输出油压随之降低。输出轴转速越高,重块组件所受离心力越大,阀芯被推向左端越多,进油口A开度越大,调速阀输出油压就越高。因此,中间复合式双级调速阀的输出油压能够随着输出轴转速的升高而增大。

2)节气门阀

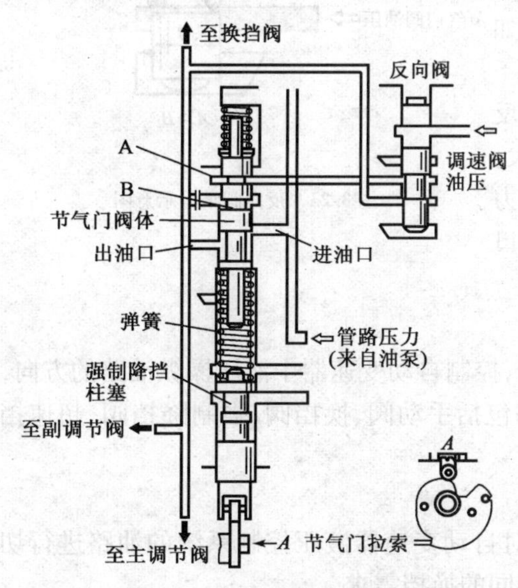

图3-22 节气门阀结构示意图

节气门阀由加速踏板控制,其作用是产生随节气门开度而变化的控制油液压力,此油液压力的主要作用有3个:①作用于主调节阀下端,控制主油路的油液压力,使之与节气门开度相适应;②作用于副调节阀下端,控制变矩器和润滑系统的油液压力,使之与发动机输出功率相适应;③作用于各换挡阀的上端,作为换挡信号。自动变速器常用的节气门阀结构如图3-22所示,它主要由节气门阀体和反向阀组成。

来自油泵的管路油压由节气门阀的进油口进入,然后从出油口流向换挡阀。由于阀口的节流作用使得出口压力低于进口压力。另外,节气门阀上还有两个控制油口,分别与来自反向阀的油压和出油口的油压相通,使阀体在A、B处受到向下的液压作用力。发动机低速运转时，节气门阀上进油口开度很小，输出的油压也较低。

当驾驶员踩下加速踏板时，节气门拉索拉动节气门凸轮顺时针方向转动，推动强制降挡柱塞上移压缩弹簧，弹簧力随之增大，节气门阀体的平衡被破坏，阀体向上移动，进油口开度增大，从节气门阀输出的油压升高。节气门开度越大，强制降挡柱塞向上移动位移量越大，弹簧压缩量越多，节气门阀体向上移动量亦越大，相应从节气门阀输出的油压越高，从而使节气门阀的输出油压与节气门开度（发动机负荷）的大小建立了对应关系。

节气门阀的输出油压同时还作用在环槽 B 上，由于环槽 B 的上、下截面设计不相等（上小下大），从而产生向下的作用力。当负荷油压上升到一定数值时，作用在环槽 B 的油压使阀体下移，关小进油口的开度，并使阀体保持稳定，节气门阀的油压也就稳定在某一数值。

3）反向阀

经过上述分析可以看出，调速阀（即速控阀）的作用是输出一个与车速相关的控制油压；节气门阀的作用是产生随节气门开度（发动机负荷）而变化的控制油压。而反向阀的作用则是使节气门控制油压与调速阀控制油压建立某种关系，即使节气门控制油压与车速有一定的关联性。

自动变速器工作过程中，挡位的变换是由调速阀控制油压与节气门阀控制油压共同控制的。加速踏板处于同一位置时，汽车的行驶速度可能不同，此时节气门阀控制油压应该能够随着车速的变化而变化。故当车速增加时，将调速阀控制油压引至节气门阀的上方，产生向下的作用力，使节气门阀输出油压下降。根据上面的分析，节气门阀控制油压作用在各换挡阀的上方，从而使得各换挡阀上方的压力减小，而下方调速阀的控制油压则随着车速的升高而增大，换挡时刻随之提前，此时也应该有与之相应的节气门阀控制油压，这一任务即由反向阀产生的断流压力作用在节气门阀上端来完成。

反向阀的上端有调速阀油压作用，中部环槽有节气门阀油压的作用，由于环槽的上下截面不相等（环槽截面 $A>B$），故环槽内的液压力方向向上，如图 3-23 所示。

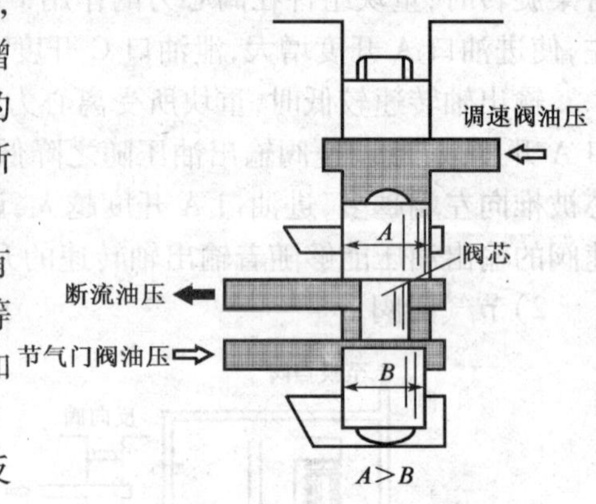

图 3-23　反向阀结构示意图

节气门阀油压一定时，若调速阀油压升高，反向阀阀芯下移，节气门阀油压的进油口开度增大，输出的断流压力较高。由图 3-23 可以看出，此压力作用在节气门阀上方，使节气门阀体下移，进油口开度减小，节气门油压下降。

4. 换挡阀组

换挡阀组根据换挡信号系统提供的油压信号，控制自动变速器中液压操纵油路的方向，进而确定变速器所处的不同挡位。换挡阀组主要包括手动阀、换挡阀、强制降挡阀、超速挡电磁阀、换低挡定时阀等。

1）手动阀

手动阀由变速杆通过联动装置控制，它可以对自动变速器液压控制系统的油路进行切换，对不同的换挡执行元件进行控制，从而满足不同的换挡需求。

自动变速器操纵手柄的位置表示其工作方式，与自动变速器的挡位数不存在对应关系。

如手柄置于 D 位置时，对三挡自动变速器而言，可根据换挡信号在 1 ~ 3 挡之间自动换挡；而对于四挡自动变速器，则可根据换挡信号在 1 ~ 4 挡之间自动换挡。当手柄置于 2 位置时，自动变速器只能在 1 ~ 2 挡间自动变换；当手柄置于 1 位（或 L 位）置时，自动变速器被限制在 1 挡工作。手动阀还提供倒挡（R）、空挡（N）和停车挡（P）等功能。

图 3-24 为手动阀的结构和工作原理示意图。在阀体上有多条油道，其中一条进油道与液压泵主油路相连，其余为出油道，分别通往与 D、2、L、R、N 和 P 位置相应的滑阀或直接通往换挡执行元件。

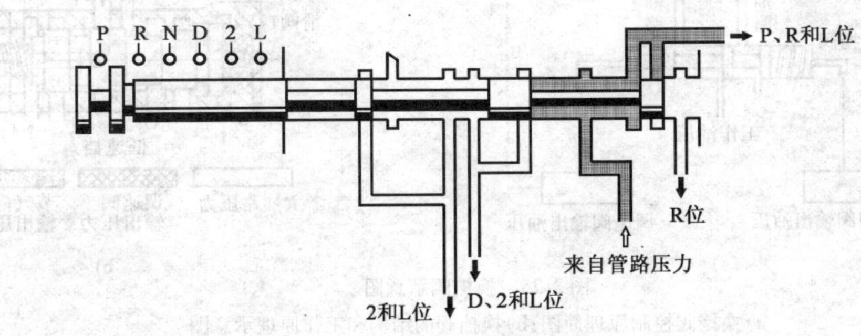

图 3-24　手动阀的结构和工作原理示意图

2）换挡阀

换挡阀是一种由弹簧和液压力作用的方向控制阀，有两个工作位置，可以实现升挡或降挡的自动切换。它通过控制换挡执行元件进油通道的开、闭而实现自动变速器的升挡和降挡，根据调速阀油压和节气门阀油压的平衡状况自动调整换挡阀进油通道的开启和关闭。由于每个换挡阀只有两个工作位置，所以它只能在两个挡位之间进行切换，作用就像一个液压开关，其数目可根据自动变速器前进挡的挡位数来确定。例如三挡自动变速器需要两个换挡阀，四挡自动变速器则需要 3 个换挡阀等。

换挡阀控制原理简图如图 3-25a）所示，其两端分别作用有节气门阀输出油压和调速阀输出油压。当两端油压发生变化时，换挡阀产生位移，改变油路，从而实现换挡。

图 3-25b）为换挡阀的结构和工作原理示意图。换挡阀由滑阀组成，其基本原理是利用滑阀两端的油压和弹簧力的平衡关系来确定其平衡位置。主油路压力油经入口 P_1 进入换挡阀。滑阀 1 的右端作用有节气门阀输出油压（经入口 P_2 进入）和弹簧 2 的作用力，滑阀 1 的左端作用有调速阀输出油压（经入口 P_3 进入），左、右两端的压力大小决定滑阀的平衡位置，即决定换挡阀的工作位置。因此，节气门阀和调速阀两个信号的共同作用可使变速器自动地在两个挡位之间进行切换。例如，当汽车行驶速度很低时，调速阀油压较低，滑阀切断了通往直接挡离合器的出口 O_1，以低速挡工作。

3）锁止调节阀和强制降挡阀

车辆行驶过程中，如遇障碍行驶阻力增加或需要超车时，驾驶员通常需要将加速踏板踩到底，此时节气门开度较大（但车速较低），自动变速器将自动进行强制降挡操作，除各换挡阀工作外，还有锁止调节阀和强制降挡阀参与工作。

（1）锁止调节阀。锁止调节阀的作用是用来调节进入强制降挡阀的压力，使之保持稳定。

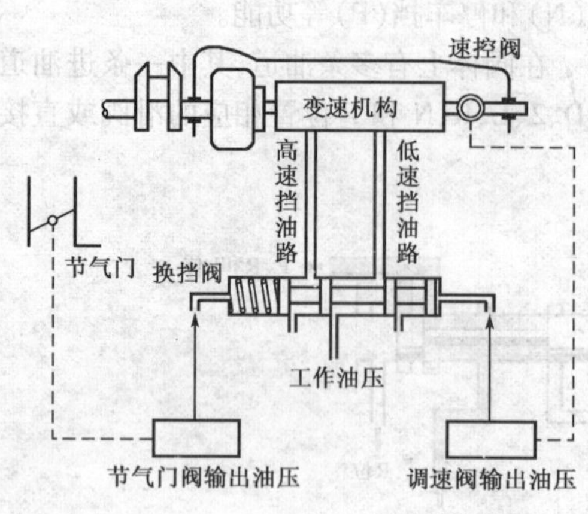

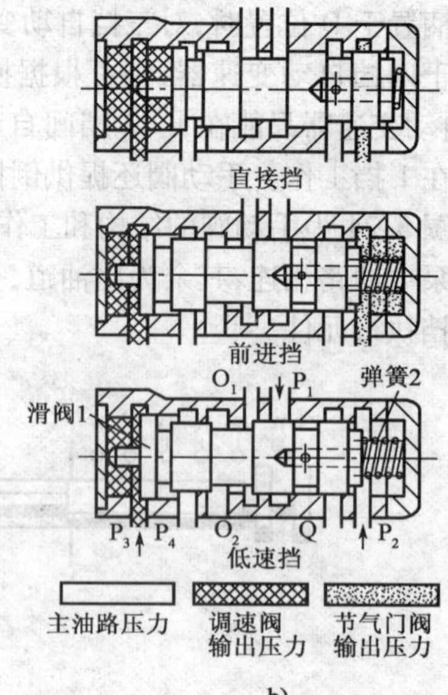

图 3-25　换挡阀示意图

a)换挡阀控制原理简图；b)换挡阀的结构和工作原理示意图

图 3-26 为锁止调节阀的基本结构和工作原理示意图。来自管路的油压作用在阀体的右侧，与左侧的弹簧力相平衡，以保持至降挡阀的压力稳定。当管路油压增加时，阀体左移，进油口减小，而至降挡阀的出油口开度增大，使压力减小；当管路油压减小时，阀体右移，进油口开度增大，至降挡阀的出油口开度减小，使压力增加，从而稳定了通往降挡阀的压力。

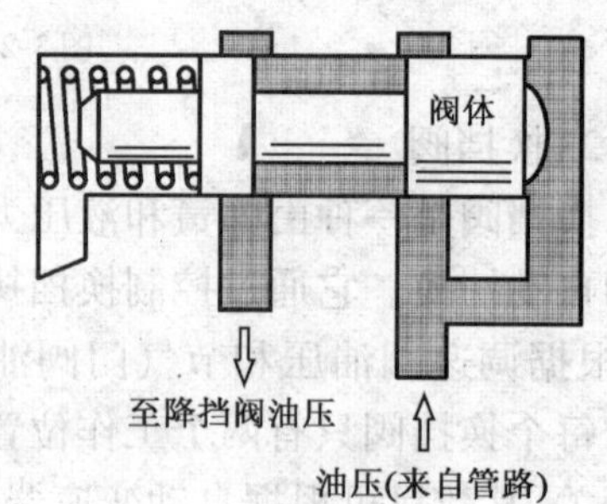

图 3-26　锁止调节阀的结构和工作原理示意图

(2)强制降挡阀。强制降挡阀的作用是当节气门开度大于某一值时(通常为 85% 以上)，控制锁止调节阀的油压接通(进油口与出油口接通)，使锁止调节阀油压进入各换挡阀的油道。

强制降挡阀安装在节气门阀的下方(见图 3-27)，兼起节气门阀活动弹簧座的作用。强制降挡阀起作用的位置由节气门凸轮的转动角度来决定，而凸轮的转动则由加速踏板通过节气门拉索来控制。当节气门开度较小时，强制降挡阀上端的阀芯将锁止油压的进、出油口分开，锁止油压不能进入换挡阀的油道；当节气门开度增大至超过 85% 时，强制降挡阀上移使锁止油压的进、出油口接通，锁止油压进入各换挡阀的油道。

图 3-27 为强制降挡阀的结构和工作原理示意图。强制降挡的过程通过锁止调节阀和强制降挡阀这两个阀门来实现。当节气门开度达 85% 时，从强制降挡阀流出的液压油进入各换挡阀。以 3—4 挡换挡阀为例，油液进入 3—4 挡换挡阀上端的第三滑行变速阀上端，对阀体施加一个向下的作用力，使阀体下移，自动变速器从 4 挡降至 3 挡。

原则上，从强制降挡阀阀芯输出的压力油通向所有换挡阀阀芯的一端，可使自动变速器降至最低挡。但实际上由于在换挡阀的另一端有来自离心调速阀的油压作用，故不可能使高速行驶的汽车立即从高速挡降至最低挡，而是在低一挡的位置上工作。当短时间急加速的工作完成后，驾驶员稍放松加速踏板，节气门开度小于 85% 时，强制低挡阀油路关闭，自动变速器便会重新回到高挡位工作。

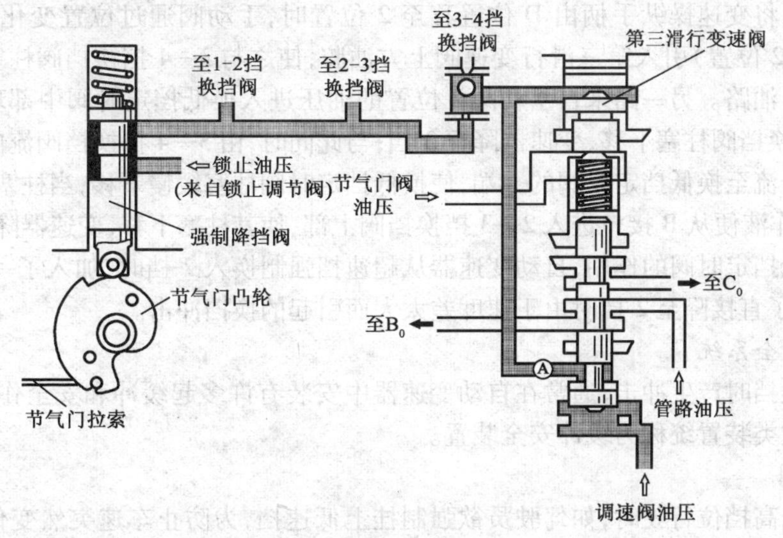

图 3-27 强制降挡阀的结构和工作原理示意图

4）换低挡定时阀

换低挡定时阀的作用是控制汽车顺序降挡，防止直接由四挡降至二挡等类似情况发生，以减小换挡冲击。

图 3-28 所示为换低挡定时阀的基本结构和工作原理示意图。当车辆自动变速器操纵手柄在 D 位置超速行驶时，3—4 挡换挡阀柱塞上移，在切断超速离合器 C_0 油路的同时，也使换低挡定时阀上方断油，换低挡定时阀柱塞仅受到下方管路油压的作用而位于上端位置。

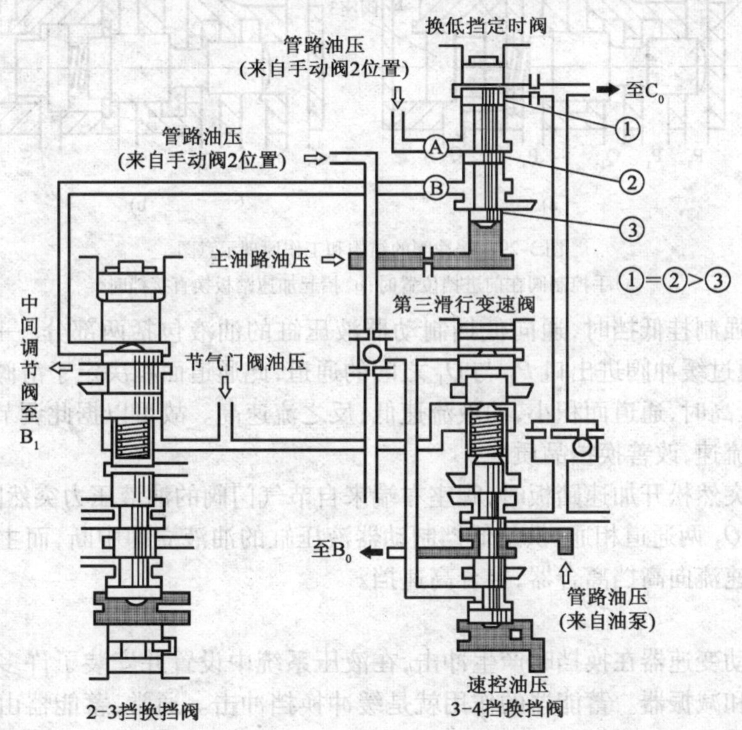

图 3-28 换低挡定时阀的结构和工作原理示意图

当驾驶员将变速操纵手柄由 D 位置移至 2 位置时，手动阀通过位置变化将管路油压(来自手动阀 2 位置)引入第三滑行变速阀上方油腔，使之与 3—4 挡换挡阀柱塞一起下移，切换 B_0 与 C_0 油路。另一路来自手动阀 2 位置的油压进入换低挡定时阀中部环形油腔 A。于是 3—4 挡换挡阀柱塞下移，变速器降至 3 挡；与此同时，由 3—4 挡换挡阀流向 C_0 的工作液有一部分分流至换低挡定时阀的上端，使换低挡定时阀柱塞缓慢下移；当柱塞截面②通过 B 接口时，工作液便从 B 接口进入 2—3 挡换挡阀上部，使其柱塞下移，变速器降至 2 挡。

由于换低挡定时阀的作用，自动变速器从超速挡强制换入 2 挡时，加入了一段时间的 3 挡传动，减小了直接降至 2 挡时由于速度差太大而引起的换挡冲击。

5. 缓冲安全系统

为防止换挡时产生冲击，通常在自动变速器中安装有许多起缓冲和安全作用的液压阀和减振器。这类装置统称为缓冲安全装置。

1)缓冲阀

当汽车以高挡位行驶时，如驾驶员欲强制挂上低速挡，为防止车速突然变化，我们希望低挡制动器的动作速度与车速成反比，即车速越高，低挡制动器的动作速度越慢；反之越快。当驾驶员松开加速踏板由低速挡提前换高速挡时，我们希望自动变速器能够迅速松开低挡制动器，并使高挡离合器接合。这些任务都是由缓冲阀来实现的。

图 3-29 所示为某缓冲阀的结构和工作原理示意图。它主要由滑阀、阀座和弹簧组成。自调速阀送来的压力油经通道 P_3 作用于滑阀的左侧端面，由节气门阀来的压力油经通道 P_2 作用于滑阀的右侧端面。

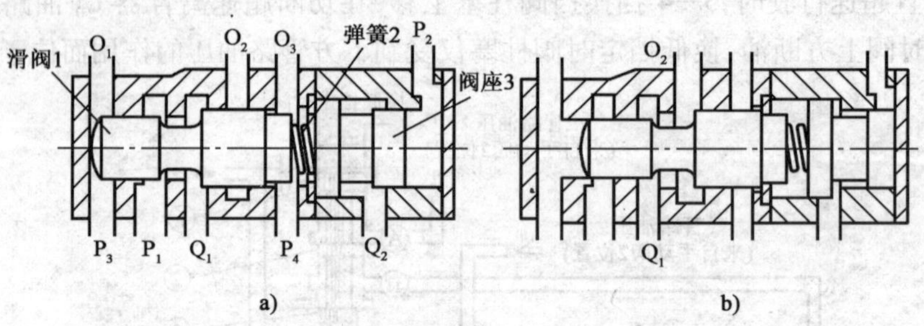

图 3-29　缓冲阀的结构和工作原理示意图

a)手控制阀在前进挡位置时；b)抬起加速踏板换直接挡时

当驾驶员强制挂低挡时，通向低挡制动器液压缸的油液包括两部分：一部分来自低挡阀，另一部分通过缓冲阀进出口 P_1 与 Q_1 之间的通道，此通道面积决定于滑阀的位置。车速高，调速阀油压高时，通道面积小，油液流速低；反之流速高。故可以据此调节低挡制动器液压缸压力油的流速，改善换挡品质。

当驾驶员突然松开加速踏板时，阀座右端来自节气门阀的油液压力突然降低，阀座迅速右移，使 Q_1 与 Q_2 两通道相通，供给低挡制动器液压缸的油液立即中断，而主油路压力油则通过缓冲阀快速流向高挡离合器，接合高速挡。

2)蓄能器

为防止自动变速器在换挡时产生冲击，在液压系统中设置并安装了许多起缓冲和安全作用的液压阀和减振器。蓄能器的作用就是缓冲换挡冲击。通常，蓄能器由减振活塞和弹簧组成，如图 3-30 所示。

蓄能器与离合器或制动器并联安装，压力油进入离合器或制动器活塞工作腔 A 的同时也进入减振器活塞 B 的工作腔，克服弹簧作用力而使减振器活塞向下移动，从而降低了 A 腔的压力，防止离合器或制动器接合时油压升高过快而产生冲击。

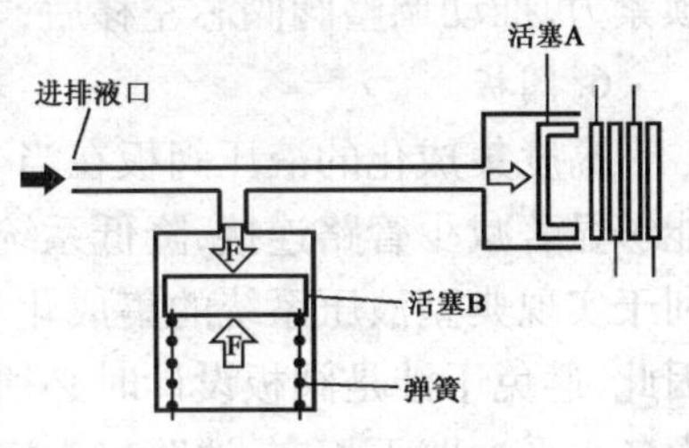

图 3-30 蓄能器工作原理示意图

3）倒挡离合器顺序阀

倒挡离合器顺序阀的作用是控制进入倒挡离合器的油液压力，以减小换倒挡时的冲击。倒挡离合器顺序阀通常采用双活塞结构，通过控制内外活塞的进油顺序来控制倒挡离合器的夹紧力。

图 3-31 为某自动变速器的倒挡顺序阀的结构和工作原理示意图。

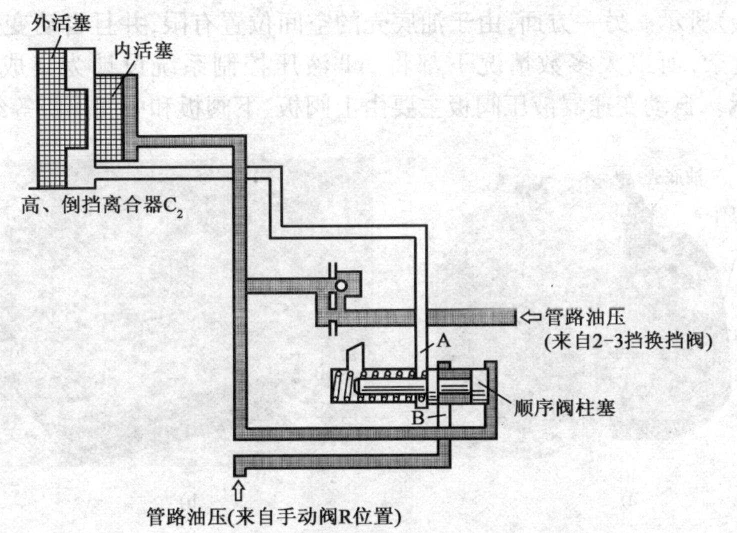

图 3-31 倒挡离合器顺序阀的结构和工作原理示意图

当手动阀置于 R 位置时，来自 2—3 挡换挡阀的工作油压进入内活塞油腔的同时，还作用于顺序阀柱塞的右端，来自手动阀 R 位置的工作油液进入进油口 B 时因受到柱塞的阻隔而不能通过 A 管路进入倒挡离合器的外活塞油腔。只有当内活塞油腔充油接触后，顺序阀右端的油压升高，顺序阀左移，进油口 A 与 B 连通，从而使液压油通过 A 进入外活塞油腔提供更大的夹紧力。由于之前摩擦片与盘之间的间隙已经消除，因此可以有效减小换挡冲击。

当手动阀置于 D 位置时，仅有来自 2—3 挡换挡阀的工作油液，故只有内活塞动作，传递转矩小于倒挡转矩。

与倒挡离合器相类似，倒挡时使用的制动器也有倒挡制动器顺序阀。倒挡制动器顺序阀的作用是控制进入倒挡制动器的油压力，从而减小换挡冲击。由于篇幅所限，在此不再赘述。

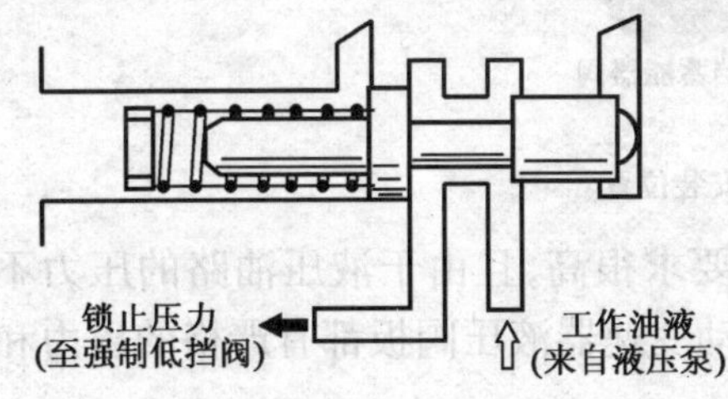

图 3-32 调整阀的结构和工作原理示意图

4）调整阀

换挡阀动作时，如果主油路油压被立即加到执行元件上，将会产生较大的冲击。为了减小此类冲击，在自动变速器的油路中设置了一些调整阀，如中间调整阀、滑行调整阀等，其工作原理基本相同。图 3-32 所示为强制低挡调整阀，来自液压泵的油液不是直接作用于强制低挡阀，而是先进入调整阀，待克服弹簧预紧力，推动调整阀阀芯左移后，才能打开流向强制低挡阀的油路，从而起到缓冲作用。

6. 阀板

高度集成化的液压阀板在当今复杂的液压系统中是十分常见和必不可少的，其特点是能够显著减少管路连接，降低系统的复杂性，具有结构紧凑、安装维护方便、泄漏少、振动小、利于实现典型液压系统的集成化和标准化等。由于油孔较多，且呈纵横交错的布置形式，因此，避免干涉是阀板设计时必须要考虑的一个问题。此外，液压阀板的设计高度应以阀板内各水平油路不相交、油路接头安装不干涉、阀板的上下表面距油路不小于 10mm、相邻油孔间距大于 3mm 为依据。

由于自动变速器自身结构的原因，通常情况下将液压控制系统布置在其油底壳的位置上，如图 3-33a）所示。另一方面，由于油底壳的空间位置有限，并且自动变速器的液压控制系统又非常复杂，所以大多数情况下都将 AT 液压控制系统设计为集成的阀板组件，如图 3-33b）所示。自动变速器液压阀板主要由上阀板、下阀板和中间隔板等组成。

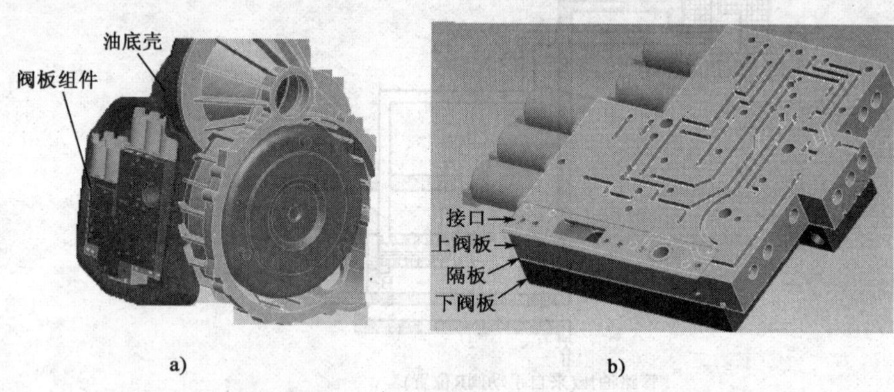

图 3-33　自动变速器液压阀板示意图

a）液压阀板安装位置；b）液压阀板组件

图 3-34 为某自动变速器的液压阀板组件示意图，它主要由油路板和控制阀体组成，各种调压阀、控制阀、蓄能阀以及换挡阀等均安装在控制阀体上。

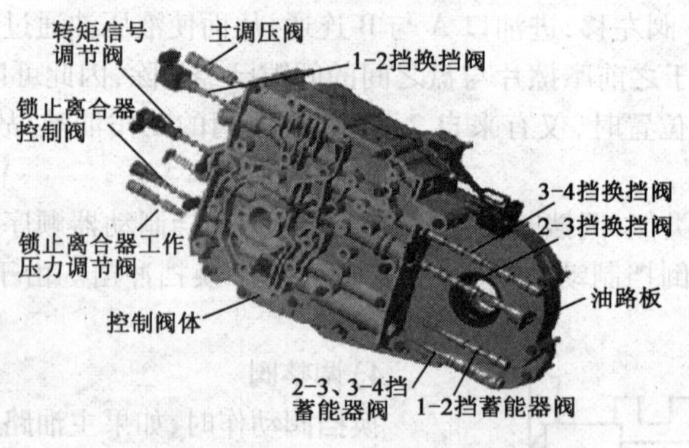

图 3-34　油路阀板的组成及其安装位置

通常，在阀板的内部设计有复杂的油路，加工精度要求很高，且由于液压油路的压力不断变化，使得阀板组件的受力也不断变化。因此，对自动变速器液压阀板都有严格的压力和流量要求。

第四节　自动变速器液压油(ATF)

汽车自动变速器主要由液力变矩器、离合器、制动器、液压泵、各种液压阀和液压油道等零部件组成，其内部构造非常精密。因此，自动变速器需要使用专用液压油，称为自动变速器液压油，简称 ATF(Automatic Transmission Fluid)。ATF 是一种特殊的多功能润滑油，在自动变速器中起到极其重要的作用，它不仅是液力变矩器的工作介质，担负能量传递的任务；还是液压控制装置的工作介质，起到控制的作用；同时作为一种润滑油，ATF 还起到润滑、清洁、冷却、密封、防腐、防锈等作用。

在汽车行驶过程中，发动机驱动液力变矩器的泵轮，在摩擦力的作用下带动 ATF 一起旋转。ATF 在旋转的过程中将泵轮传递的机械能转化为本身的动能和势能，当此能量达到一定数值时，ATF 便带动涡轮旋转，将液体的动能和势能转变为涡轮的机械能。ATF 在能量的转换和传递过程中，以涡流和环流两种混合方式工作，工作温度在 -40 ~ 170℃之间，其内部的工作条件亦相当复杂。因此，自动变速器对 ATF 的使用性能要求很高。

ATF 由基础油(或合成润滑油)与各种添加剂混合而成。ATF 的基础油是从石蜡基原油中提炼得到的，简称矿物油，约占 85% ~ 90%。但由于基础油的使用性能受到限制，必须添加各种类型的添加剂以适应不同工况的要求，添加剂约占 10% ~ 15%。因此，又衍生出各种合成 ATF。合成 ATF 的抗氧化能力强、使用寿命长、温度适用范围广、综合性能更好，是未来 ATF 发展的主要方向。

ATF 的添加剂多种多样，目前使用的主要有抗氧剂、分散剂、抗磨剂、摩擦改进剂、腐蚀抑制剂、密封溶胀剂、黏度改进剂、倾点抑制剂、抗泡剂、清洁剂以及抗乳化剂等。加入添加剂的目的都是为了加强基础油在某些方面的性能，改善基础油所不具备的特性，因此，含有各种添加剂的 ATF 比比皆是，其性能各有所长。ATF 的评价指标主要有黏度、黏温性、摩擦特性、抗磨性、热氧化安定性、与橡胶密封件的适应性以及抗泡沫性等，其中，黏度和黏温性会影响换挡规律、换挡品质和传动效率。

黏度是指油温在 100℃时的运动黏度。ATF 的黏度与发动机机油的黏度不同，通常情况下 ATF 的黏度指标在 7 ~ 8 mm^2/s 之间，而发动机机油的黏度则高达 20mm^2/s 以上，这是因为 ATF 的黏度过高会造成液力变矩器的内摩擦力和 ATF 流动阻力增加，从而导致功率损耗增加、换挡缓慢、离合颤抖、温度上升并影响变速器的使用寿命。高品质 ATF 的黏度都在 7mm^2/s 左右，特点是油液压力反应迅速、换挡快捷而平稳、摩擦系数小、工作温度低、使用寿命长。

黏度指数是指 40 ~ 100℃时 ATF 的黏度指数，通常在 150 以上。黏度指数不应随着温度的变化而剧烈变化，而应稳定在某一范围内。

闪点是指 ATF 在高温下的闪火点(闪爆点)，一般闪点的指标在不低于 170℃较好。闪点偏低会加速 ATF 的氧化，同时容易挥发，增加不稳定因素和不安全因素。

倾点是指以 45°的倾角倒出容器内的 ATF 时，ATF 不流动时的温度。良好的 ATF 其倾点不能高于 -40℃。

国外 ATF 产品标准的主要代表有通用(GM)汽车公司的 DEXRON 系列标准、福特(Ford)汽车公司的 MERCON 系列标准、克莱斯勒(Chrysler)公司的 ATF 系列标准、埃里逊

(Allison)公司的C系列和卡特彼勒(Caterpillar)公司的TO系列标准,其中福特和通用两大汽车公司自动变速器液压油的规格标准占主导地位。表3-1给出了几种典型的汽车自动变速器ATF主要性能指标和台架试验要求。

汽车自动变速器常用ATF的主要性能指标和台架试验要求 表3-1

项　目	DEXRON-Ⅲ	MERCON-Ⅴ	Allison C-4	Caterpillar TO-4
运动黏度(mm^2/s)(100℃)	报告	>6.8	报告	报告
布氏黏度(MPa·s)(-40℃)	<20 000	<20 000	报告达到3 500	按SAE J300要求,并增加高温、低温、高剪切性能要求
泡沫性	95℃无泡沫 135℃泡高<5 mm 135℃消泡时间<15s	ASTM D892 程序Ⅰ-100/0 ml 程序Ⅱ-100/0 ml 程序Ⅲ-100/0 ml 程序Ⅳ-100/0 ml	95℃无泡沫 135℃泡高<10 mm 135℃消泡时间<23s	ASTM D892方法加水0.1% 程序Ⅰ-25/0 ml 程序Ⅱ-50/0 ml 程序Ⅲ-25/0 ml
摩擦试验	带式、板式离合器摩擦试验,滚筒和板带上无非正常磨损或剥落	板式摩擦试验,摩擦耐久性的满意操作均为20 000次循环	Allison C-4石墨/纸板离合器摩擦测试标准	Caterpillar VC 70测试标准
氧化试验	THOT氧化操作300h,总酸值增加小于3.25,羰基吸收峰增加小于0.45,使用后的液压油另有要求(GM 6417-M)	ABOT氧化操作25h后,戊烷不溶物小于1%,总酸值增加小于4.0,羰基吸收峰增加小于0.4,使用后的液压油在40℃的黏度增加比率小于40%	THOT氧化试验后无油泥存在,总酸值增加小于4.0,羰基吸收峰增加小于0.75,使用后的液压油另有要求(GM 6297-M)	THOT氧化试验后无油泥存在,总酸值增加小于4.0,羰基吸收峰增加小于0.75,黏度变化报告(GM 6137)

此外,其他著名的变速器制造厂商和汽车、摩托车制造商也有自己独立的ATF规格标准。如德国ZF公司的乘用车自动变速器液压油标准TE-ML11系列和商用车自动变速器液压油标准TE-ML14系列,Voith公司的G607和G1363标准,戴姆勒—克莱斯勒(Daimler Chrysler)公司的236.X系列标准,克莱斯勒公司的ATF+2、ATF-plus、ATF+3(MS-7176D)、ATF+4(MS-9602)系列标准,日本JASO M315规格,日本丰田汽车公司的Type T标准和日本尼桑汽车公司的Matic-D/J/K系列标准等。

不同自动变速器使用的液压油可能是不同的牌号,不同牌号液压油的工作特性不同,因此,应严格按照自动变速器使用说明书规定的液压油进行更换,切不可用其他牌号的液压油代替,否则会造成变速器的早期损坏。

为了与其他油品区别,ATF产品通常还被染成红色,它是一种清澈透明、无混杂物、无异味的清洁油液。

第五节　液压控制系统分析

自动变速器的液压控制系统通常包括三大部分，即管路油压和流量控制系统、换挡操作控制系统、液力变矩器和冷却润滑控制系统。下面以 ZF 6HP 液压控制系统为例，分析其基本结构和工作原理。

一、换挡操控系统油路分析方法

AT 的换挡过程就是执行元件的接合和分离过程，而执行元件的接合或分离都是通过换挡操纵油路来实现的。AT 换挡操控油路是很复杂的油路组合，故分析 AT 换挡操控油路的系统组成、工作原理和设计理念是非常困难的，因此有必要对其分析方法进行研究。在分析换挡操纵油路时，应按照图 3-35 所示步骤进行。

换挡操控系统元件组成
↓
绘制系统结构图和符号原理图
↓
结合元件和电磁阀工作状态表
↓
分析换挡操控系统工作原理
↓
分析每个阀体的基本功能
↓
系统失效分析和互锁分析

图 3-35　换挡操控系统油路分析方法流程图

二、ZF6HP 液压控制系统基本结构和原理图

图 3-36 和图 3-37 分别是 ZF6HP 液压控制系统结构原理和符号原理方案简图。

表 3-2 为 ZF 6HP 液压控制系统液压元件一览表，表 3-3 为 ZF 6HP 自动变速器换挡逻辑及电磁阀工作状态。

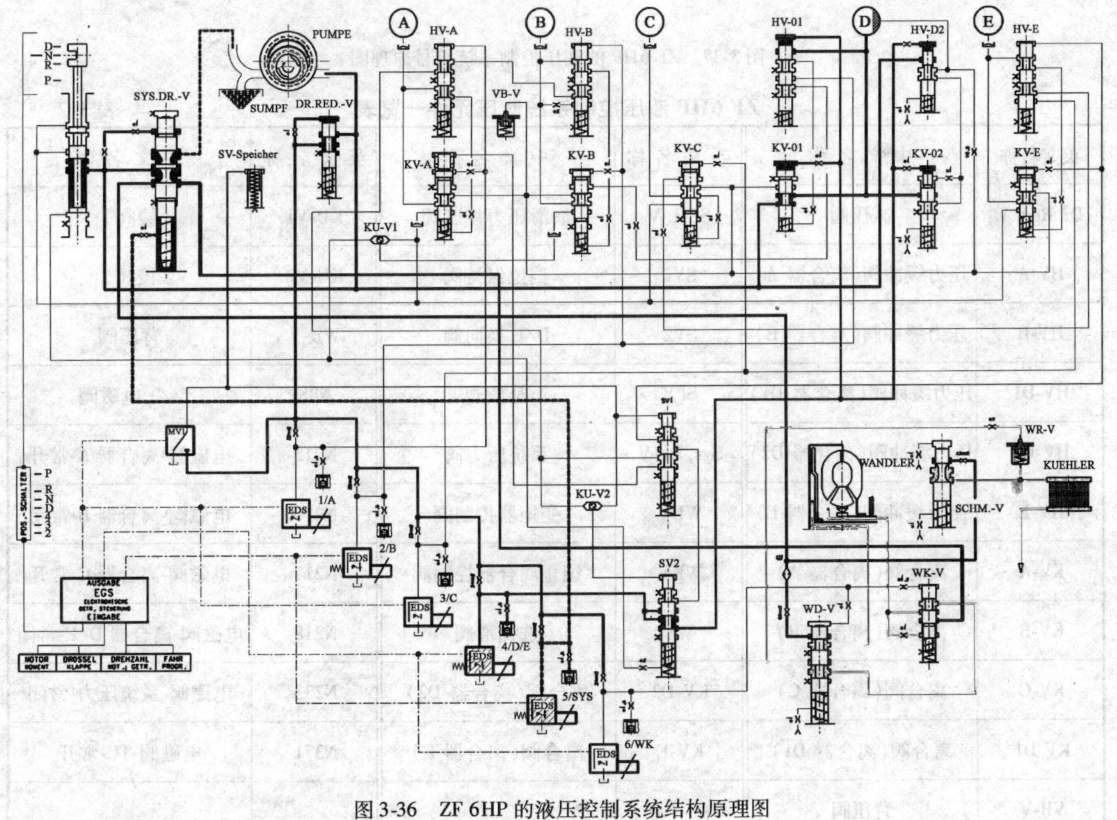

图 3-36　ZF 6HP 的液压控制系统结构原理图

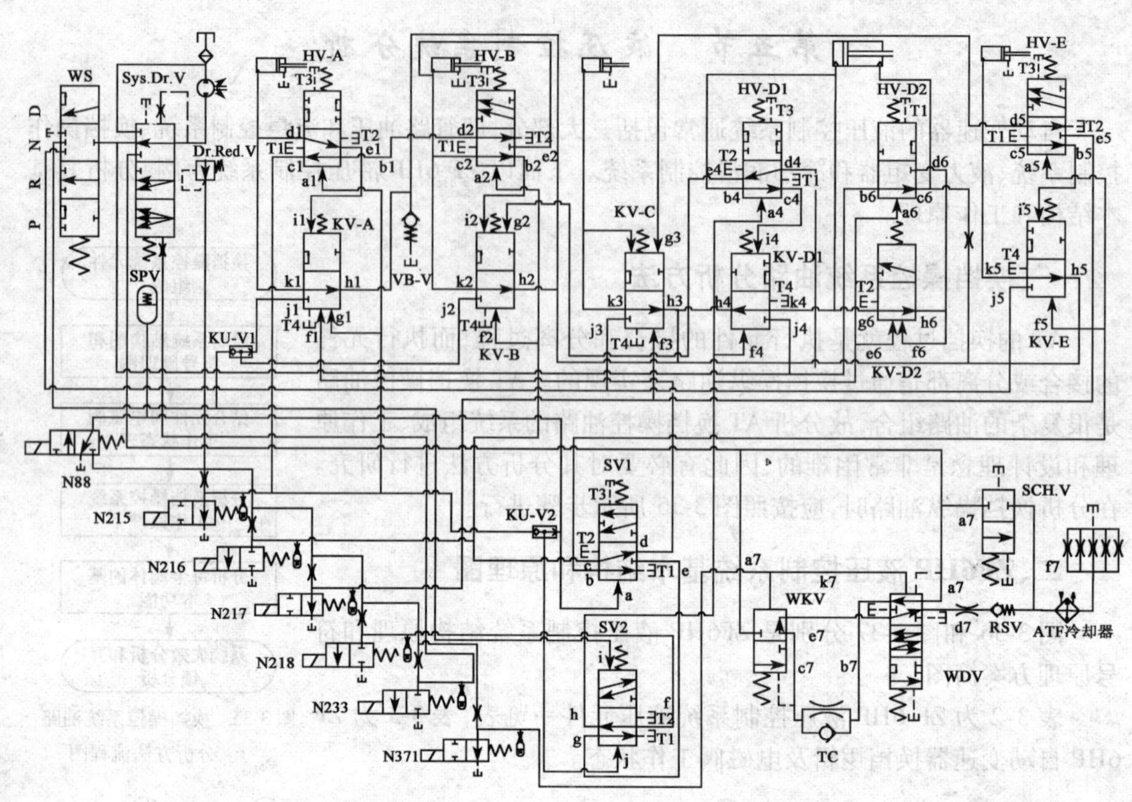

图 3-37　ZF 6HP 的液压控制系统符号原理图

ZF 6HP 液压控制系统液压元件一览表　　表 3-2

英文名称	中文名称	英文名称	中文名称	英文名称	中文名称
Dr. Red. V	减压阀	SCH. V	润滑压力控制阀	KU-V1	梭阀 1
HV-A	压力缓冲阀(离合器 A)	SV1	挡位保持阀	KU-V2	梭阀 2
HV-B	压力缓冲阀(离合器 B)	SV2	D/E 换向阀	WR-V	背压阀
HV-D1	压力缓冲阀(离合器 D1)	SPV	补偿阀	N88	3/2 电磁阀
HV-D2	压力缓冲阀(离合器 D2)	Sys. Dr. V	系统压力阀	N215	电磁阀-离合器 A-常开
HV-E	压力缓冲阀(离合器 E)	WDV	变矩器控制阀	N216	电磁阀-离合器 B-常闭
KV-A	离合阀(离合器 A)	WKV	锁止离合器控制阀	N217	电磁阀-离合器 C-常开
KV-B	离合阀(离合器 B)	WS	选挡滑阀	N218	电磁阀-离合器 D、E-常闭
KV-C	离合阀(离合器 C)	KV-D2	离合阀(离合器 D2)	N233	电磁阀-系统压力-常闭
KV-D1	离合阀(离合器 D1)	KV-E	离合阀(离合器 E)	N371	电磁阀-TC-常开
VB-V	背压阀				

ZF 6HP 换挡逻辑及电磁阀工作状态 表 3-3

回家挡	挡位	离合器或制动器工作状态					电磁阀通电工作状态						
		A	B	C	D	E	N215	N216	N217	N218	N88	N233	N371
R	倒挡		●		●			●		●		–●–	
	空挡				●					●		–●–	
D	1挡	●			●		●			●		–●–	–●–
	2挡	●		●			●		●			–●–	–●–
	3挡	●	●				●	●				–●–	–●–
	4挡	●				●	●			●	●	–●–	–●–
	5挡		●			●		●		●	●	–●–	–●–
	6挡			●		●			●	●	●	–●–	–●–

注：● 表示工作；–●–表示根据工况决定是否工作。

三、ZF6HP 液压控制系统元件功能

1. 管路油压和流量控制系统

1)管路油压和流量控制系统的组成

管路油压和流量控制系统由油泵(Pump)、主油路压力与流量控制阀(Sys. Dr. V)、减压阀(Dr. Red. V)和电磁阀(N233)组成。

(1)油泵：选用内啮合齿轮泵，为系统提供需要的液压油流量和压力。油泵的排量为0.025L/转，转速为800~7450r/min，流量为20~112L/min；

(2)主油路压力与流量控制阀：采用一个可调的压力阀，用来调节油泵的泵油压力(即主油路压力)，同时还能够调节整个系统的流量分配。该压力阀由N233电磁阀和自身的截面差控制其阀芯运动；

(3)电磁阀(N233)：减压阀提供先导输入油压，由电磁阀调节输入油压作用在主油路压力与流量控制阀上截面上，实现对主油路压力与流量控制阀阀芯运动的控制；

(4)减压阀(Dr. Red. V)：减压阀将主油路压力稳定在1.5MPa，为所有电磁阀提供稳定的输入油压。

2)管路油压和流量控制系统工作原理

图3-38为ZF6HP管路油压和流量控制系统结构和符号原理图，系统利用可调电磁压力控制阀(N233)调节主油路压力在0.6~2MPa之间。液压油经油泵加压后，流向主油路压力与流量控制阀(Sys. Dr. V)。Sys. Dr. V由两条控制油路，即自动调整油路和电磁阀N233控制油路同时控制，当自动调整油路的压力达到1.5MPa的时候，阀体环面上形成的压力足以克服弹簧力时，阀芯上移，打开通向低压油路(液力变矩器和冷却润滑系统)的阀口，主油路压力保持一个稳定值。当油泵转速升高、流量增大时，主油路压力随之升高，阀芯继续向上移动，卸油口打开，多余的油液从此泄油口返回。当系统所需要的压力高于上述压力时，TCU对N233电磁阀发出指令，使N233建立一定的控制压力，并对Sys. Dr. V阀芯施加向下的作用力。阀芯向下运动，关闭泄油口，主油路压力随之升高。

Sys. Dr. V自动调整油路的最大流量为112L/min，因此，需要较大的阀体截面才能保证主油路压力与流量控制阀进行流量的分配。主油路压力和流量控制阀应尽可能布置在距离油泵较近的位置，以降低油泵的泵油损失。

主油路为减压阀(Dr. Red. V)提供输入压力，减压阀的输出压力由其自身结构参数所决定，其值为0.5MPa。减压阀的输出油压即是电磁阀(N233)的输入压力，由TCU控制电磁阀N233的输出压力在0~0.46MPa之间变化。

ZF 6HP 液压控制系统正常工作时，阀芯的截面差压力、弹簧预紧力和电磁阀控制压力共同对 Sys. Dr. V 的阀芯运动进行精准的控制。

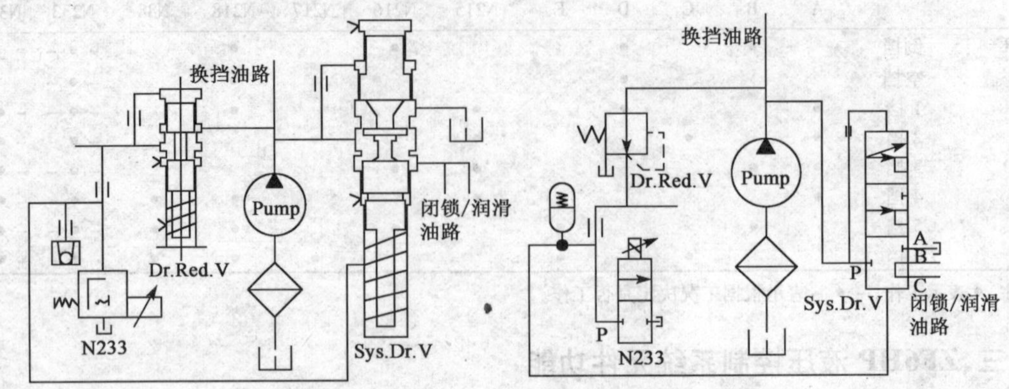

图 3-38　ZF 6HP 管路油压、流量控制系统结构和符号原理图

2. 换挡操控系统

1) 换挡操控系统的组成

换挡操控系统有 5 个控制单元，每个控制单元控制 1 个离合器或制动器，其主要组成是 1 个电磁阀、1 个压力缓冲阀 HV 和 1 个离合阀 KV（制动器 C 由一个离合阀控制）。此外，还有手动阀 WS、挡位保持阀 SV1、D/E 换向阀 SV2 和补偿阀 SPV。图 3-39 和图 3-40 分别是 ZF6HP 换挡操控系统结构与符号原理图。

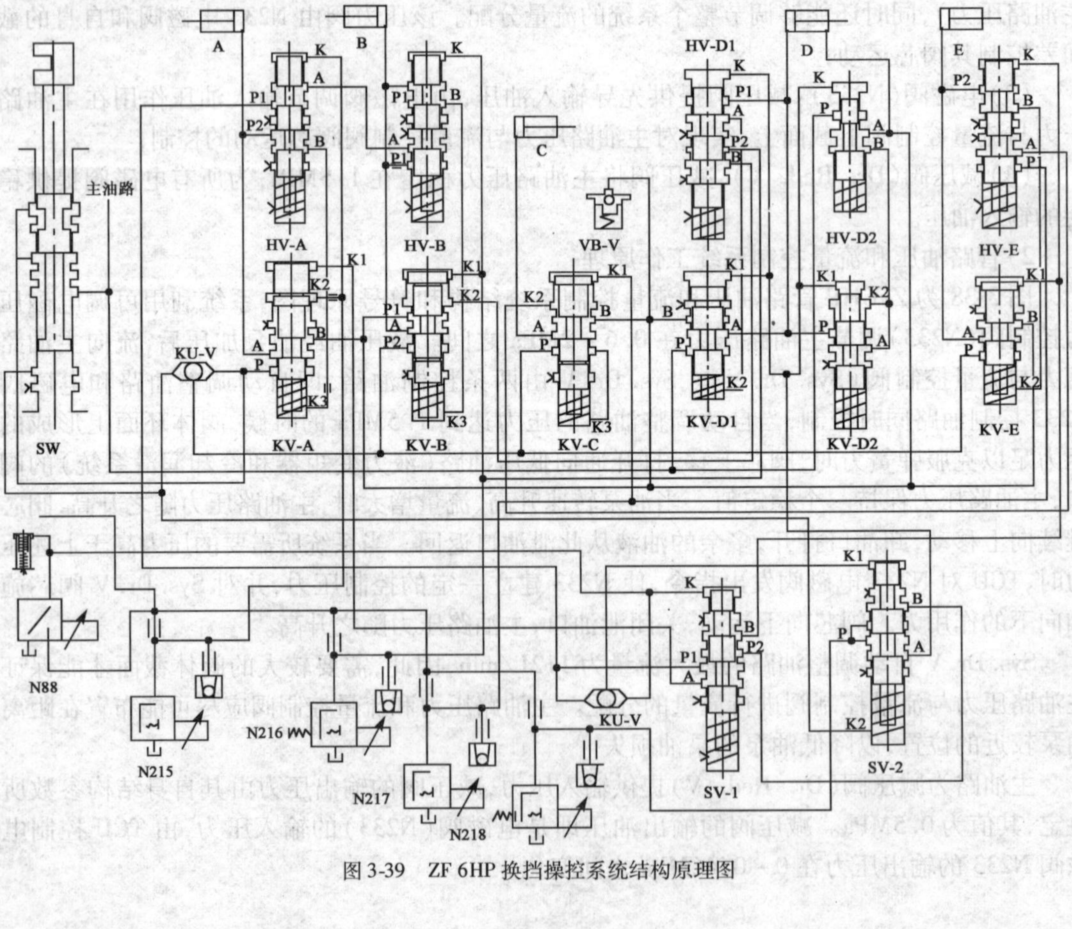

图 3-39　ZF 6HP 换挡操控系统结构原理图

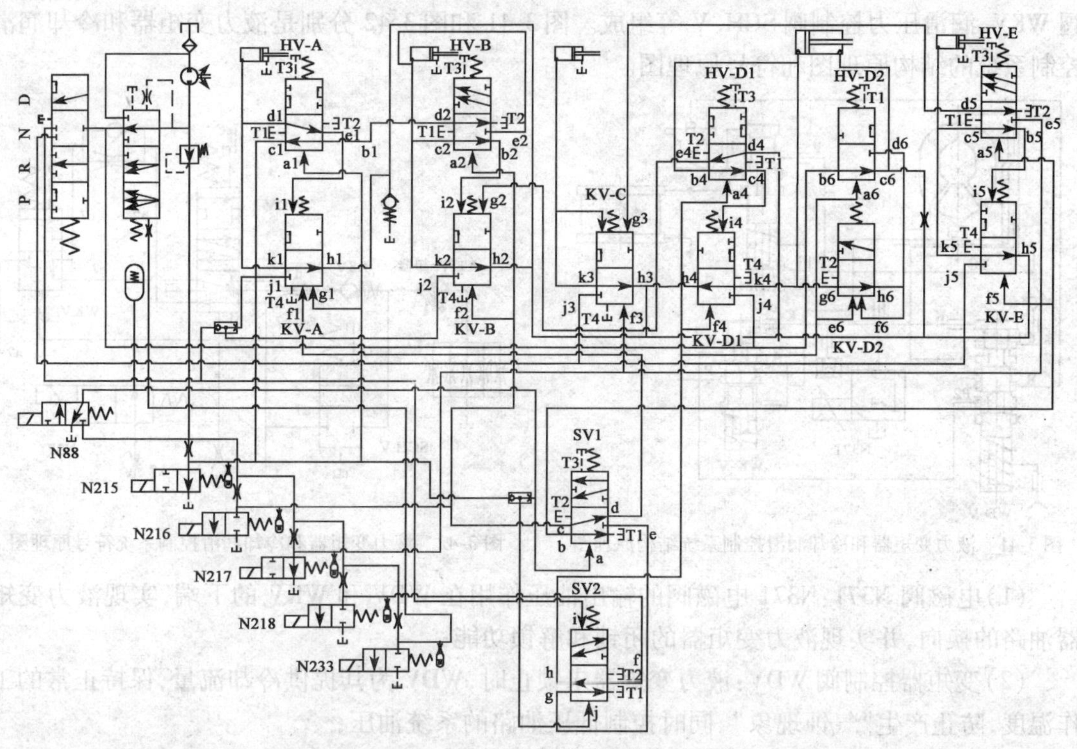

图 3-40　ZF 6HP 换挡操控系统符号原理图

(1)电磁阀:换挡操控系统共有 4 个电磁阀,即 N215、N216、N217 和 N218,分别控制离合器 A、B、制动器 C 以及制动器 D 和离合器 E。通过控制电磁阀的电流信号来控制电磁阀的输入油压,该输入油压由压力调节阀 Dr. Red. V 提供。其输出油压控制换挡操纵系统中缓冲阀和离合阀的阀芯运动,从而实现自动换挡。

(2)离合阀:离合阀是可调减压阀,ZF6HP 自动变速器液压控制系统有 6 个离合阀,分别是 KV-A、KV-B、KV-C、KV-D1、KV-D2 和 KV-E,分别控制离合器 A、离合器 B、制动器 C、制动器 D1、制动器 D2 和离合器 E,它们由各自的先导电磁阀控制,换挡时控制换挡液压油压力的大小。

(3)压力缓冲阀:为减小换挡冲击,改善换挡品质,通常在液压控制系统中安装压力缓冲阀,它能够为离合阀提供缓冲油压。ZF6HP 自动变速器液压控制系统有 5 个压力缓冲阀,分别是 HV-A、HV-B、HV-D1、HV-D2 和 HV-E,依次控制离合器 A、离合器 B、制动器 D1、制动器 D2 和离合器 E。

2)换挡操控系统工作原理

可以看出,该换挡控制系统采用 5 个控制单元,每个控制单元控制一个离合器或者制动器(独立间接控制);采用 4 个电磁阀进行自动换挡控制;5 个换挡元件实现 6 个前进挡和 1 个倒挡的控制,而 5 个换挡元件则由 4 个电磁压力调节阀控制,分别控制每一个换挡元件的接合和分离压力。该换挡逻辑为简单换挡逻辑,每升降一个挡位,有一个执行元件分离,同时另一个执行元件接合。

3. 液力变矩器和冷却润滑控制系统

1)液力变矩器和冷却润滑控制系统的组成

液力变矩器和冷却润滑控制系统由电磁阀 N371、变矩器控制阀 WDV、锁止离合器控制

阀 WKV、润滑压力控制阀 SCH. V 等组成。图 3-41 和图 3-42 分别是液力变矩器和冷却润滑控制系统的结构原理图和符号原理图。

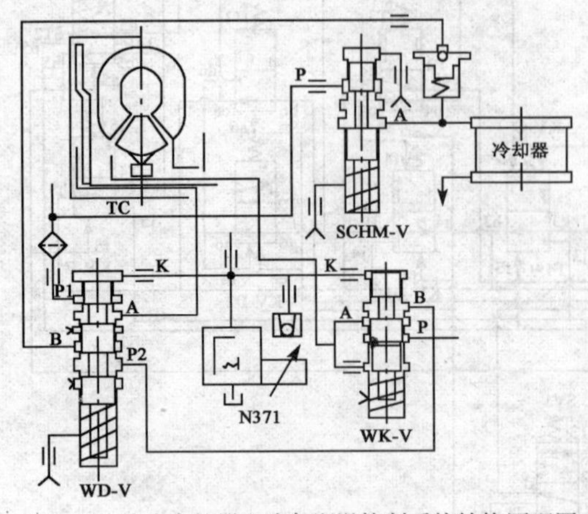

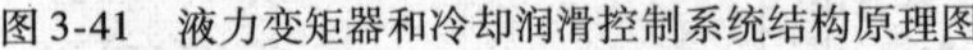

图 3-41　液力变矩器和冷却润滑控制系统结构原理图

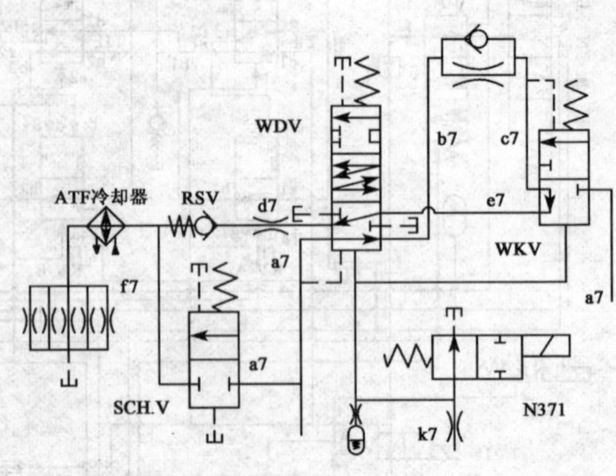

图 3-42　液力变矩器和冷却润滑控制系统符号原理图

(1)电磁阀 N371:N371 电磁阀的输出油压作用在 WDV 和 WKV 的下端,实现液力变矩器油路的换向,并实现液力变矩器的闭锁和解锁功能;

(2)变矩器控制阀 WDV:液力变矩器未锁止时,WDV 为其提供冷却流量,保持正常的工作温度,防止产生“气蚀现象”,同时控制低压油路的系统油压;

(3)锁止离合器控制阀 WKV:WKV 是一个油路换向阀,其作用是控制锁止离合器分离和接合时的油路切换,离合器锁止时,WKV 控制进入液力变矩器内的锁止油压;

(4)润滑压力控制阀 SCH. V:离合器锁止时,SCH. V 为冷却润滑系统提供一定流量的润滑油,同时还限定了进入低压油路的油液压力。

2)液力变矩器和冷却润滑控制系统的工作原理

当电磁阀关闭,没有压力调节干预的情况下,一部分液压油进入低压管路(管路 a),沿管路 a7、b7、WKV 流经液力变矩器。

WKV 由弹簧预紧力保持其初始位置,液力变矩器流出的油液通过管路 c7 以近乎无节流的情况流过该阀,然后通过管路 e7、变矩器控制阀 WDV、管路 d7 和背压阀 RSV 流入 ATF 冷却器。背压阀 RSV 的作用是保证液力变矩器油路中的最小压力。

电磁阀 N371 控制油路中油液的流动方向,并实现液力变矩器的闭锁和解锁功能。由 TCU 预先设定的控制压力控制锁止离合器阀和变矩器控制阀的阀芯移动,从而控制当变矩器控制阀的 a7 出口关闭时,使锁止离合器控制阀关闭;低压管路 a7 和管路 c7 连通,管路 c7 的油压作用在 WKV 阀体环面上,其方向与电磁阀控制压力方向相反。管路 c7 中产生一个随电磁调节压力增大而增大的压力,使锁止离合器传递的转矩随之增大。液力变矩器通过管路 c7 供油时,油液的流动方向反向,管路 e7 关闭,管路 b7 和油箱相连,此时,管路 c7 的压力远远大于 b7 的压力,此压力差作用在锁止离合器上并使其闭合,液压油直接通过 SCH. V 进入润滑系统。

四、ZF6HP 液压控制系统油路分析

1. P 位置油路分析

P 位置为驻车位置,理论上不需要任何执行元件工作,但由于 P 位置后面是 R 位置,而且 R 位置需要制动器 D 和离合器 B 接合来实现倒车功能,为了避免两个液压元件同时接合

而引起换挡冲击和振动，P 位置时就使制动器 D 进入接合工作状态。当 ZF 6HP 进入 R 位置时，只需要接合离合器 B 便可以实现倒车，从而实现了“简单换挡”的功能。P 位置油路分析如图 3-43 所示。

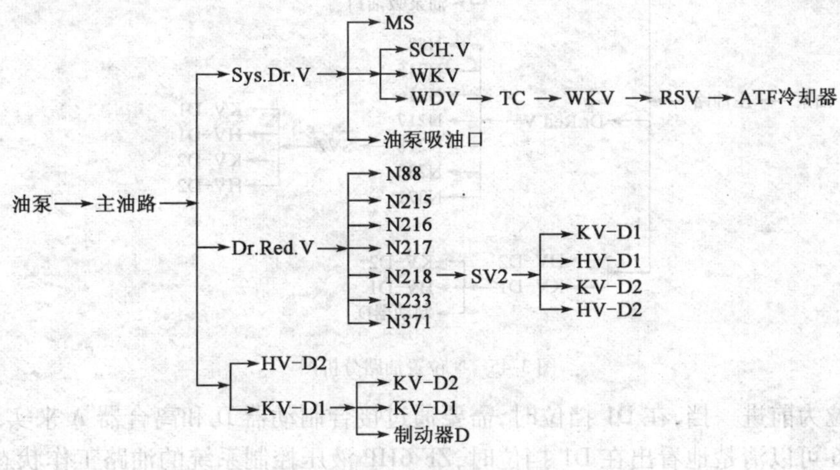

图 3-43　P 位置油路分析图

2. R 位置油路分析

R 位置为倒车位置。在 R 位置时，需要通过接合制动器 D 和离合器 B 来实现倒车。通过图 3-44 可以清楚地看出在 R 位置时，ZF 6HP 液压控制系统的油路工作状态。

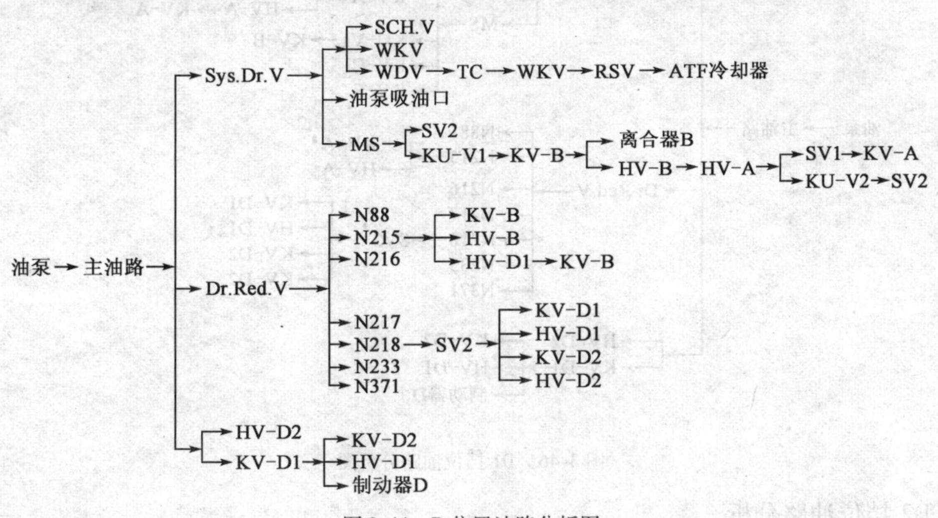

图 3-44　R 位置油路分析图

3. N 位置油路分析

N 位置为空挡位置，理论上不需要任何执行元件工作，但由于 N 位置后面是 D 位置，而且 D1 挡位需要制动器 D 和离合器 A 接合来实现此挡位功能，为了避免两个液压元件同时接合而引起换挡冲击和振动，在 N 位置上便使制动器 D 进入接合工作状态，当 ZF 6HP 进入 D1 挡位时，只需要接合离合器 A 便可以实现空挡，从而实现了“简单换挡”的功能。N 位置油路分析图如图 3-45 所示。

4. D 位置油路分析

1) D1 挡位油路分析

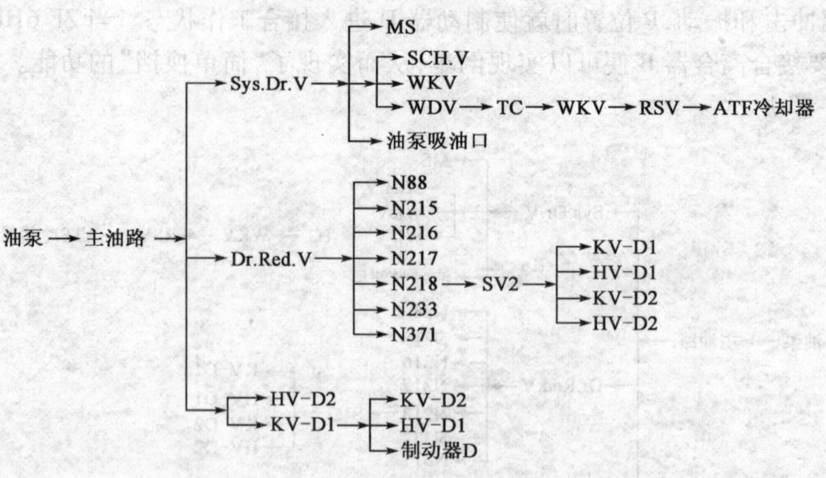

图 3-45　N 位置油路分析图

D1 挡位为前进一挡，在 D1 挡位时，需要通过接合制动器 D 和离合器 A 来实现此挡位，通过图 3-46 可以清楚地看出在 D1 挡位时，ZF 6HP 液压控制系统的油路工作状态。

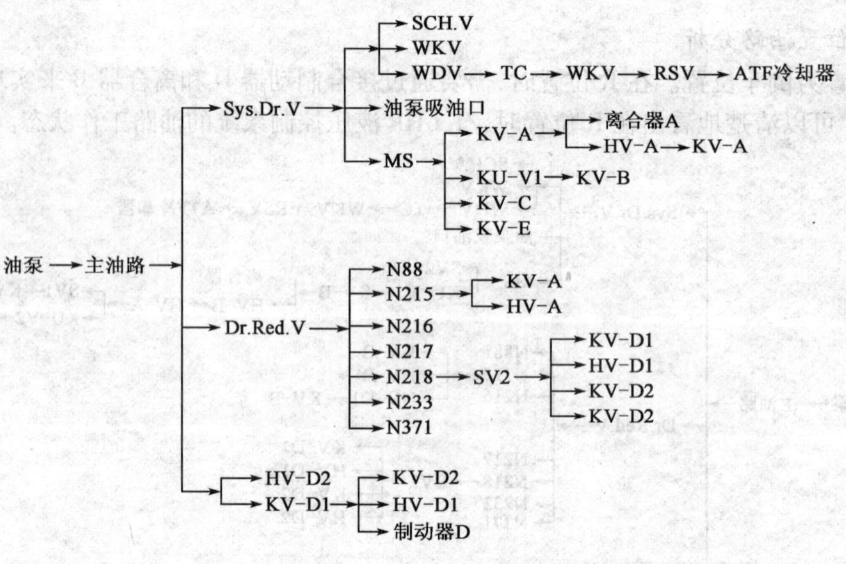

图 3-46　D1 挡位油路分析图

2）D2 挡位油路分析

D2 挡位为前进二挡，在 D2 挡位时，需要通过接合制动器 C 和离合器 A 来实现此挡位，通过图 3-47 可以清楚地看出在 D2 挡位时，ZF 6HP 液压控制系统的油路工作状态。

3）D3 挡位油路分析

D3 挡位为前进三挡，在 D3 挡位时，需要通过接合离合器 B 和离合器 A 来实现此档位，通过图 3-48 可以清楚地看出在 D3 挡位时，ZF 6HP 液压控制系统的油路工作状态。

4）D4 挡位油路分析

D4 挡位为前进四挡，在 D4 挡位时，需要通过接合离合器 B 和离合器 E 来实现此挡位，通过图 3-49 可以清楚地看出在 D4 挡位时，ZF 6HP 液压控制系统的油路工作状态。

5）D5 挡位油路分析

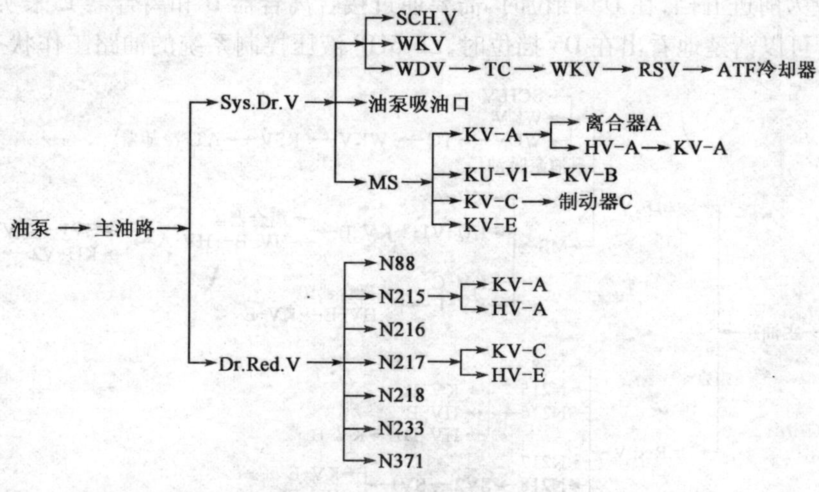

图 3-47　D2 挡位油路分析图

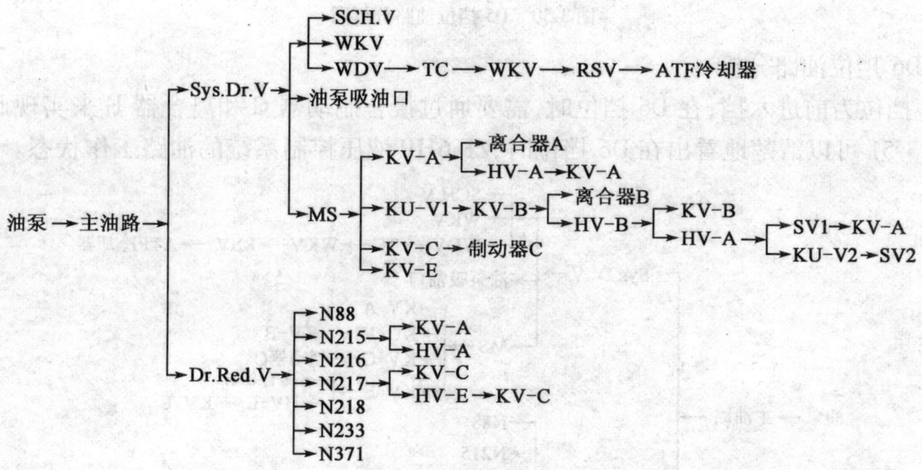

图 3-48　D3 挡位油路分析图

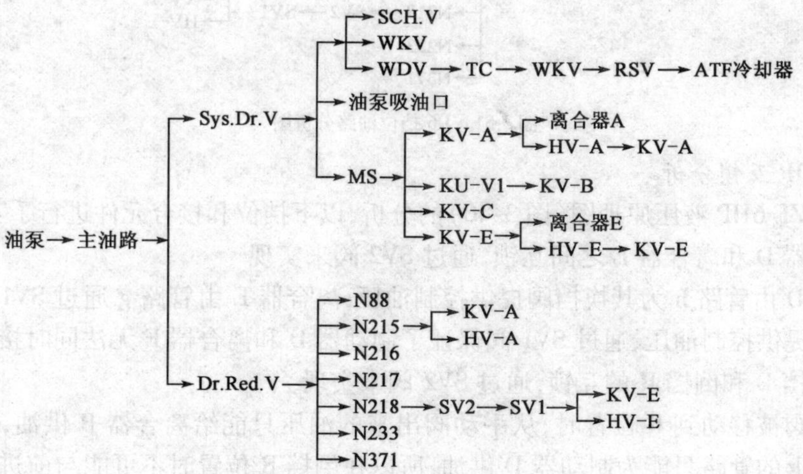

图 3-49　D4 挡位油路分析图

D5 挡位为前进五挡,在 D5 挡位时,需要通过接合离合器 B 和离合器 E 来实现此挡位,通过图 3-50 可以清楚地看出在 D5 挡位时,ZF 6HP 液压控制系统的油路工作状态。

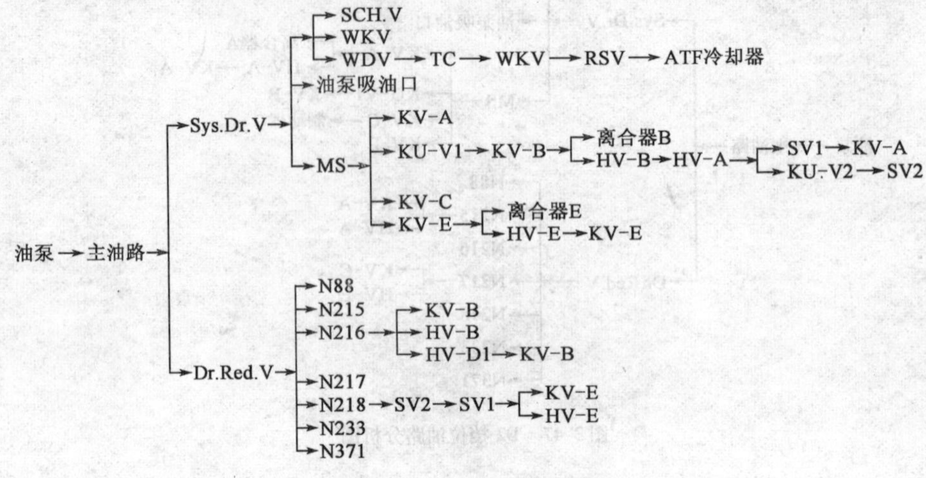

图 3-50　D5 挡位油路分析图

6)D6 挡位油路分析

D6 挡位为前进六挡,在 D6 挡位时,需要通过接合制动器 C 和离合器 E 来实现此挡位,通过图 3-51 可以清楚地看出在 D6 挡位时,ZF 6HP 液压控制系统的油路工作状态。

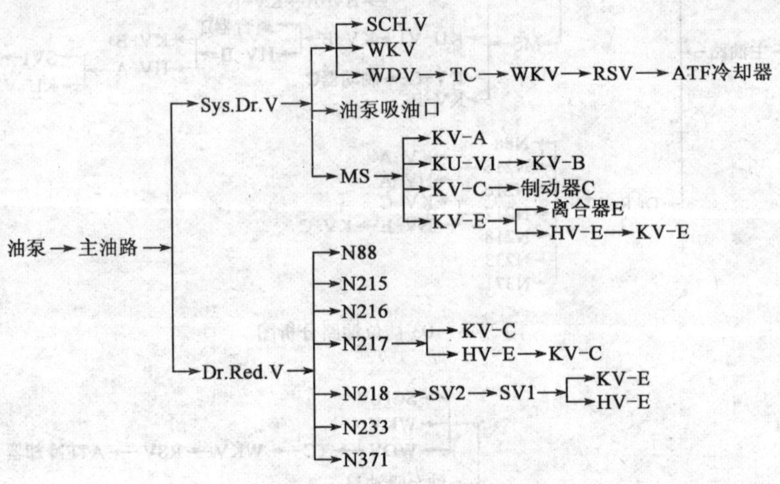

图 3-51　D6 挡位油路分析图

5. ZF 6HP 互锁分析

通过对 ZF 6HP 液压原理图(图 3-40)的分析,以下挡位和接合元件进行了互锁。

1)制动器 D 和离合器 E 之间互锁,通过 SV2 阀来实现

制动器 D 由管路 h 为其换挡阀提供控制油压,离合器 E 由管路 g 通过 SV1 阀的管路 b 为其换挡阀提供控制油压,通过 SV1 阀保证了制动器 D 和离合器 E 无法同时接合。

2)前进挡 D 和倒挡 R 的互锁,通过 SV2 阀来实现

当手动阀被移动到 R 位置时,从手动阀出来的油压只能给离合器 B 供油,而液压控制系统主油路上的管路只能为制动器 D 供油,所以在倒挡 R 位置时不可能与前进挡元件产生干涉,即互锁。

当手动阀被移动到D位置时,从手动阀D口流出的液压油将为前进挡使用的离合器A、B、C及制动器E供油,同时主油路上的管路为制动器D供油,从换挡逻辑可以知道当离合器B和制动器D同时接合时为倒挡。在前进挡D位置时,当离合器B接合时,管路e2将与管路d2相通,管路d2与管路c1相通,c1将通过梭型阀KU－V2与阀SV2的i口相通,这样保证SV2阀在其右位上,保证其与制动器D和离合器B不干涉。

现今的互锁发展趋势是越来越依靠电互锁,在ZF 6HP中并没有设计互不干涉元件(离合器B和制动器C;制动器C和制动器D)之间的互锁;也没有设计防止过多接合元件接合而产生干涉的互锁。从液压设计角度来看,没有机械互锁对液压控制系统来说存在着很大的安全隐患;从电液技术的发展来看,这将是今后电液控制发展的趋势。

6. ZF 6HP 失效分析

当ZF 6HP的电子控制系统失效时,TCU控制程序将停止运行,电磁阀将全部断电,紧急程序启动。操纵杆直接以机械形式与手动换挡阀相连,它可以锁定4个位置D,N,R,P。

操纵杆在停车挡P位置时,激活机械停车制动器。

操纵杆在倒挡R位置时,离合器B和制动器D接合实现应急倒挡。

操纵杆在空挡N位置时,只有制动器D闭合。

操纵杆在前进挡D位置时,通过离合器A和离合器B接合实现应急前进3挡。

7. ZF 6HP 挡位保持功能分析

如果总线传输功能出现故障,电控紧急运行程序将被激活,此时变速器的前进挡位只能处于3挡或5挡运行,工作流程如下:

当机械紧急运行程序激活之后,自动变速器系统的运行状态如下:车辆向前行驶期间,通过紧急锁止程序将SV1阀保持在其正常工作时的阀位上,这时变速杆D位置将保持在3挡(A和B闭合)或者5挡(B和E闭合)。只有关闭发动机之后,动力传输才会中断。再次起动时,挡位保持功能将被自动取消,自动变速器只能在前进3挡上行驶,此挡为真正意义上的安全回家挡。

当发动机起动之后,换挡杆挂入D位置,自动变速器即处于3挡运行。但是通过独立数据线,P、R、D、N位置信号依然能够识别。为了保证驾驶员重新换挡,R或N位置功能仍然可以实现。

通过上述内容可知,当机械紧急运行程序激活之后,车辆还能够继续向前行驶;但换挡功能失效,倒挡功能失效,车辆只能前进,不能后退。只有车辆重新起动时,才能实现紧急情况下的倒挡功能。

第四章 电子控制系统

自动变速器电子控制系统(Transmission Control Unit,简称TCU)是指在自动变速器运行过程中,通过微控制器对各种能够描述当前车辆行驶状态的传感器信号(发动机负荷、汽车速度等)的处理,分析判断出驾驶员意愿,进而主动调整自动变速器运转状态的智能换挡控制系统,其工作目标使自动变速器在各种工况下都能按照预定的最优控制规律工作。本章中的自动变速器电子控制系统是一个综合的概念,不仅是指自动变速器控制器硬件本身,它还包含自动变速器的控制软件、传感器、电磁阀等所有与自动变速器控制相关的软硬件。由于自动变速器电子控制系统代替了部分驾驶员的换挡操作,有效降低了驾驶员工作疲劳,简化了驾驶操作、提高了安全性,从一定程度解决了非熟练驾驶员的驾驶安全问题。

目前,自动变速器电子控制系统的结构和控制方法日趋复杂,其控制精度的不断提高和控制范围的不断扩展,使自动变速器的控制正朝着综合控制和智能控制的方向发展。可以说自动变速器电子控制系统的软硬件设计,包含了自动变速器的基本工作原理和动力传动系统各部分的协同工作及匹配需求。因此自动变速器电子控制技术是本专业学生和工程人员必不可少的专业基础,对于深入理解现代车辆传动系统的特性具有重要意义。

第一节 电子控制系统的基本组成和控制功能

一、电子控制系统硬件组成

自动变速器按控制方式可分为液压控制和电液控制两种,随着电子控制技术的进步,电液控制自动变速器综合性能更加优良,因此目前流行的自动变速器普遍使用电液控制方式。如图4-1所示,所有自动变速器电子控制系统虽然各有特点,但其基本的硬件结构都是类似的。电子控制系统硬件按功能不同可分为:电子控制单元、控制开关和传感器、执行器、线束和连接器四部分;按其所在的位置可以分为自动变速器元件(如压力传感器、电磁阀)、整车元件(如仪表盘、制动开关)、通信模块(EMS的CAN通信模块)。

二、电子控制单元

电子控制单元是自动变速器电子控制系统的核心(图4-2),它由微控制器和外围电路组成。它的作用是根据安装在发动机或自动变速器上的各种传感器所测得的节气门开度、车速及变速器油温等运行参数以及各种开关传来的当前状态信号,进行计算、比较和分析,并调用其内部设定的控制程序,向各个执行器发出指令,使相应的电磁阀动作,从而实现对

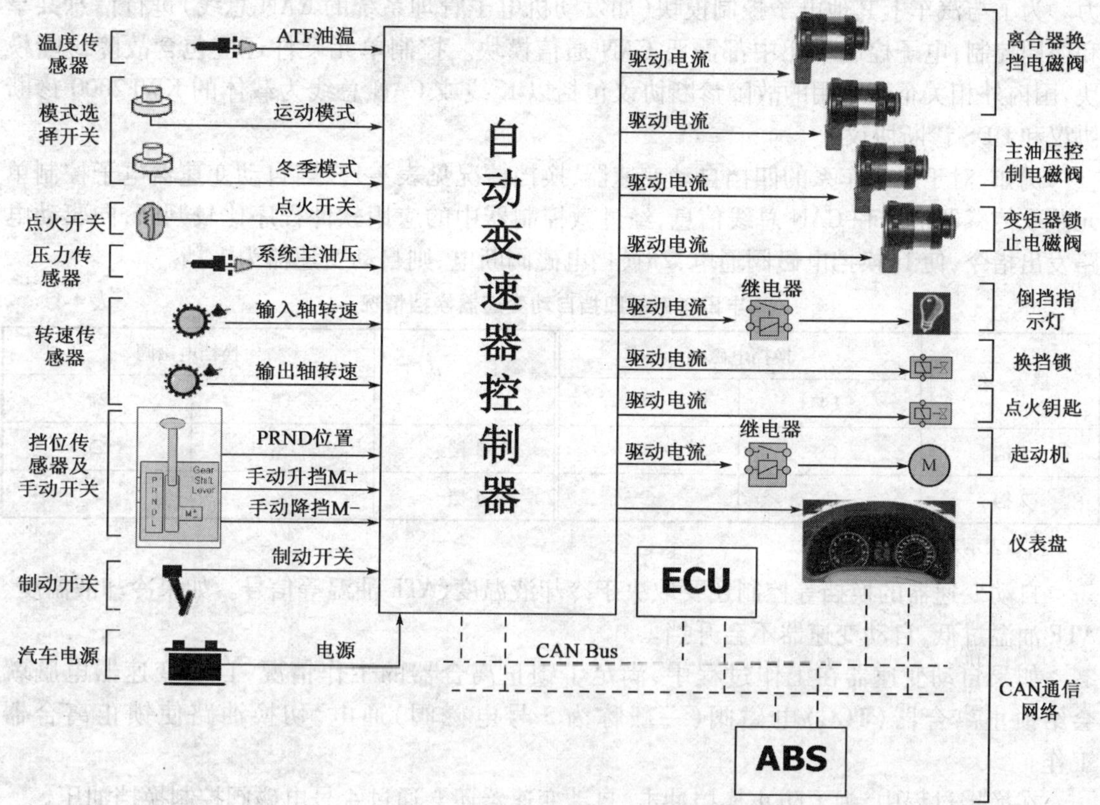

图 4-1 自动变速器电子控制系统的组成

自动变速器的控制。自动变速器电子控制单元由微控制器、输入输出信号处理模块、通信模块和其他辅助电路模块组成,如图 4-3 所示。

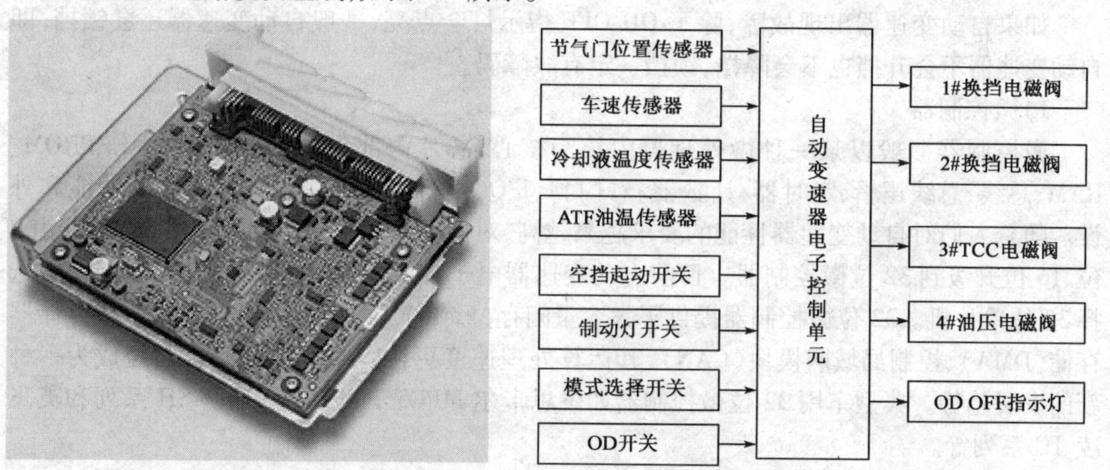

图 4-2 自动变速器电子控制单元

图 4-3 丰田四挡自动变速器电子控制系统组成框图

自动变速器电子控制单元主要接收 3 种信号(模拟信号、脉冲信号、开关信号),这些信号被采集进入微控制器进行分析计算,然后向执行机构发出相应的动作指令。因此在设计控制单元硬件时,就要考虑模拟信号处理电路、脉冲信号处理电路、开关信号处理电路以及电源转换电路等,同时在输出电路中还需要考虑执行器驱动电流的范围,以及抗电磁干扰能力。为了与汽车上其他电子控制模块(如发动机电子管理系统的 CAN 总线)进行信息共享和协同控制,电子控制单元中都需要 CAN 通信模块。控制单元硬件还应包含故障诊断模块,国内外相关企业采用的故障诊断协议包括以 K 线或 CAN 总线为载体的 KWP2000 诊断协议和 UDS 诊断协议。

例如,对于丰田车系的四挡自动变速器,换挡情况见表 4-1。当自动变速器电子控制单元获取传感器信号和 CAN 总线信息,经过微控制器中的应用软件程序比较判断,向驱动电路发出指令,使 1#换挡电磁阀通电,2#换挡电磁阀断电,则自动变速器为 1 挡。

丰田车系的四挡自动变速器换挡情况 表 4-1

挡 位	换挡电磁阀		挡 位	换挡电磁阀	
	1#	2#		1#	2#
1 挡	○	×	3 挡	×	○
2 挡	○	○	4 挡	×	×

注:○表示通电,×表示断电。

自动变速器的换挡等控制还要取决于冷却液温度、ATF 油温等信号。如果冷却液温度、ATF 油温过低,自动变速器不会升挡。

如果自动变速器在工作过程中,满足了锁止离合器的工作情况,自动变速器电脑就会给锁止离合器(TCC)电磁阀(一般称为 3 号电磁阀)通电,切换油路使锁止离合器工作。

在换挡过程中,为了防止换挡冲击,自动变速器还会通过 4 号电磁阀控制换挡油压。

自动变速器 TCU 具有自诊断功能,如果电子控制系统出现故障,电脑会将故障码存储在存储器中,以便读取;另外电脑还会点亮 OD OFF 指示灯(或故障指示灯),提示自动变速器出现故障,并可通过 OD OFF 指示灯的闪烁读取故障码。

如果自动变速器出现故障,除了 OD OFF 指示灯会点亮,一般自动变速器还会锁挡,即自动变速器不会升挡也不会降挡,锁挡一定有故障码。

1)微控制器

微控制器一般以某一种微处理器内核为核心,芯片内部集成 Flash ROM、EEPROM、RAM、总线、总线逻辑、定时器/计数器、看门狗、I/O、串行口、AD/DA 等各种必要功能和外设。随着人们对自动变速器性能的要求越来越高,对微控制器的要求也随之变高,逐渐由 8 位、16 位升级到 32 位微控制器。目前自动变速器电子控制系统中应用的微控制器一般选择 32 位单片机。32 位微控制器提供了大容量闪存(Flash)、多通道模数转换器、直接存储器存储(DMA)、控制局域网模块(CAN),其运算处理速度更快,功能更加强大,已经成为一种新的发展趋势。典型车用 32 位微控制器如飞思卡尔 MPC55XX 系列、瑞萨 SH 系列和英飞凌 TC 系列等。

2)电源管理模块

自动变速器电子控制单元布置在发动机舱内,温度变化范围大(苛刻条件 -40 ~ 150℃),且靠近发动机电磁干扰强;输出端连接的执行器多为大电流电感元件;公用的汽车蓄电池电压存在尖峰波动等都会对自动变速器电子控制单元或输入输出信号造成损害。因此在自动变速器电子控制单元设计中,要非常重视电源管理模块的设计,要保证自动变速器电子控制单元的电源输入稳定、抗干扰和安全。车载蓄电池电压一般为 12V 或 24V,而自动变速器电子控制单元的工作电压一般为12V、9V、5V、3.3V等，因此必须布置专门的电压转换电路，也就是通常说的电源转换模块。除此之外，电源管理模块还需注意如下指标要求：

(1)电源模块的静态和动态消耗电流。电流过大必然加重电源模块的负荷，使其发热增大同时功耗增加。

(2)最低动作电压。车辆在起动的时候，蓄电池电压会因为起动机的影响瞬间跌落到6V以下；在低温下冷起动时，可能降到8V左右；这样的环境还需要能够正常的供电。

(3)最高工作电压。蓄电池在某些情况下，如蓄电池电缆在交流发电机对蓄电池进行充电的过程中，因蓄电池跨接片松动会产生40V或更高瞬态过电压。

(4)电流瞬间中断保护。一般在车辆系统里面，接插件都经过严格的设计和试验，但还是可能因为剧烈颠簸而引起电流瞬间中断。

(5)电流反向保护。汽车修理过程中，可能存在将蓄电池极性接反的错误。必须采取必要的措施防止这种情况造成的电子控制单元损坏。

(6)工作温度范围。自动变速器电子控制单元通常会布置在发动机舱或乘员舱，其工作环境要求自动变速器电子控制单元的集成电路至少能在-40~105℃的温度范围正常工作。一方面要求电源模块本身有宽的工作范围，另一方面硬件的散热处理也很重要。

3)信号处理模块

输入输出信号处理模块涉及模拟信号、脉冲信号、开关信号以及大功率驱动电流的处理。在电子控制系统中压力传感器、温度传感器、挡位传感器的信号属于模拟信号。这类模拟信号要求参考电势稳定、信号电流不能过大、高频干扰小，如模拟信号接口配置下拉电阻时，要求搭铁电势浮漂和噪声小，下拉电阻阻值能够保证信号电流在传感器的要求范围内。如图4-4为压力传感器接口电路示意图。

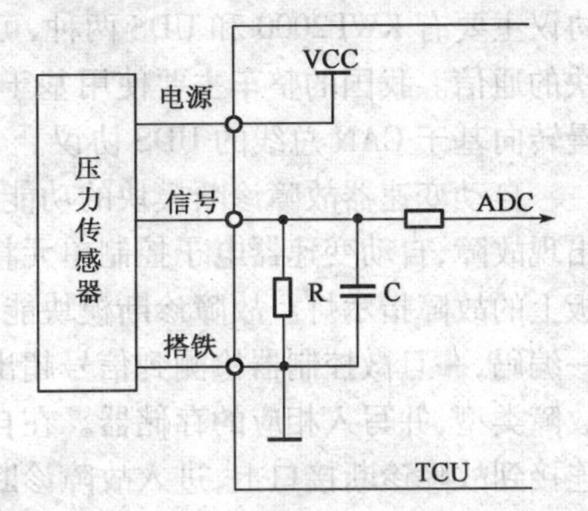

图4-4 压力传感器接口电路示意图

速度传感器信号和部分挡位传感器信号为PWM脉冲信号。这类PWM脉冲信号一般频率高，可以达到几千赫兹或十几千赫兹，对处理电路的精度要求比较高，计数不能丢步也不能受到干扰脉冲的影响。对于可检测方向的速度传感器或挡位传感器来说，其处理电路不但要能计数还要能够识别PWM脉宽的宽度，以区别不同的方向或挡位。对于不能支持CAN总线的仪表盘，在电子控制单元的输出端需要配置PWM脉冲信号端口，用以驱动仪表盘的车速和挡位显示。

模式选择开关和手动升降挡开关等都属于开关信号。这类开关信号又要根据开关闭合后搭铁或接电源的不同，来配置上拉或下拉限流电阻。开关信号处理电路应具有屏蔽高频干扰的功能，防止由于车体振动或人员无意识的触碰引起开关信号误判。另外输出端挡位指示灯、故障灯、倒挡指示灯等的驱动端口都属于开关信号端口。

调压电磁阀、开关电磁阀、继电器等都由大电流驱动电路驱动。因为这些执行器都是操纵自动变速器动作的关键部件，而且是自动变速器电子控制系统中要求电流最大、工作环境最恶劣、最难控制的部件，因此大电流驱动电路在电子控制单元中的安全级别也是最高的。为了实现大电流同时衰减感应电势的要求，这类驱动电路通常设计为低端或高端开关加续流二极管的方式,如图4-5所示。

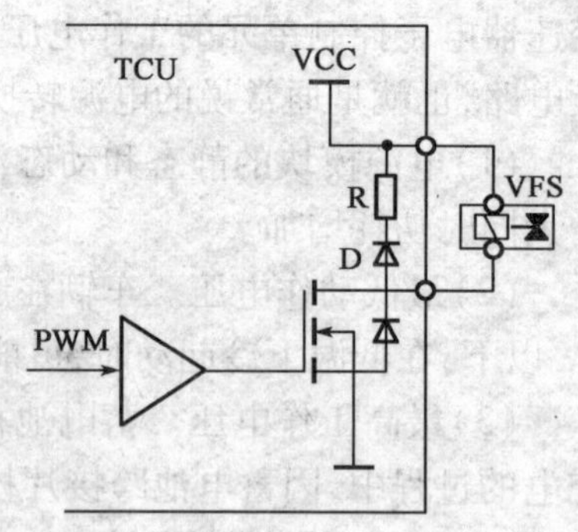

图4-5 调压电磁阀驱动电路示意图

4)CAN总线通信模块

汽车总线的种类很多,如CAN、LIN、K-Line、FlexRay,而最为普遍和最通用的总线是CAN总线。CAN(Controller Area Network)总线是局域网络控制器的简称,它是一种高速的串行通信网络,其通信速率可以达到1Mbit/s,CAN总线的标准协议有ISO 11898及ISO 11519等。CAN总线技术实现了汽车电子控制系统中传感器信息的共享和不同控制器之间的协同工作,减少了车载线束的数量。

自动变速器电子控制单元通过CAN总线与发动机控制单元、ABS控制单元、车身控制单元、仪表盘等进行通信,通信信息包括各种通信请求信号、发动机转速、发动机转矩、当前车速、目标车速等。自动变速器电子控制系统通过CAN总线向发动机电子控制单元索取节气门开度、发动机转速、发动机转矩、发动机冷却液温度等信息用于自身的程序计算,同时要通过CAN总线向发动机电子控制单元发送当前挡位、发动机降矩数值等信息,向仪表盘发送当前车速、当前挡位、故障代码等用于仪表盘的显示。

5)故障诊断模块

现代自动变速器电子控制系统必须具有故障自诊断功能,汽车电子中通用的故障诊断协议主要有KWP2000和UDS两种,可以通过K线或CAN总线实现诊断设备和故障诊断模块的通信。我国的整车主要使用基于K线的KWP2000协议,国际上一些先进企业正在慢慢转向基于CAN总线的UDS协议。

自动变速器故障诊断模块的功能是在汽车行驶过程中,如果自动变速器电子控制系统出现故障,自动变速器电子控制单元将故障记忆并以代码形式存储在存储器中,并点亮仪表板上的故障指示灯。故障诊断模块能够识别可能出现故障的电子传感器、执行器并进行统一编码,一旦微控制器检测到信号超出规定的范围或出现异常将自动查找故障元件代码和故障类型,并写入相应的存储器。在自动变速器检修时,维修人员可以将专门的故障诊断仪连接到故障诊断接口上,进入故障诊断模块从中读取故障代码,迅速定位和排除自动变速器的故障点,并清除故障诊断模块的故障代码。

三、传感器和控制开关

自动变速器电子控制系统中的传感器和控制开关包括驱动模式选择开关、转速传感器(发动机转速传感器、输入轴转速传感器、输出轴转速传感器等)、温度传感器、压力传感器、挡位传感器等;传感器和控制开关的作用是检测驾驶员的操作意图、反馈汽车和自动变速器运行过程中的车速、温度等工况信息,将这些信息转化为电子控制单元能够识别的电压信号、电流信号和PWM信号。

1)转速传感器

转速传感器能够产生频率与车速成正比例的电压或电流信号,这些频率信号用于确定自动变速器换挡点、液力变矩器锁止点、换挡离合器滑差控制等。自动变速器电子控制系统中的速度信息由输入轴转速传感器和输出轴转速传感器直接提供,也通过CAN总线借用发动机控制单元(ECU)的发动机转速信号。输入轴转速传感器为电子控制单元提供发动机输出转速或液力变矩器涡轮转速(自动变速器输入轴转速)信号、输出轴转速传感器为电子控制单元提供当前车速信息和自动变速器输出轴转速信号。

自动变速器中常用的转速传感器按照工作原理分为:霍尔式转速传感器、舌簧开关式转速传感器、电磁感应式转速传感器。

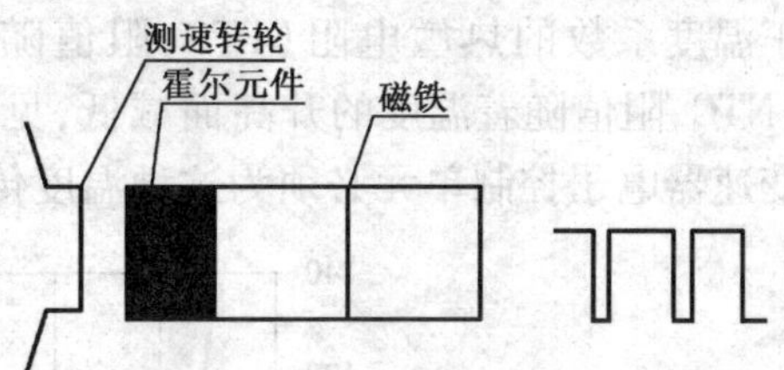

图 4-6　霍尔式转速传感器工作原理图

霍尔式转速传感器(图 4-6)通常安装在自动变速器壳体上,霍尔式转速传感器是基于霍尔效应设计的,当电流通过霍尔元件时,在垂直于电流和磁场方向上将产生一个电势差。具体到霍尔式转速传感器,当测速转轮(一般为自动变速器中的齿轮或离合器鼓等旋转件)转动时,通过霍尔元件的磁通量将发生变化,从而使霍尔元件两侧产生变化的电势差,即转速脉冲信号。霍尔传感器的优点是对磁通量变化敏感,可以检测很低(接近于 0)的转速,且通常集成信号处理单元,因此输出信号为规则的 PWM 脉冲信号,无需额外的信号整形电路。根据内部集成信号处理单元的功能不同,某些霍尔式转速传感器还具有方向检测功能,其输出的 PWM 脉冲信号有两种不同的占空比,以区别正向和反向的转动。

舌簧开关式转速传感器一般安装在车速表的转子附近,由在小型玻璃管内装有两个细长的高导磁触点构成(图 4-7)。永久磁铁随着车速表驱动轴转动,当磁铁两极平行于舌簧开关时,在磁力线的作用下,两触点变为不同极性的磁极,从而使舌簧开关触点靠本身磁性吸引使开关导通。磁铁转动后,当只有一端靠近舌簧开关时,两触点变为同极性的磁极,触点互相排斥分开。这样,随着驱动轴的转动,两个舌簧触点的通、断变换就产生了与车速成正比的脉冲信号。

电磁感应式转速传感器一般安装在自动变速器壳体上,用于测量自动变速器输出轴的转速,如图 4-8 所示。电磁感应式转速传感器由永久磁铁和电磁感应线圈组成,线圈、磁铁静止不动。当测速转轮转动时,通过感应线圈的磁通将随着轮齿的交替接近和远离发生变化,感应线圈中将因为磁通变化而产生感应电势,其变化频率等于被测转速与测速转轮齿数的乘积,因此可根据电磁感应式转速传感器的感应电势脉冲频率计算出测速转轮的转速。电磁感应式转速传感器输出信号为周期性的模拟信号,在电子控制单元采集信号时需首先进行信号滤波和整形处理。在转速较低的情况下,电磁感应式转速传感器不能输出正确的信号。

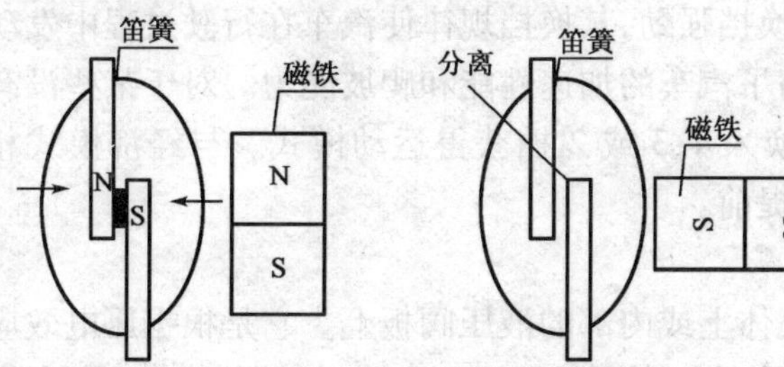

图 4-7　舌簧开关式转速传感器工作原理

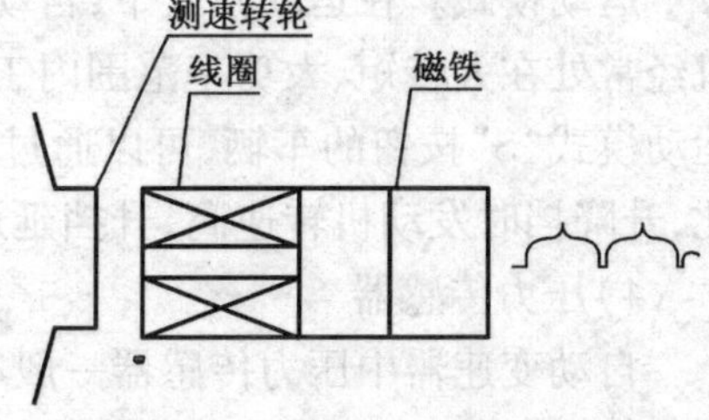

图 4-8　电磁感应式转速传感器原理图

2)温度传感器

自动变速器电子控制系统所需的温度信息包括:发动机冷却系统的冷却液温度传感器信号和自动变速器液压油油温传感器信号。自动变速器电子控制单元不直接接收发动机冷却系统的冷却液温度传感器的信号，而是通过 CAN 总线从发动机电子控制单元读取的。自动变速器电子控制系统常用的温度传感器主要用于检测油底壳或润滑油路的温度，一般是正温度系数的热敏电阻（PTC，阻值随着温度的升高而升高）或负温度系数的热敏电阻（NTC，阻值随着温度的升高而减低，见图 4-9），它本身不主动发送电压或电流信号。自动变速器电子控制单元必须为这种温度传感器配置合适的上拉或下拉电阻。

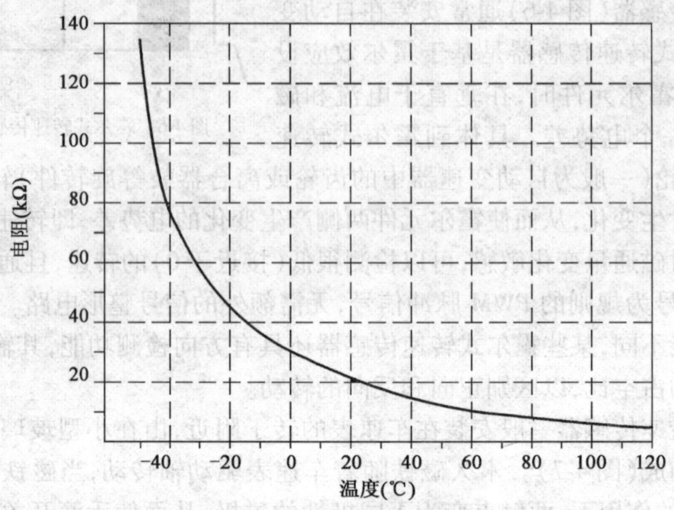

图 4-9　负温度系数热敏电阻特性

3）模式选择开关

汽车自动变速器电子控制系统中的开关主要有双稳态和单稳态两种类型，如运动模式选择开关为双稳态开关，手动升挡和手动降挡开关为单稳态开关。自动变速器的模式选择开关可以帮助驾驶员根据自己的喜好和车辆行驶环境，切换到不同的控制模式，即选择不同的换挡规律下行驶。自动变速器常用的控制模式包括经济模式、运动模式、普通模式、雪地模式、手动模式等，这些模式之间存在着功能上的重叠，因此自动变速器电子控制系统中只会具有其中的两种或三种控制模式：经济模式和运动模式等。

经济模式。一般是自动变速器默认的控制模式，没有选择开关。经济模式下，自动变速器工作效率最高，换挡操作本着最高燃油经济性和最佳换挡平顺性的原则进行。升挡时发动机转速低，升挡较早；降挡延迟。

运动模式。在运动模式下，自动变速器换挡强劲，其换挡规律使汽车在行驶过程中发动机经常处在大转矩、大功率范围内工作，提高了汽车的加速性能和爬坡能力。对于某些没有运动模式"S"按钮的车辆，可以通过换挡杆换入 4、3 或 2 挡获得运动模式。与经济模式相比，升降挡时发动机转速高，升挡延迟；降挡提前。

4）压力传感器

自动变速器中压力传感器一般布置在壳体上或内部的液压阀板上。它是根据压电效应制成的，将测压点的油压转化为模拟电压信号。它的作用是检测主供油油路压力或者离合器液压油的压力，以监测液压系统是否正常工作，同时为换挡离合器油压控制提供参考。

5）节气门位置传感器

自动变速器电子控制单元并不直接接收节气门位置传感器的电信号，而是通过 CAN 总线间接的读取该信号，但是节气门位置信号是自动变速器电子控制系统中不可或缺的控制信号。它直接决定着自动变速器的换挡点、系统主油压、离合器控制油压等。因此,此处也对节气门位置传感器的原理做简要介绍。

节气门位置传感器安装在节气门体上,用于检测节气门开度的大小,以模拟电压信号的形式传送给发动机电子控制单元,发动机电子控制单元根据此电压的大小计算出节气门开度信号并判断发动机负荷,从而控制自动变速器的换挡、调节主油路油压和对锁止离合器进行控制。节气门位置信号相当于老式液控自动变速器中的节气门阀控制油压。

节气门位置传感器的结构和原理如图 4-10 所示,它实际上是一个滑动变阻器,E 是搭铁端子,IDL 是怠速端子,V_{TA}是节气门开度信号端子,V_C 是 ECU 供电端子,电脑提供恒定 5V 电压。当节气门开度增加,节气门开度信号触点逆时针转动,V_{TA}端子输出电压也线形增大。

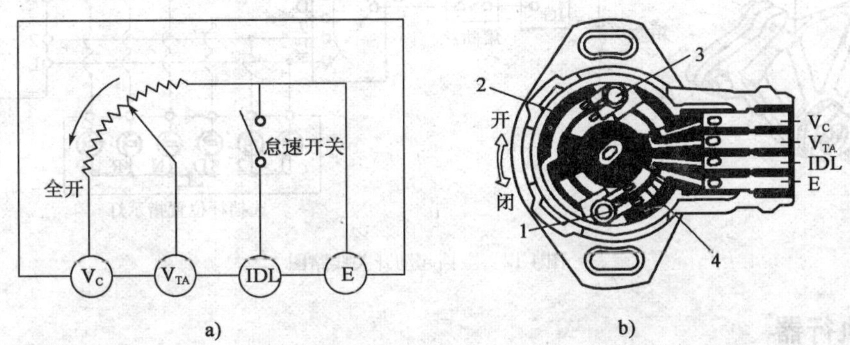

图 4-10 节气门位置传感器的结构和原理

a)原理图;b)结构图

1-怠速信号触点;2-电阻器;3-节气门开度信号触点;4-绝缘体

6)制动响应开关

制动响应开关安装在制动器踏板的支架上。当制动踏板踩下时,制动响应开关接通制动灯,此时自动变速器电子控制单元接收到制动踏板激活的信号,判断车辆已经开始制动,通过状态判断发出相应的执行指令,如解除换挡锁的锁止、打开液力变矩器锁止离合器等。

7)挡位传感器

挡位传感器包括单体触片式挡位传感器和分体磁铁式挡位传感器两种。单体触片式挡位传感器通常与空挡起动开关做在一起,在一些老式的自动变速器中采用较多,目前随着人们对自动变速器控制的要求不断提高,同时为了减少线束的数量,分体磁铁式挡位传感器已经慢慢成为自动变速器企业选择的主流产品。

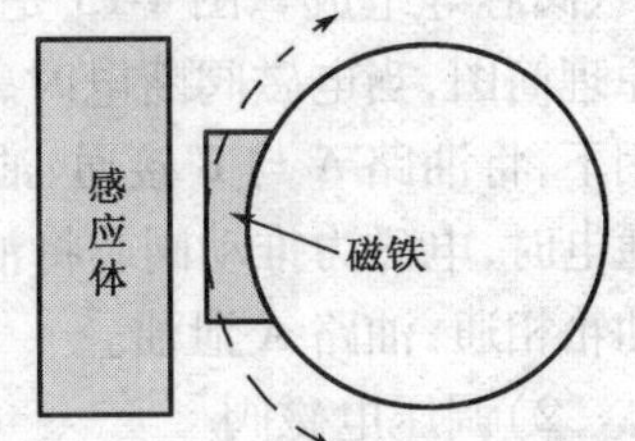

图 4-11 分体磁铁式挡位传感器示意图

单体触片式挡位传感器相当于多个触片开关,当选挡轴旋转并带动中心触片与 P、R、N、D、L 等不同位置的触片接合时即激活不同的挡位,向电子控制单元发送一个开关状态信号,同时点亮相应的挡位指示灯。分体磁铁式挡位传感器则有两个单独的部件(旋转磁铁和感应体)组成(见图 4-11),当选挡轴旋转并带动旋转磁铁转动时,感应体可以检测到旋转磁铁与之相对位置的变化,并将这种相对位置转化为模拟信号或 PWM 信号。分体磁铁式挡位传感器不仅可以检测到 P、R、N、D、L 等不同的换挡杆位置,还可以提前检测到 P—R、N—D 等相邻位置之间的切换趋势。

8)空挡起动开关

空档起动开关是一个触片式开关,但是它必须与单体触片式挡位传感器做在一体,以实现P挡或N挡起动的功能。它的触片和单体触片式挡位传感器是连动的,并且只有在单体触片式挡位传感器转动到P挡或N挡位置时,空挡起动开关才会接通,给发动机的起动机通电。空挡起动开关的结构和电路如图4-12所示。

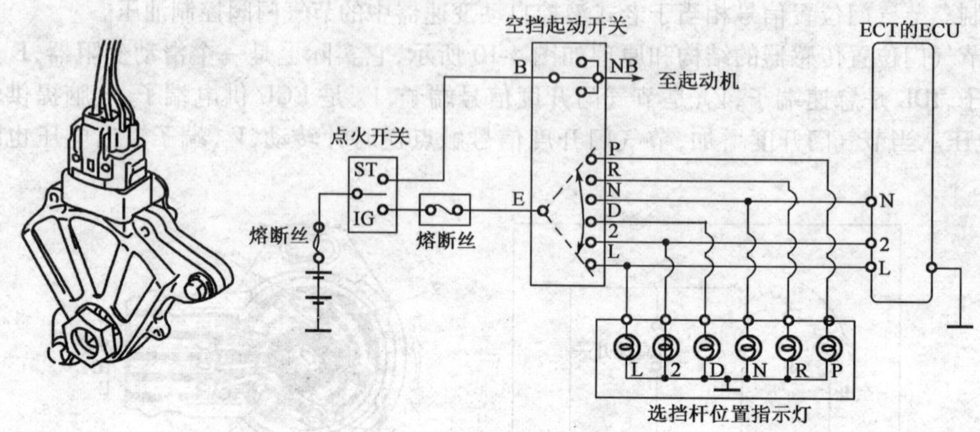

图4-12　空挡起动开关线路图

四、执行器

自动变速器的执行器包括各种电磁阀、制动器、离合器、锁止离合器、控制电机等,但是对于自动变速器的电子控制系统来说其执行器仅包括换挡电磁阀、调压电磁阀、大电流继电器、换挡锁止螺线圈以及各种信息显示灯等,其功能是按照自动变速器电子控制单元输出的电流或电压驱动信号,驱动整个自动变速器的执行器有序工作。

1)换挡电磁阀

换挡电磁阀安装在自动变速器液压阀板上,通常使用开关电磁阀。它按照自动变速器电子控制系统的控制指令对液压回路进行切换或保持操作。一台自动变速器根据挡位数量不同,一般包括两个以上的换挡电磁阀,这些不同换挡电磁阀之间通过开、闭状态的不同组合,组成所需的挡位数量及组合状态。

开关式换挡电磁阀由电磁线圈、衔铁、复位弹簧、阀芯等组成。图4-13是开关式换挡电磁阀的原理简图,当电磁阀断电时,阀芯在复位弹簧的作用下,将油路A与B接通,油路A进油。当电磁阀通电时,电磁力推动阀芯将油路B封闭,油路A与油箱相通,油路A泄油。

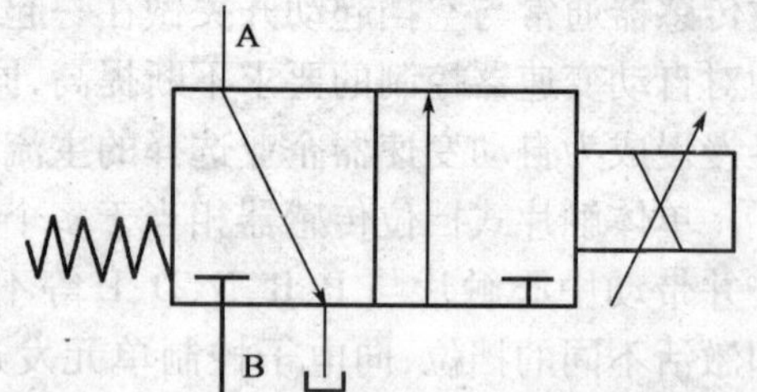

图4-13　开关式换挡电磁阀原理简图

2)调压电磁阀

调压电磁阀安装在自动变速器液压阀板上,通常使用可变力电磁阀。它主要用于调节自动变速器液压控制系统中的主油路油压、液力变矩器油压、换挡离合器油压等,在滑摩控制要求比较高的自动变速器中,调压电磁阀也用作换挡电磁阀。

调压电磁阀也是由电磁线圈、衔铁、阀芯和滑阀等组成。原理和开关电磁阀类似,不同的地方在于,调压电磁阀并不是一个简单的开关电磁阀,而是可以使用脉宽调制(PWM)信号精确控制的电磁阀。调压控制电磁阀能控制输出油路的油压,当调压电磁阀断电时,阀芯或滑阀被打开,油液流经泄油口卸荷,使油路压力下降。当调压电磁阀通电时,阀芯或滑阀在弹簧力的作用下关闭泄油口,且输出油路与进油口接通,使油路压力上升。调压电磁阀在脉冲电流信号的作用下不断地打开或者关闭泄油口,电控组件通过改变 PWM 信号的占空比,即改变每个脉冲周期内电流接通和断开的时间比率。因为调压电磁阀是一个电感性的元件,对自身的电流变化具有一定的阻碍作用,因此在 PWM 电流信号高速阶跃变化时,实际的等效平均电流大致与 PWM 的占空成正比例关系,从而实现 PWM 占空比到电磁阀电流,再到调压电磁阀的电磁力,最后到阀口油液压力的比例控制。

调压电磁阀符号原理图和调压特性曲线如图 4-14 所示。从图 4-14 中可以清楚地观察到调压电磁阀的控制压力是随着控制电流近似线性增加的,而流经调压电磁阀的流量是随着控制电流的增加成近似线性减少的。

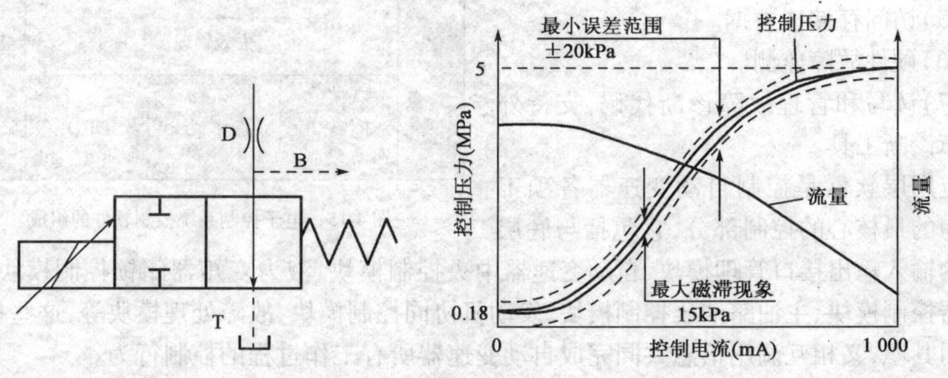

图 4-14　调压电磁阀符号原理图和调压特性曲线

五、线束和连接器

自动变速器中的线束包括内部线束和外部线束两种。内部线束是指自动变速器壳体内部的电磁阀和传感器的导线,内部线束要求防油和耐高温性能要高于外部线束。外部线束是指位于自动变速器壳体外部连接自动变速器传感器、电子控制单元、整车电子器件、发动机电子控制单元等的线束。外部线束的规格和要求要符合整车线束要求,且线束布置复杂,需要综合考虑发动机舱、乘员舱空间布置情况。

连接器是为了自动变速器装配方便、与整车集成方便、元器件连接安全可靠而设计的。连接器包括传感器连接器、电磁阀连接器、电子控制单元连接器等。

第二节　电子控制系统控制软件的组成和控制功能

一、控制软件组成

自动变速器电子控制系统的正常工作除了需要电子硬件系统的可靠工作,还需要有正确的指令去指导硬件系统执行。让控制系统能够像人的大脑一样,去主动搜集可用信息,对搜集的信息进行思考并做出最后的判断,发出指令。自动变速器电子控制系统的思维过程就是控制软件中各个控制模块的运行过程。如图 4-15 所示,电子控制系统的控制软件由底层软件和应用层软件组成。底层软件是自动变速器电子控制系统软硬件的接口部分,通常

有接口配置模块(BIOS)、操作系统(OS)、任务管理模块、故障诊断(OBD)四部分组成。底层软件的功能包括:

(1)采集传感器和开关信号,并将其调理成应用层软件可以识别的变量。

(2)设置寄存器,为执行器硬件控制接口提供控制信号。

(3)接收、发送和处理与车载其他控制器的通信数据流。

(4)管理复杂的硬件资源和软件执行过程。

(5)访问存储区数据。

(6)硬件故障监测。

(7)读写和管理故障诊断代码,支持外部故障诊断工具。

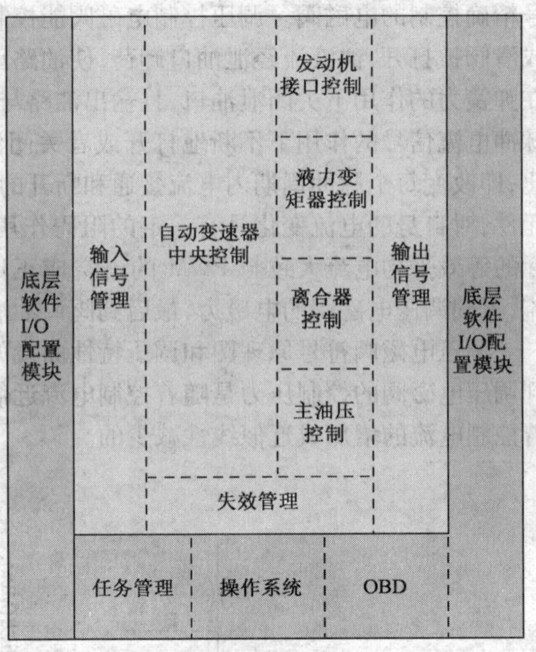

图4-15 电子控制系统控制软件的组成

应用层软件是控制自动变速器各项工作行为的最核心的控制部分,它包括与底层软件的输入输出接口管理模块、自动变速器中央控制模块、液力变矩器闭锁控制模块、换挡离合器控制模块、主油路油压控制模块、发动机协同控制模块、故障处理模块等,这些控制模块各司其职,又相互调用信息共同完成自动变速器所有工作过程的控制行为。

二、输入输出信号管理

应用层软件中的输入输出信号处理模块是自动变速器电子控制系统中,连接应用层软件和底层软件的重要功能模块。该模块与其他应用层软件不同的地方是:不但要借助软件开发工具(如Matlab/Simulink)开发,而且需要软件设计者单独使用C语言定义变量的传递。

输入信号处理模块的功能如下:

(1)从底层软件接收传感器信号,并转化为应用层软件可识别的变量。

(2)从底层软件接收CAN总线信号,并转化为应用层软件可识别的变量。

(3)对接收的信号进行滤波和必要的函数变换。

输出信号处理模块的功能如下:

(1)汇总应用层软件中的执行器控制变量,并转化为底层软件可识别的信号。

(2)汇总应用层软件中要发送给CAN总线的信号,并转化为底层软件可识别的信号。

三、自动变速器中央控制模块

自动变速器中央控制模块是应用层软件的指挥中心,自动变速器所要使用的控制策略都在该模块中运行。自动变速器中央控制模块接收应用层软件中其他模块发送或反馈的变量信息,通过状态机的判断和控制策略的运算,协调组织应用层软件中的其他几个控制模块有序的工作。自动变速器中央控制模块可以分析驾驶员驾驶意图和整车的运行工况,它具有以下几个功能:

1. 计算满足驾驶意图的最佳换挡点

换挡点是换挡规律图中位于换挡曲线上的一系列坐标点。换挡规律图是指自动变速器电子控制系统根据车辆的不同运行参数（节气门开度、车速等）来决定自动变速器升挡、降挡或保持挡位的一组参考数表，为了直观一般表达为曲线的形式。换挡规律图根据判断换挡点的参考数量不同分为：单参数换挡规律图、双参数换挡规律图、三参数换挡规律图三种；根据自动变速器工作模式的不同分为：经济性换挡图、动力性换挡图等若干种。

1）单参数换挡规律

单参数换挡规律是通过当前运行车速或发动机转速进行换挡点控制的，如图 4-16a）所示。当车速升高并到达 v_1 时自动变速器由 2 挡升入 3 挡；反之当车速降低并到达 v_1 时自动变速器由 3 挡降入 2 挡。然而这时不难看出，系统在 v_1 点将会产生换挡判断混乱，且车速在 v_1 点的波动将会导致自动变速器在 2 挡和 3 挡之间频繁换挡。为了避免这种情况，提高换挡的稳定性，需要在换挡点控制中引入延迟控制（如图 4-16b）所示）。当车速升高并到达 v_2 时自动变速器由 2 挡升入 3 挡；反之，当车速降低并到达 v_1 时，自动变速器由 3 挡降入 2 挡。v_1 和 v_2 之间是挡位保持区，即车速如无向上穿越 v_2 或向下穿越 v_1 的情况发生，将保持当前挡位。这种在控制参数相同的情况下，升挡和降挡的时刻不同，降挡时刻比升挡时刻晚的现象称为降挡延迟。降挡延迟同样用于两参数换挡规律以及液力变矩器闭锁控制规律中（下述内容不再重复），其作用为：一是自动变速器换入新的挡位后，不会因为加速踏板的抖动或车速的稍微变化，而重新换回原来挡位，提高换挡的稳定性；二是有利于减小循环换挡，减少换挡离合器元件的磨损，并提高换挡时的乘坐舒适性。虽然单参数自动换挡简单易于实现，但是它不论节气门开度如何变化，换挡点、换挡延迟的大小都不变，不能实现驾驶员干预换挡，难于兼顾动力性与经济性的要求。

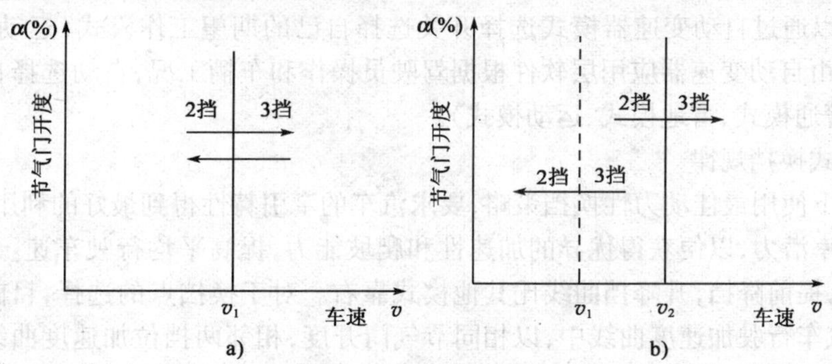

图 4-16 单参数换挡规律示意图

2）两参数换挡规律

由于单参数换挡规律存在的固有缺点，以及现代电子控制技术和控制要求的不断升级，目前广泛采用的是车速和节气门开度两个参数共同控制的方式，如图 4-17 所示为两参数换挡规律图。从图 4-17 中可以发现，换挡条件不再由车速决定，如当车速在 v_3 状态时，在不同的节气门开度状态下，自动变速器状态可能为 3 挡，也可能为 2 挡。除车速作为换挡判断条件外，节气门开度的大小也成为换挡条件，当前车辆的运行状态需由换挡规律图中坐标点

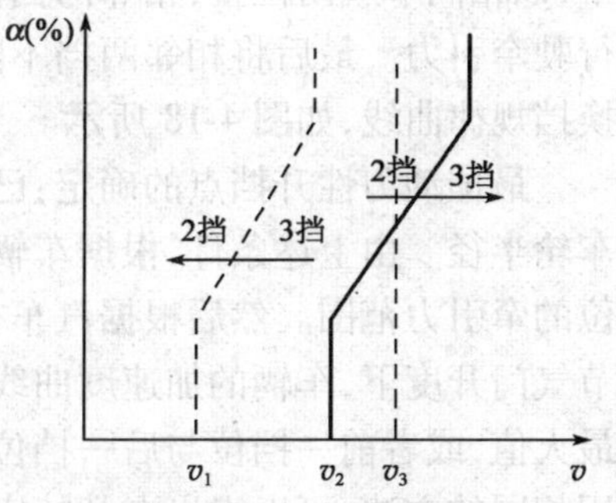

图 4-17 两参数换挡规律示意图

(α,v)的位置来判断。两参数换挡规律的优势是自动变速器可以感知驾驶员的驾驶意图，节气门开度较小表示驾驶员希望获得最佳的燃油经济性，当驾驶员迅速加大节气门开度，说明驾驶员想获得最大的加速度，自动变速器降挡以输出更大的转矩。增大节气门开度驾驶时，自动变速器推迟换入高挡，主要运行在较低挡位，以使车辆获得较大的驱动力；减小节气门开度驾驶时，自动变速器提前换入高挡，主要运行在较高挡位，以使车辆降低燃油消耗。在两参数换挡规律下，驾驶员还可以主动干预换挡，快速抬起加速踏板时自动变速器提前换入高挡，不仅降低噪声，而且改善了燃油经济性；快踩加速踏板（如上坡前）时，自动变速器提前降挡，使车辆动力性提高。

3）三参数换挡规律

三参数换挡规律不但考虑车速和节气门开度对换挡的影响，而且将汽车加速度也作为决定换挡点的一个重要因素，即在三参数换挡规律中，换挡点是一个由节气门开度、车度和加速度三个变量组成的三维坐标点。然而三参数换挡规律正在研究和完善中，实际采用的并不常见，目前自动变速器电子控制系统中主要采用两参数换挡规律。

2. 计算液力变矩器的闭锁点和解锁点

与两参数换挡规律一样，自动变速器中央控制模块根据节气门开度和当前的车速，在液力变矩器的闭锁规律图中查找闭锁点。当车速高于闭锁点时，液力变矩器闭锁；当车速低于解锁点时，液力变矩器解锁。

在低挡位时自动变速器传动转矩比较大、挡间比也比较大，因此在低挡位之间换挡时，要打开液力变矩器的闭锁离合器。在高挡位时，则不存在此问题，为了获得更好的燃油经济性，在换挡过程中液力变矩器保持闭锁。

3. 判断自动变速器的工作模式

驾驶员可以通过自动变速器模式选择开关选择自己的期望工作模式（运动模式、手动模式），也可以由自动变速器应用层软件根据驾驶员操作和车辆工况，自动选择自动变速器的工作模式（普通模式、雪地模式、运动模式）。

1）运动模式换挡规律

运动模式下使用最佳动力性换挡策略，要求汽车的牵引特性得到最好的利用，即充分发挥发动机的功率潜力，以便获得优异的加速性和爬坡能力，提高平均行驶车速。因此，汽车应该延迟升挡，提前降挡，升降挡曲线比其他模式靠右。对于换挡点的选择，目前有两种方法：一种是在汽车行驶加速度曲线中，以相同节气门开度，相邻两挡位加速度曲线的交点为换挡点，从而在汽车行驶过程中获得最大平均加速度。另一种是在汽车静态牵引力曲线图中，以相同节气门位置，相邻两挡位牵引力曲线的交点为换挡点，从而获得最大的汽车平均行驶牵引力。最后将相邻两挡不同节气门开度下的换挡点连成曲线即可得到运动模式下的换挡规律曲线，如图 4-18 所示。

最佳动力性升挡点的确定：已知给定车辆的涡轮转矩输出范围、挡位传动比、主减速比、车轮半径。由上述条件，根据车辆牵引力公式，就可以计算出在不同节气门开度下的每个挡位的牵引力范围。然后根据汽车行驶方程，基于牵引力特性曲线，可以绘制出各挡位在不同节气门开度下，车辆的加速度曲线。在各挡位加速度范围下，选取各挡加速度曲线上的车速最大值，或者前一挡位与后一挡位的加速度曲线交点值，作为此节气门开度下的换挡点。运用相同的方法，可以得出在某特定节气门开度下，不同挡位时的加速度曲线，从而能够得到该节气门开度下，车辆一系列的换挡点。将不同节气门开度下，每一个挡位的一系列不同的

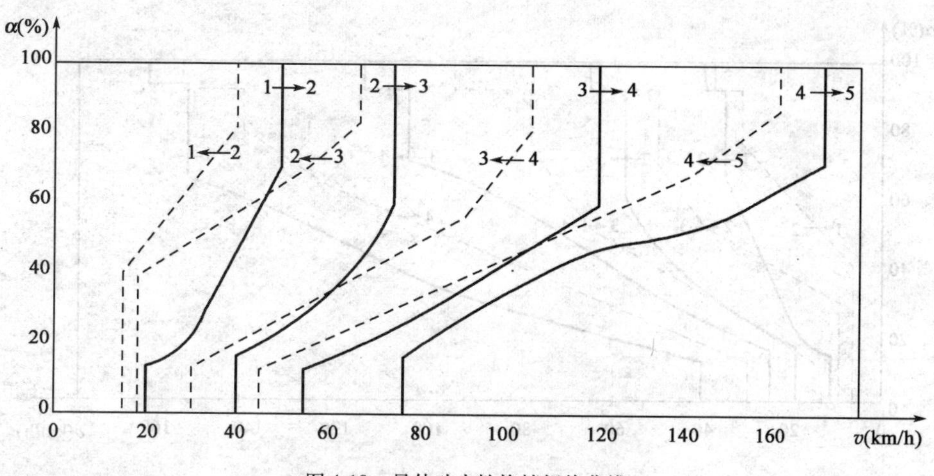

图 4-18　最佳动力性换挡规律曲线

换挡点连接起来，就形成了升挡规律曲线。

最佳动力性降挡规律的获取不像动力性升挡规律那样有一系列汽车动力学方程来指导，而需要在动力性升挡规律的基础上选择合适的收敛程度来进行计算，从而获得相应的降挡规律。动力性降挡规律确定时，为了避免循环换挡，降挡车速应该比对应的升挡车速低5～10km/h；为了避免发动机熄火，n 挡的降挡车速必须大于或等于 n 挡的最小车速。

2）经济模式换挡规律

经济模式下的换挡规律要求汽车在行驶过程中发挥最大的燃油经济性，保证汽车总是在发动机的燃油消耗率最小的挡位行驶。整车的燃油消耗率 b 的计算公式为：

$$b = \frac{1\,000 Q_e T_e n_e}{9\,549 \eta_T} \tag{4-1}$$

式中：Q_e——发动机燃油消耗量，kg/h；

T_e——发动机转矩，N·m；

n_e——发动机转速，r/min；

η_T——传动效率。

依据燃油消耗率计算公式，可以绘制出各挡位在不同节气门开度下的油耗曲线，取前后相邻两挡位的油耗曲线交点，作为最佳经济性换挡点。运用相同的方法，可以得出在某特定节气门开度下，不同挡位下的油耗曲线，从而能够得到该节气门开度下，自动变速器一系列的换挡点。将不同节气门开度下，每一个挡位的一系列不同的换挡点连接起来，就形成了最佳经济性升挡规律曲线。如动力性降挡规律一样，在最佳经济性升挡规律曲线的基础上进行降挡策略修正，即可得到最佳经济性换挡规律曲线，如图 4-19 所示。

4. 汽车起步控制策略

汽车起步过程要考虑起步的安全性、起步稳定性和起步的快速性。汽车起步换挡杆从P挡或N挡换入D挡时，要检查制动器开关是否接合，如果没有接合，则换挡锁止螺线圈通电，锁定换挡杆不允许换入D挡。换挡杆换入D挡后，液力变矩器要保持解锁状态，这样发动机的动力借助液力变矩器的柔性液力传递功能，驱动车辆蠕行加速。为了进一步降低起步时换挡的冲击和传动系的抖动，自动变速器电子控制单元请求发动机增加喷油量，以抵消离合器接合引起的负载冲击。在装有分体式挡位传感器的自动变速器上，还可以检测N—

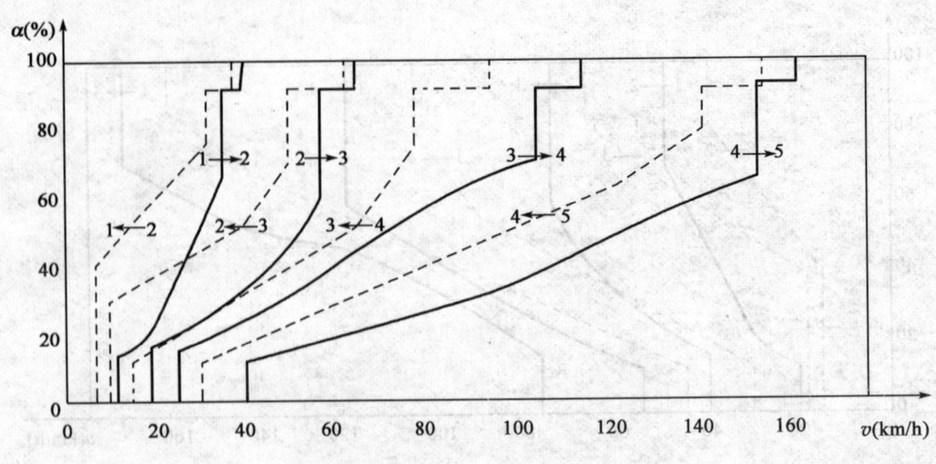

图 4-19 最佳经济性换挡规律曲线

D 挡位的切换趋势,以使换挡离合器在换挡杆换入 D 挡之前即开始充油做好换挡准备,缩短汽车起步的时间。

5. 整车状态指示灯管理

指示灯是驾驶员了解当前自动变速器工作状态最直观的界面。自动变速器所处的挡位、工作模式、是否有内部故障等,都需要中央控制模块进行统一管理,并激活相应的指示灯显示出来。

6. 管理和协调所有换挡离合器的状态

自动变速器的中央控制模块不但要能判断自动变速器是否要换挡,要换到几挡?还要根据挡位要求判断哪些换挡离合器要分离,哪些换挡离合器要接合;换挡过程中分离的离合器和接合的离合器又分别处于什么状态。如图 4-20 为自动变速器升挡过程中,各个离合器的状态转换。

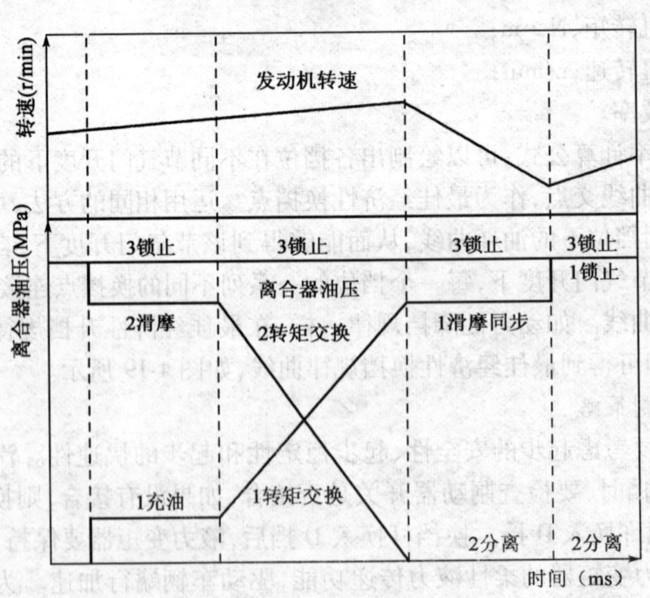

图 4-20 自动变速器升挡过程中离合器的状态转换

7. 电子控制单元的硬件安全管理

对电子控制单元的电源电路、驱动电路、信号处理电路以及关键元器件等运行状况进行安全管理。

8. 弯路和坡道逻辑控制

弯路控制，为防止车辆在转弯的时候，出现因传动系统动力中断而导致的车辆甩尾、跑偏等危险情况，自动变速器中央控制模块在判断出车辆行驶在弯路工况时，作出推迟换挡或禁止换挡的控制。

坡道逻辑，自动变速器中央控制模块根据发动机转矩、输入轴和输出轴转速传感器的信号，计算汽车行驶的道路坡度，如判断汽车行驶在坡道上，则启动坡道逻辑控制，修改换挡规律图，使降挡曲线右移，提前降挡，以提高车辆的爬坡能力。依据汽车驱动力和阻力平衡公式即可判断坡道工况和计算道路坡度。

汽车的驱动力和阻力平衡公式为：

$$F_{drv} = F_{air} + F_{acc} + F_{roll} + F_{gra} \tag{4-2}$$

式中：F_{drv}——汽车的驱动力；

F_{air}——汽车行驶时所受的空气阻力；

F_{roll}——汽车行驶时的滚动阻力；

F_{gra}——汽车在坡道上行驶时的坡道阻力；

F_{acc}——汽车加速行驶时的加速阻力。

$$F_{drv} = \frac{T_{tub} \cdot i_g \cdot i_0 \cdot \eta}{r} \tag{4-3}$$

式中：T_{tub}——液力变矩器涡轮转矩；

i_g, i_0——自动变速器和主减速的传动比；

η——传动系的机械效率；

r——车轮的滚动半径。

$$F_{air} = \frac{C_D \cdot A \cdot v^2}{21.25} \tag{4-4}$$

式中：C_D——空气阻力系数；

A——汽车的迎风面积，m；

v——车速，km/h。

$$F_{acc} = m \cdot a \tag{4-5}$$

式中：m——整车的质量，kg；

$a = \frac{dv}{dt}$——汽车的加速度，m^2/s。

$$F_{roll} = m \cdot g \cdot f \cdot \cos\theta \tag{4-6}$$

式中：f——滚动阻力系数；

θ——道路坡度角，(°)。

$$F_{gra} = m \cdot g \cdot \sin\theta$$

以此可以根据汽车的驱动力和阻力平衡公式推导出坡道的坡度理论值 i，$i = \tan\theta$，为了保证坡道逻辑的稳定性，使用最小的稳定阈值 i_{min} 代替 0 进行坡度的判断，当 $i > i_{min}$ 时，为上坡行驶。

四、发动机控制

为了降低换挡时汽车的冲击,改善换挡品质,保护自动变速器,自动变速器的电子控制系统通过CAN总线请求发动机的电子控制系统调整喷油量和点火提前角,使其发动机按请求的数值调整转速和转矩,以满足自动变速器换挡过程中传动比转变需求。在某些特殊情况,如车辆下长坡、冰雪路面等工况下,自动变速器电子控制单元通过控制相应的执行器,使自动变速器拖动发动机运转,充分借助发动机的制动作用达到车辆行驶安全性的要求。

发动机转矩控制如图4-21所示,自动变速器在升挡过程中,要从低挡的传动比转化为高挡传动比,因此在换挡离合器的转换过程必然出现发动机低挡转速向高挡转速的同步过程。因此在换挡离合的速度同步阶段,自动变速器电子控制系统通过CAN总线请求发动机电子控制单元延迟发动机的点火时间或减少喷油量,暂时减小发动机的输出转矩,使发动机自身协助离合器滑摩转矩完成一部分速度调整,同时也降低了输出的驱动转矩,从而减小了换挡冲击,避免了汽车加速度出现的波动。没有发动机转矩控制时,为将离合器滑摩时间控制在较短的时间内,需在很短的滑摩时间内完成离合器两个摩擦片的转矩交换,由于发动机输出转矩很大,不能很快地调整转速,这将在离合器的速度同步阶段引起输出轴转速的跳动,造成汽车纵向加速度大幅波动,影响舒适性。实际研究表明:如果滑摩时间相同而将发动机转矩减少50%,并明显地减低离合器油压,则换挡期间的加速度与换挡前的水平差不多,换挡结束时转矩的跳跃也小,这就使换挡品质得到改善,并减小了相同时间内摩擦元件的负荷。

N—D换位置控制,在换挡杆由P位置或N位置换至D位置或相反的进行位置变换时,自动变速器电子控制系统通过CAN总线请求调整发动机的喷油量,将发动机的转速变化减至最小程度,以改善换挡品质。如图4-22所示,在换挡杆由P位置换至D位置时,由于发动机负载增加使发动机转速突然下降,此刻通过增加喷油量来提高发动机转速。同理在换挡杆由D位置换至P位置或N位置时,发动机负载降低,使发动机转速突然上升,此刻通过减少喷油量来降低发动机转速。

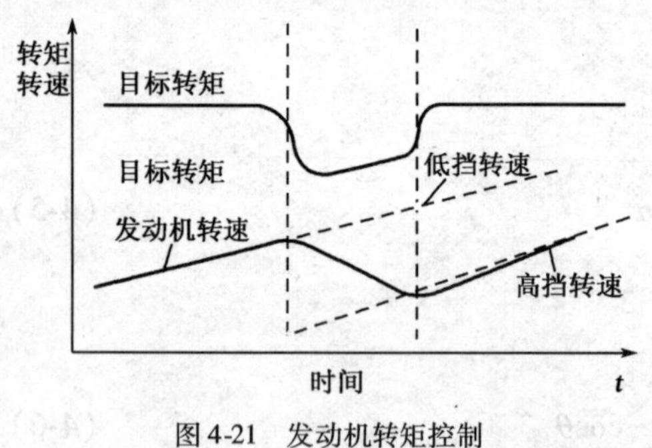

图4-21　发动机转矩控制

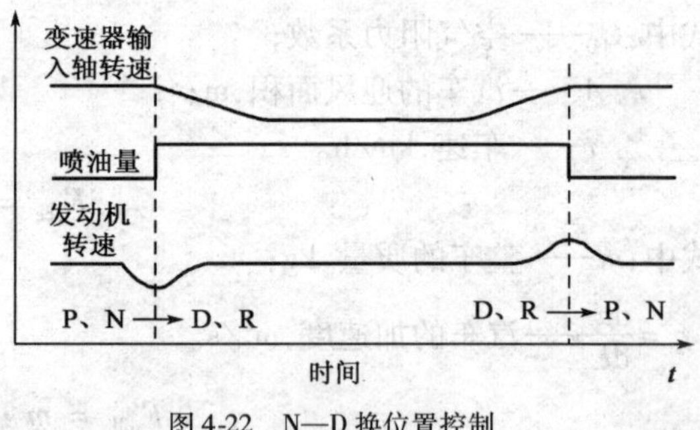

图4-22　N—D换位置控制

发动机制动作用控制,自动变速器电子控制系统按照设定的控制程序,在换挡杆位置、车速、节气门开度、制动开关等满足一定条件(如换挡杆位于前进低挡(L挡),且车速大于10km/h,节气门开度小于1/8)时,控制低挡位离合器保持接合,让自动变速器具有反向传递动力的能力,从而在汽车下坡或冰雪路面等工况时可以实现发动机制动,以减轻制动系统的摩擦负荷,提高车辆行驶的安全性。

五、离合器状态控制

换挡离合器用于连接或分离动力传动路线，以实现不同的传动比路线。在换挡过程中，尽可能快速和平稳的将发动机转速从一个挡位的转速拖动到另外一个挡位的转速。换挡离合器的控制模块接收中央控制模块的指令，控制换挡离合器的运行状态，以实现不同的挡位保持和挡位切换过程。换挡离合器的运行状态是由换挡离合器的控制模块，控制调压电磁阀输出不同的油压实现的。目前主流自动变速器主要是三个自由度和四个自由度，然而为了减低离合器切换的滑摩损耗和减低离合器控制的复杂度，在自动变速器换挡过程中只允许一个离合器分离，另一个离合器接合。

换挡离合器所处的状态包括：分离阶段、充油阶段、转矩交换阶段、速度同步阶段、滑摩微调阶段、锁止阶段。在挡位保持时，自动变速器中所有的离合器只能处于锁止阶段或分离阶段。在换挡阶段，离合器所处的状态不再是单独存在的，接合离合器和分离离合器所处的状态具有一定对应关系，应同时讨论。图4-23所示为离合器换挡过程的状态转换。

接合离合器：分离状态→充油→转矩交换→滑摩同步→锁止状态。

分离离合器：锁止状态→滑摩微调→转矩交换→分离状态。

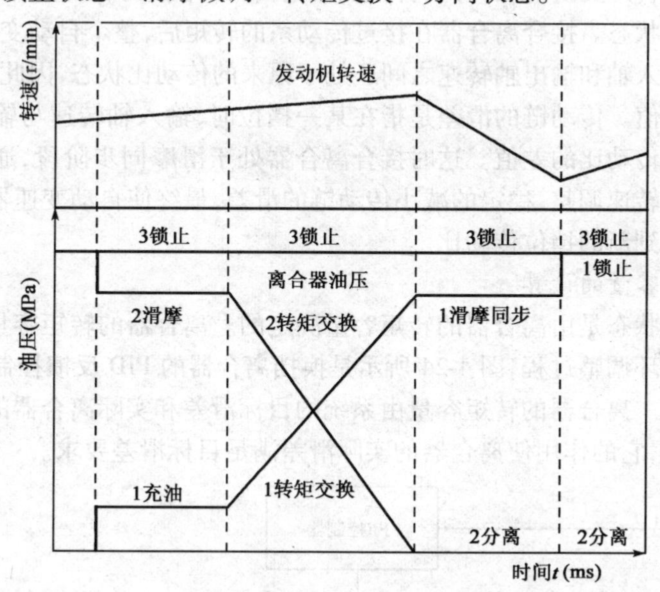

图4-23　离合器换挡过程的状态转换

1. 分离—锁止状态转换

升档前，自动变速器处于挡位保持阶段，因此所有的离合器都处于分离或锁止状态。在离合器分离阶段，离合器液压缸内的油压为0，离合器的转矩容量为0，即离合器完全分离不传递任何转矩。在离合器锁止阶段，离合器的转矩容量大于其所需传递的转矩，即离合器的摩擦片和钢片之间无相对转速，等效于刚性连接。

离合器的转矩容量是指离合器在某一液压缸油压产生的压紧力作用下，所能传递的最大的摩擦力矩。离合器完全锁止摩擦片和钢片无相对转速时，离合器的转矩容量等于离合器的静态摩擦转矩；当离合器处于滑摩阶段，摩擦片和钢片具有相对转速时，最大离合器转矩容量等于离合器的滑动摩擦转矩。

2. 充油—滑摩微调状态转换

当中央控制模块发出换挡指令后，接合离合器液压缸立即开始快速充油并达到接触点，以消除离合器摩擦片与钢片之间的间隙。接触点是指在离合器钢片和摩擦片发生轻微的接触但转矩容量为0的临界状态。离合器接触点一般是在不同车辆工况下通过标定获得的，但是接触点是非常理想的临界状态，而且无法通过传感器或其他方法准确判断，在实际的离合器控制过程中，只能尽量接近临界点。因此在接合离合器充油到接触点的过程中，需要稍微降低分离离合器的油压，使其处于滑摩状态，调整接合离合器过度充油带来的传动比干涉。

3. 转矩交换—转矩交换状态转换

自动变速器的换挡过程其实就是传动系统的转矩从分离离合器转交给接合离合器的过程。在此过程中分离离合器的转矩容量慢慢下降，接合离合器的转矩容量慢慢升高。分离离合器的转矩容量和接合离合器的转矩容量要互相协调以保证自动变速器输入轴和输出轴转速之间保持原来的传动比。

4. 滑摩同步—分离状态转换

分离离合器在转矩交换阶段将其所传递的所有转矩完全交出后，其液压缸油压快速降低并达到完全分离状态。接合离合器在接过传动系的转矩后，整个自动变速器传动链切换；但是自动变速器输入轴和输出轴转速之间还处于原来的传动比状态，因此，此时传动链的滑差突然转变为最大值。传动链的滑差是指在某一挡位时，输入轴转速与输出轴转速乘以自动变速器在该挡位传动比的差值。这时接合离合器处于滑摩同步阶段，通过自身的滑摩转矩和发动机自身的转速调整，稳定的减小传动链的滑差，最终使自动变速器输入轴和输出轴之间的传动比过渡到新的挡位传动比。

5. 离合器转矩容量的计算

换挡离合器的状态是由离合器的转矩容量决定的。离合器的转矩容量的计算是一个基于离合器滑差的闭环调整过程，图4-24所示是换挡离合器的PID反馈控制与前馈控制共同组成的滑差控制器。离合器的转矩容量由系统的目标滑差和实际离合器的滑差比较之后通过控制器转化获得，它的作用使离合器的实际滑差满足目标滑差要求。

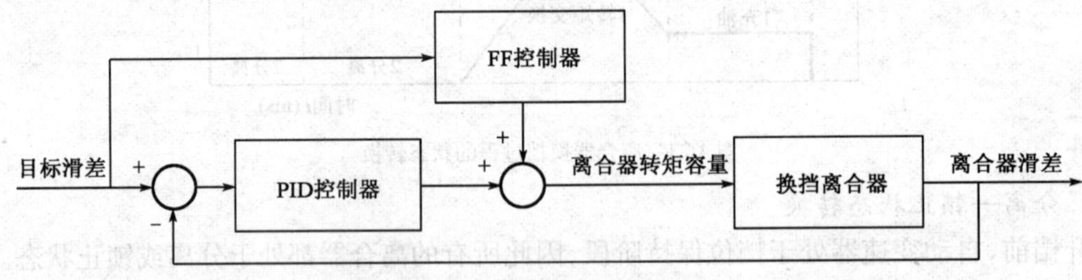

图4-24 换挡离合器的滑差控制器

六、液力变矩器闭锁控制

液力变矩器的输入端与输出端用液压油工质联系，工作构件间没有刚性连接。因此能消除冲击和振动，具有很好的过载保护性能和无级调速性能，使车辆起步平稳、换挡迅速、柔和，延长了动力传动系统的使用寿命，提高了乘坐舒适性和车辆平均行驶速度以及安全性和通过性。然而由于是液体传动不可避免地存在传动效率低的缺点。为了从整体上提高自动变速器的工作效率,可在一些行驶工况下对液力变矩器实施闭锁。

液力变矩器的闭锁是指在一定工况下,通过液力变矩器闭锁离合器将液力变矩器的泵轮与涡轮锁定为一个同步转动的刚性体,以消除液力传动的功率损失,提高传动效率。闭锁离合器闭锁时刻受发动机负荷、输出轴转速、挡位和换挡模式等因素共同控制。闭锁离合器控制系统如图 4-25 所示,从图 4-25 中可以看出,当节气门开度和液力变矩器涡轮转速符合闭锁条件时,由电子控制单元发出控制信号,通过闭锁控制电磁阀来控制闭锁离合器阀的换向,达到机械闭锁的目的。为了避免机械传动带来的不良振动或噪声,并充分利用车辆的牵引力特性,闭锁离合器的闭锁点应选择在发动机和液力变矩器的共同工作点上。

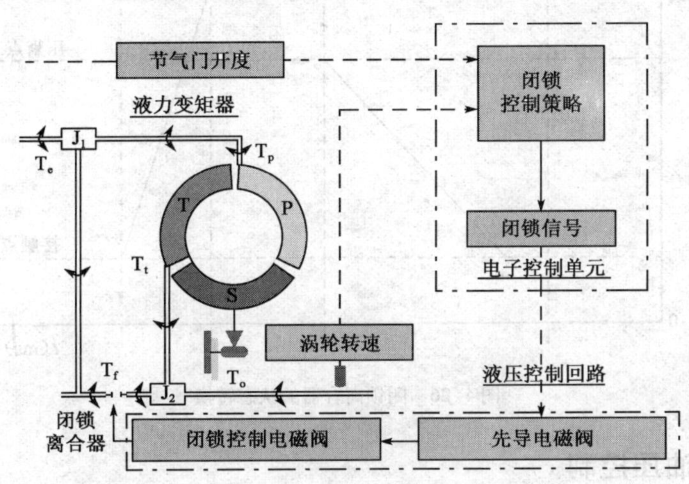

图 4-25 闭锁离合器控制系统

目前对闭锁离合器的控制均采用液力变矩器锁止控制图查表的方法,液力变矩器闭锁控制模块根据变速器输入轴转速、节气门开度、车速、变速器液压油温度等传感器信息,通过预先设定的程序判断是否已经达到锁止条件;若是,则控制电磁阀将液力变矩器锁止离合器接合;否则控制其分离。自动变速器在不同工作状态下的锁止控制图被以数据表的形式预先存储在电子控制单元的存储器内,电子控制单元会实时的将当前输入轴转速、节气门开度、车速、变速器液压油温度等参数与存储器内的数值进行比较判断,以确定液力变矩器是否锁止。

应该注意的是,在以下几种情况下,即使发动机负荷和输出转速所决定的工况点有了穿越锁止曲线的行为或一直保持在锁止区域内,液力变矩器也不能锁止。液力变矩器强制解除锁止的情况有如下四种:

(1)汽车制动开关激活。

(2)自动变速器在低挡位的升降挡切换过程。

(3)发动机冷却液温度或变速器液压油温度过低。

(4)车速较低。

为了降低液力变矩器闭锁过程中的传动系统振动,液力变矩器闭锁离合器的闭锁采用滑摩控制。液力变矩器闭锁控制模块实时的判断闭锁离合器是否需要滑摩,以及滑摩过程中闭锁离合器滑摩转矩和液力变矩器液力转矩的动力分配比例。如图 4-26 所示,在系统检测到液力变矩器有发生闭锁可能或趋势时提前发出命令,使闭锁离合器充油达到离合器的接触点,以加快闭锁响应。当达到自动变速器的各项参数都满足闭锁条件时,液力变矩器闭

锁离合器根据液力转矩和滑摩转矩的比例关系，计算出闭锁离合器的滑差。随着闭锁离合器滑差越来越小，其所承担的传动转矩比例会越来越大，当闭锁离合器滑差降低为0，即承担了所有的转矩时，闭锁离合器就达到了压紧点。如果此时系统要求液力变矩器完全闭锁，则闭锁离合器的压力继续提高到完全锁止的状态。当自动变速器的运行工况不满足液力变矩器的闭锁条件时（如车速过低、升降挡），闭锁离合器油压快速降低，使液力变矩器发挥柔性动力调整功能。

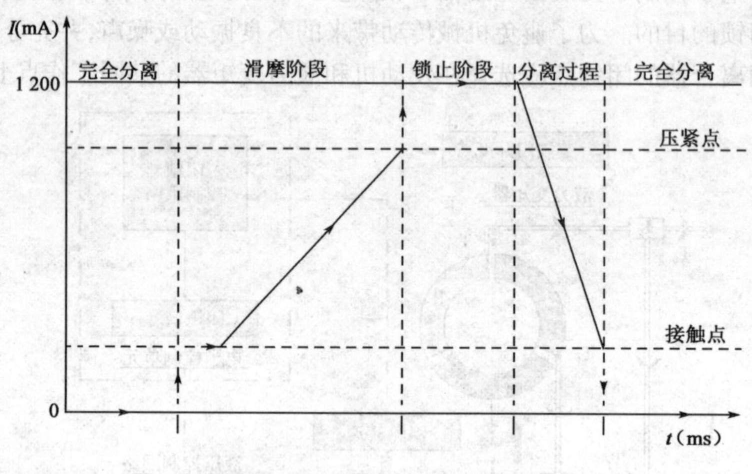

图 4-26　闭锁离合器的状态转换

七、系统主油压控制

系统主油压是离合器油压、液力变矩器油压、润滑油路油压等的供油源头，系统主油压控制的作用是将主油路油压调整到合理范围内，使得在任何情况下都能保证所有离合器、液力变矩器、锁止离合器以及润滑油路的最大油压要求，同时又不使系统油压过高而发生换挡冲击、自动变速器漏油等情况。

1. 系统主油压的调节

系统主油路油压是通过主油路调压电磁阀调节的。主油路油压应随着发动机负荷增大而增高，以满足传递大功率时对换挡离合器液压缸工作压力的要求。通常自动变速器电子控制系统根据节气门开度信号，控制主油压调压电磁阀，使主油路油压随节气门开度而变化，从而获得不同发动机负荷下主油路压力的最佳值，并将驱动油泵的动力减小到最小。如图 4-27 所示，采用液压控制时，不能精确的控制油压。目前采用电子控制较精确，使主油路油压随节气门开度变化和发动机转矩变化基本一致，曲线形状相同。电子控制的转矩曲线比发动机转矩曲线略高，以保证结合元件有一定的转矩储备。

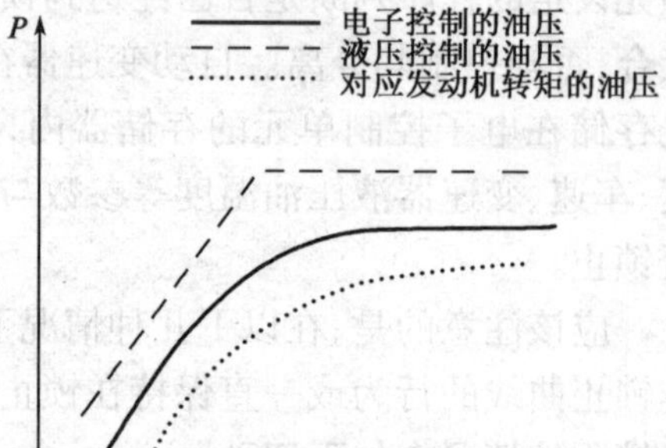

图 4-27　系统主油路油压与节气门开度的关系

2. 换挡油压控制

在升挡或降挡过程中，电子控制系统通过控制电磁阀适当降低主油路油压或修正油压上升曲线的形状，以减小换挡冲击，达到改善换挡品质的目的。也有一些控制系统是在换挡时通过电磁阀减小换挡缓冲阀的背压，以降低离合器或制动器液压缸内油压的增长速度达到减小换挡冲击的目的。

对于自动变速器不同的挡位来说，往往采用多自由度行星齿轮结构，结合元件是多挡共用，其尺寸参数需要按照所需传递的最大转矩的挡位来确定，对其他挡位来说其后备系数过大，这样会使挡位性能变坏，需要通过油压来调节，使需要传递转矩大的挡位油压提高，传递转矩小的挡位油压降低。由此可以看出，在不同的挡位，结合元件需要的压力是不同的，这就需要调节系统压力来满足需要。

3. 管路油压修正

由于自动变速器液压油的运动黏度、密度等会随着工作温度的变化而变化，这些液压油属性的变化将导致管路控制油压的偏移，因此需通过试验对不同环境下的主油路油压和换挡压力进行修正。如图 4-28a）所示，在温度低于60℃时，液压油运动黏度降低会导致换挡冲击，因此需将主油路油压修正到低于正常主油路油压曲线。而当图 4-28b）所示温度过低（如低于 -10℃）时，液压油运动黏度过大而导致换挡反应迟缓，此时应将主油路油压修正保持最大值。

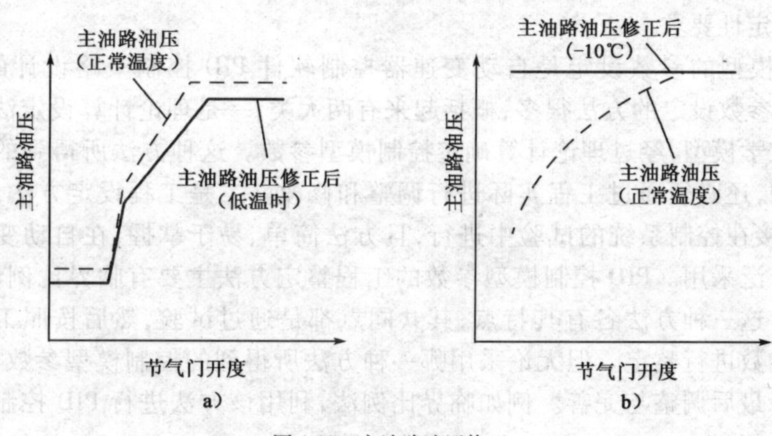

图 4-28　主油路油压修正

八、故障检测与失效管理

对于自动变速器电子控制系统来讲，保证驾驶员的安全和整车的安全是第一位的，因此自动变速器的电子控制系统必须具有实时故障检测和失效管理的功能。实时故障检测的内容包括：

（1）检测电源电压是否在安全范围内。

（2）检测车速是否超出合理转速范围，车辆加速度是否过大。

（3）检测速度传感器信号的频率范围和占空比是否正确。

（4）检测压力传感器、温度传感器的电压是否在合理范围内，电压变化率是否过大。

（5）检测电磁阀电流是否在合理范围内，以及电流变化率是否过大。

（6）检测系统主油路压力是否超出合理范围。

（7）检测自动变速器液压油的温度是否在合理范围内。

失效管理的功能是将故障检测的内容分成不同的故障等级，并根据检测内容分析出故障类型，为其分配故障代码，以供外部故障诊断设备的读取。失效管理模块还要将不同的故障类型通知给中央控制模块，并作出相应的故障处理（如故障灯指示、跛行回家、停车等）。故障处理的原则使车辆在保证安全的条件下，尽可能地使自动变速器保持最基本的工作能力，以维持汽车行驶能力，便于汽车到维修站检修。

第三节　控制算法及理论

自动变速器控制软件中除了有各种控制功能外，还包含各种控制算法，用以精确稳定的实现控制软件中具有目标控制参数的某些控制功能。自动变速器控制软件中最常使用的控制算法有 PID 控制、自适应控制、模糊控制、前馈控制等。几乎所有的控制软件模块都含有一种或几种控制算法。

一、PID 控制

PID（比例积分微分控制）是目前工业控制中最为常用的反馈控制方法。PID 控制，尤其是 PI 控制贯穿于自动变速器控制软件的各个控制模块中，如用于主油路油压控制、离合器换挡油压控制、发动机转矩控制等，通过经验和试验标定 PID 参数，实现系统的控制精度、响应速度和稳定性要求。

PID 控制模型的参数设定是自动变速器控制软件 PID 控制策略设计的核心内容。PID 控制模型参数设定的方法很多，概括起来有两大类：一是理论计算设定法。它主要是依据系统的数学模型，经过理论计算确定控制模型参数。这种方法所得到的计算数据未必可以直接用，还必须通过工程实际进行调整和修改。二是工程设定方法，它主要依赖工程经验，直接在控制系统的试验中进行，且方法简单、易于掌握，在自动变速器控制软件设计中被广泛采用。PID 控制模型参数的工程整定方法主要有临界比例法、反应曲线法和衰减法。这三种方法各有其特点，其共同点都是通过试验，然后按照工程经验公式对控制模型参数进行整定。但无论采用哪一种方法所得到的控制模型参数，都需要在实际运行中进行最后调整与完善。例如临界比例法，利用该方法进行 PID 控制模型参数的设定步骤如下：

（1）首先预选择一个足够短的采样周期让系统工作；

$$G = 0.6Gcrit \qquad TI = 0.5Tcrit \qquad TD = 0.12Tcrit$$

式中：G——增益系数；

TI——积分周期；

TD——微分周期；

Gcrit——临界增益比例放大系数；

Tcrit——临界振荡周期。

（2）仅加入比例控制环节，直到系统对输入的阶跃响应出现临界振荡，记下这时的比例放大系数和临界振荡周期，假设此时增益环节比例放大系数为 Gcrit，临界振荡周期为：Tcrit。

（3）在一定的控制度下通过公式计算得到 PID 控制模型的参数，如：

增益环节 G = 0.6Gcrit

积分环节 TI = 0.5Tcrit

微分环节 TD = 0.12Tcrit

（4）试验修正 PID 控制模型的参数。

二、自适应控制

自适应控制大致有两种:动态控制和稳态控制。动态控制主要用于监控换挡时的传动比,如上所述用于精确控制换挡油压。稳态控制主要是考虑执行元件摩擦片材料的摩擦系数发生变化时带来的影响。

(1)自动调整温度影响产生的偏差,这可在自动变速器油箱中安装液压油温度传感器,使材料的摩擦系数随油温升高而变化的因素能在计算机控制程序中加以修正。

(2)自动调整摩擦系数降低的影响。摩擦系数降低有两方面的原因,首先是液压油可能的泄漏,离合器液压油的泄漏会造成转矩容量下降,引起摩擦片打滑、发热,进而使摩擦系数进一步降低;其次是自然磨损。通用公司4T-80E自动变速器所采用的方法是:当一个挡位状态确定后,监控齿轮传动比,如果不是所要求的传动比,通过自动变速器电子控制单元和调节器使工作油压进一步升高,直至得到该传动比。这个调节程序对传动比的偏离非常灵敏,可以起到保护自动变速器的作用,也使得油泵能在最小所需压力下工作,有利于提高经济性。

(3)自动调整标定数表的偏差,自动变速器电子控制过程中使用了大量的数表,如换挡点、电磁阀电流和压力关系、转矩容量与油压关系等都是以标定后的数表形式存储在电子控制单元中的。例如在主油路油压的控制中,电子控制单元实时的记录主油路调压电磁阀的电流和实际的主油路油压,并根据所记录的主油路调压电磁阀的电流查询电磁阀电流和压力关系数表,获得理想的主油路油压。然后比较实际的主油路油压和数表中理想主油路油压,并就其差值自动修正到存储区的数表中,从而实现电子控制系统中数表的自我学习和调整。

三、模糊控制

模糊控制是一种基于工程人员经验和知识的一种自然语言化的控制方法,具有非线性的特性。它还经常与PID控制算法配合使用组成模糊PID控制器。如同工程人员的手动调整一样,模糊控制器根据控制对象的输出量来判断是要使用最大控制量、使用最小控制量、还是采用中等偏上的控制量等。模糊控制算法在自动变速器电子控制系统中采用的实例如,三菱公司新的自动变速车“Fuzzy Shift 4AT”在自动变速器控制系统中加入了“模糊控制”的概念,自动变速器内的电子控制单元会根据收集到的行驶状况信息,通过模糊逻辑判断后,自动选择最适当的换挡方式。

第四节　控制软件开发流程与发展趋势

自动变速器电子控制系统的开发主要指以发动机、离合器、液力变矩器等为被控对象的电子控制系统软硬件单元设计。为了节约资源,缩短产品开发周期,一般应采取软硬件同步开发的方案。硬件开发一般由专门的TCU硬件开发厂商负责设计调试完成,它包括硬件描述、硬件设计、硬件调试等步骤。软件开发一般采用目前国际通用的“V”形开发流程(见图4-29),V代表Verification和Validation,即在整个开发过程中对控制算法不断进行验证和确认。V形开发流程包括功能设计及离线仿真、快速控制原型、目标代码生成、TCU测试、整车标定等几个阶段。

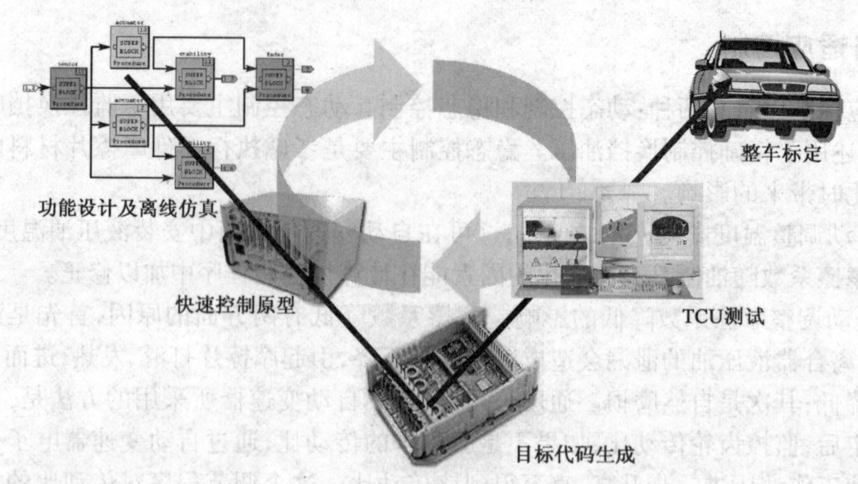

图 4-29 “V”形开发流程

一、功能设计及离线仿真

在 TCU 控制软件开发初期，需要基于整车和自动变速器系统数学方程，通过 Matlab/Simulink（或其他软件工具）建立自动变速器总成和整车的动力学模型，对控制对象模型进行整车动力系统匹配、液力变矩器选型和相应的燃油经济性、动力性的计算分析及动态仿真，加深对目标系统的理解。

明确系统控制要求和需求定义之后，按照 TCU 控制软件的模块划分，确定软件的基本构架，并通过 Matlab/Simulink 和 TargetLink Blockset 建立实现自动变速器控制策略和功能的控制模型，设计开发多种控制算法。此时建模以控制模型为主，控制模块使用 TargetLink 模块库下的子模块，并且注意把握建模的复杂程度，以确保在后续阶段自动生成代码的可靠性和运行效率。同时，通过搭建相应的车体模型，在计算机环境下建立起闭环系统，对单个控制模块或者整体控制软件进行离线的模型在环仿真（Model-in-the-Loop），验证算法的正确性和可靠性。

目前，通常使用 Matlab 系统工具箱的图形化建模开发和验证上层控制软件，并利用模块化的方式将控制软件划分为若干子模块，开发小组可以同时开发不同的功能模块，并且最大限度的发挥工程师在某个专属领域的长处。同时，开发模型可以供开发小组同时使用并进行修改，大大节省工程时间并降低了开发难度。

功能设计及离线仿真的流程如下：

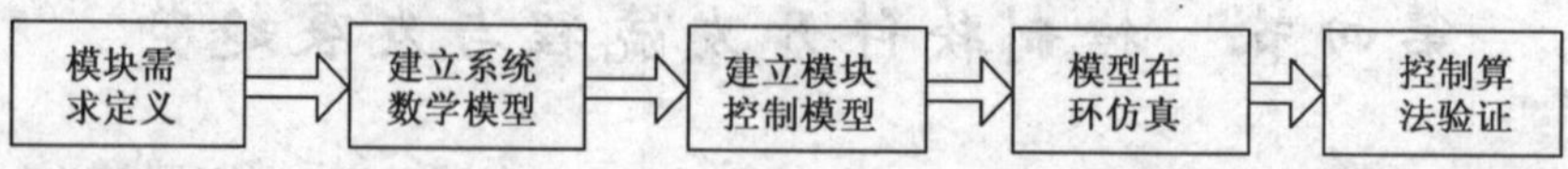

二、快速控制原型

TCU 控制软件的初始版本释放之后，需要实现离线控制算法到实时应用的过程。此时由于尚未获得真实的控制器，并且初始软件版本并不符合上车调试的要求，因此需要通过 dSPACE 硬件模拟传感器和执行器的电子特性，输出等同于真实传感器和执行器的电子信号，并借助通用的原型控制器，实现快速控制原型设计，通过及时发现并更改设计中的缺陷及错误，解决开发过程中硬件条件的限制。

通过 RTW、RTI 等辅助模块和自动代码生成工具，将控制算法生成实时代码，直接下载到通用原型控制器，并将整车动力模型下载到 dSPACE 硬件系统中，生成控制器原型仿真回路，将 dSPACE 系统作为控制算法及控制逻辑代码的硬件运行环境。该快速原型回路能够通过各种 I/O 与真实硬件联调，以研究系统的时间特性，确定 I/O 采样时间、软硬件中断等因素对系统的影响，为硬件提供参考依据。同时通过 dSPACE 丰富的软件工具，帮助用户进行硬件管理、自动试验、在线调整参数、实验过程数据的可视化等。

建立快速控制原型的流程如下：

三、目标代码生成

借助代码生成工具 TargetLink，从 Matlab/Simulink 框图模型自动生成大部分的产品级代码，同时通过手工编写少量代码。自动代码主要包含控制算法代码以及 CAN 网络通信相关代码。自动代码生成和基于处理器的代码优化，使工程师集中精力专注于产品的上层应用开发，大大节省了工程开发时间，自动代码可以达到手写代码一样的高效。

目标代码生成流程如下：

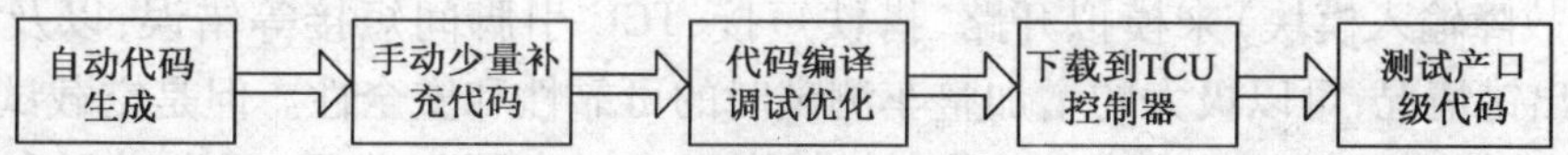

四、TCU 测试

TCU 测试根据测试环境和试验目标的不同，通常分为两个阶段进行。第一阶段为硬件在环仿真；第二阶段则为台架试验。

硬件在环（Hardware in the Loop）是指将已下载控制代码的 TCU 通过 I/O 连接至先前建立的环境模型（硬件在环仿真器），以取代通用原型控制器，并测试该 TCU 在各种工况下的功能性和稳定性，如图 4-30 所示。硬件在环仿真区别于快速控制原型的显著特征是：是否有真实的 TCU 控制器参与测试试验。

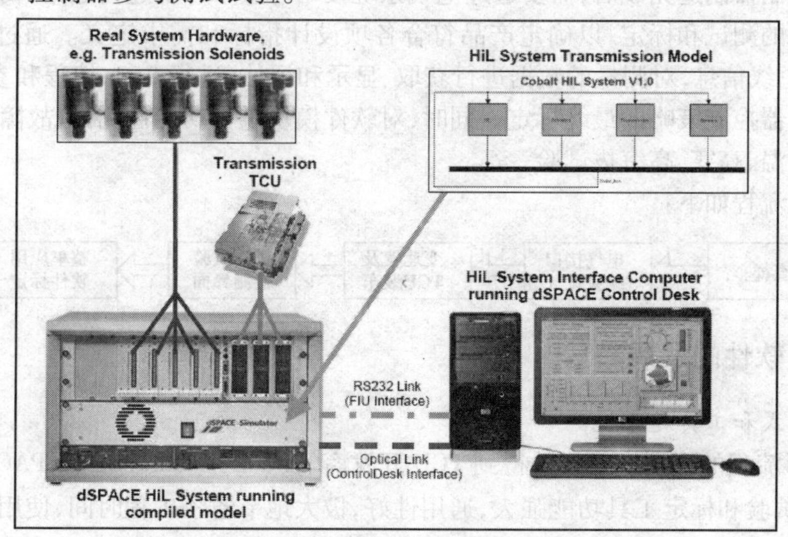

图 4-30　基于 dSPACE 系统的硬件在环回路

在控制算法开发初期,dSPACE 实时系统作为控制算法及逻辑代码的运行环境,搭建原型控制算法和控制对象间的桥梁。在产品型控制器完成后,通过 Matlab/Simulink 搭建 Plant Model(移植模型),供植入 TCU 控制软件的各个模块,并下载到 dSPACE DS1006 处理器板实时运行,与 TCU 控制器、dSPACE 硬件和电磁阀等负载端形成闭环系统。此时 dSPACE 实时系统仿真控制对象或外环境,并连接相关硬件,对控制器和负载进行故障注入测试和全面、详细地试验,即硬件在环仿真。硬件在环测试可以在更短的时间内进行更大范围和极限条件下的系统测试,有效地减少了原型车的投入数量和驾驶测试的里程,大大节省了开发资金和时间。

硬件在环仿真的流程如下:

TCU 测试第二阶段为台架试验。在样机和 TCU 控制器安装到试验台架后,首先在静态测试台架进行 I/O 接口系统调试和 TCU 本体测试。然后在空载旋转测试台架上安装实际传感器,对 I/O 接口系统进行调试。随后在 3E 电动机驱动测试台架上,对自动变速器的控制策略进行初步标定与开发,对软件模块进行功能性测试,进行故障处理测试及软件自适应调整。TCU 测试可进行临界条件测试和模拟极限工况,没有实际风险;并可通过软件(模型)、硬件(故障输入模块)来模拟开路、搭铁短接、TCU 引脚间短接等错误,以及模拟传感器、执行器出错情况,可以极大的增加整车测试时的可靠性和安全性。但是空载试验台架只能满足基本功能测试,而 3E 和 5E 测试台架耗资巨大。在开发费用、开发时间和实现预期效果上,需要 TCU 应用软件开发商斟酌和平衡。

台架试验流程如下:

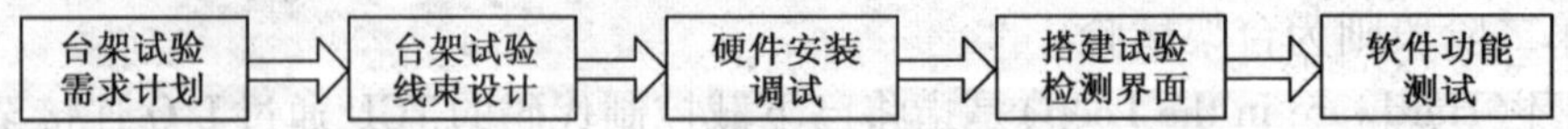

五、整车标定

产品型控制器制造完成后,需要通过电气系统接口与整车环境连接起来,构成完整闭环进行全面详细的测试和标定,以确定产品符合各项设计指标和需求定义。通过 CANape 软件监控 CAN 总线信息,对测量的数据进行获取、显示和评估,进行 flash 编程和参数修改,实现对自动变速器控制策略的最终标定。同时,对软件模块进行功能性测试、故障模式及失效分析测试和高温、高寒、高海拔试验。

整车标定流程如下:

六、控制软件的发展趋势

1. 开发模式和工具趋于统一

基于 V 形流程的开发模式日益得到 TCU 开发商的认可。Mathworks、dSPACE、Vector 公司软件开发、试验和标定工具功能强大,通用性好,极大地节省了工程时间,使用户集中精力关注上层软件的开发,因而得到广泛使用。

2. 先进理论应用于软件控制

模糊控制、神经网络控制、PID 控制及自学习理论开始应用于换挡模式选择和换挡策略计算，使软件控制逻辑更加合理。极大地提高了整车安全性、舒适性、动力性和燃油经济性，并满足用户的不同需求。

3. 应用层软件模块化开发

针对不同系统部件和控制需求，应用层软件开发越来越趋向模块化。模块划分更加明确，其独立功能也更加强大。模块化开发也为软件移植和继承提供了条件。

4. 应用层软件可移植性和通用性增强

随着应用层软件模块划分更加精确，软件需求定义及编写流程更加规范，软件的可移植性和通用性得到极大的增强。针对不同机械结构和液压原理的自动变速器方案，应用层控制软件经过合适的 I/O 接口修改和较少的控制逻辑调整，就能很好的运用于新产品的开发。

第五章 其他类型自动变速器

传统手动变速器具有良好的动力性和燃油经济性，但是由于换挡操作时劳动强度大，尤其在复杂的路况条件下，驾驶员易分散注意力，使发生交通事故的概率大大增加。另外，由于驾驶员的换挡操作水平不同，使得整车的动力性、燃油经济性以及污染排放性能存在较大差异，从而导致能源浪费和环境污染。自动变速器具有操作简单、驾驶舒适、节约能源、减少驾驶员疲劳等诸多优点，近几年得到了快速发展。装有自动变速器的汽车能根据路面状况自动变速变矩，使驾驶员可以全神贯注地注视路面交通，提高了行车安全性，已成为现代轿车配置的一种发展方向。

目前，汽车上广泛使用的技术比较成熟的自动变速器主要有液力自动变速器、电控机械自动变速器、无级自动变速器和双离合自动变速器等。

液力自动变速器(Automatic Transmission，简称 AT)技术成熟、换挡舒适性好，但结构复杂、传动效率低、维修成本高、生产投资规模大的缺点不容忽视。电控机械自动变速器(Automated Mechanical Transmission，简称 AMT)是在传统的机械式齿轮变速器基础上实现自动换挡操作，具有传动效率高、操纵方便等优点；且生产继承性好、开发费用低，已成为研究和开发自动变速器的热点。但其换挡性能较差，换挡时必须切断动力传递，因此，限制了它的发展和应用。无级变速器(Continuously Variable Transmission，简称 CVT)结构简单、体积小、质量轻，解决了液力自动变速器传动效率低的问题，具有良好的行驶动力性和燃油经济性。但生产工艺复杂、传动带寿命较低、制造和维修成本高，并且受到传递力矩较小的限制，目前只在少量的中小排量汽车上应用。双离合自动变速器(Double Clutch Transmission，简称 DCT，或 Direct Shifting Gear，简称 DSG)是近几年投入量产的新型自动变速器，DCT 几乎具有 AMT 的所有优点，且换挡时不切断动力传递，油耗低，因此具有广阔的应用前景。混合动力系统(Hybrid Power System，简称 HPS)是近几年发展起来的混合动力车辆的能量传递系统，它具有两个或两个以上的动力源，在车辆行驶过程中能够根据路面状况调整动力传递路线，排气污染小，经济性好，具有广阔的发展前景。

本章将介绍电控机械自动变速器、无级自动变速器、双离合自动变速器的基本结构、工作原理、主要特点以及关键技术，同时对混合动力传动系统的主要布置形式和结构特点进行简单介绍。

第一节 电控机械自动变速器 AMT

电控机械自动变速器 AMT 是在原有机械变速器基本结构不变的情况下，通过加装微机控制的自动操纵机构，取代原来由驾驶员人工完成的离合器分离与接合、摘挡与挂挡以及发动机的转速同步调节等操作,最终实现换挡过程的操纵自动化。在 AMT 中,微机代替了熟练驾驶员的大脑,多种传感器代替了人的感觉神经,电液、电气或全电的执行机构代替了驾驶员的手和脚的操作。AMT 的主要特点是改变了手动变速器的手动换挡操纵部分,通过设计和安装电控系统、传感器以及相应的执行机构,使原手动变速器的离合器操纵机构和变速器换挡机构的操纵完全实现自动化,同时对发动机的节气门实现柔性控制技术,即线控技术(Drive-By-Wire,DBW)。由于 AMT 仍采用原有的机械传动系统,所以齿轮传动固有的效率高、结构紧凑、工作可靠等优点被很好地继承了下来,因此,AMT 具有强大的竞争力和广阔的市场前景。

以我国现有的工业加工制造水平,很难满足 AT 的技术条件和加工精度。而 AMT 既具有液力自动变速器自动变速的优点,又保留了原手动变速器齿轮传动高效率、低成本、结构简单等优点;AMT 保留了 MT 变速器的大部分原有总成部件,生产继承性好,改造的投入费用少,是一种非常适合我国国情的机、电、液一体化的高新技术产品。与 AT、CVT 等其他自动变速器相比,AMT 的性价比较高,在中低挡轿车、城市客车、军用车辆、载货汽车等方面具有广阔的应用前景。

一、电控机械自动变速器的分类

目前,按照执行机构动力源的不同,电控机械自动变速器主要有电控液动、电控电动和电控气动 3 种控制方式。

1. 电控液动 AMT

电控液动 AMT 的执行元件主要是液压缸和液压阀,在电控液动 AMT 中,液压系统根据电控单元的指令控制执行机构自动地完成离合器分离、接合以及变速器的选挡和换挡等动作。它不仅需要执行机构,同时还需要液压泵和蓄能器等部件。电控液动 AMT 的选换挡系统具有控制精度高、响应快、操作方便、易于空间布置、便于实现安全保护等优点,并且具有一定的抗冲击和振动能力。但由于温度的变化对工作液的性能(黏度、摩擦系数等)影响较大,因此电控液动 AMT 在北方寒冷地区的使用会受到一定的限制。例如,温度降低时,液压油黏度增大,阀出口压力增大,回油量减小,离合器的接合速度减小,导致汽车刚开始起步时加速度较小。另一方面,液压系统中液压元件的加工精度要求高,且工艺复杂,对液压油的品质、密封性和抗污染性能都有较高的要求。

电控液动自动变速器是目前应用最广泛的一种电控机械自动变速器。图 5-1 所示为某电控液动自动变速器的外形图。

2. 电控电动 AMT

由电动机驱动节气门、离合器以及选换挡装置等执行机构的 AMT 称为电控电动 AMT(图 5-2)。近年来,随着电子控制技术的不断发展以及电子产品性能的不断完善,使得变速控制系统中采用电动机驱动成为可能。通常情况下,电控单元将控制指令输入电动机,电动机则根据控制指令控制执行机构的动作。例如可以选用两个直流电动机实现选挡、换挡和离合器控制。

电控电动 AMT 的执行机构与电控液动 AMT 相比,具有结构简单、控制灵活、能耗小、成本低等诸多优点。但其突出缺点是电动机的执行动作没有液压系统精确,且选、换挡动作比较迟缓。

近年来,工程技术人员采取多种手段对 AMT 的执行机构进行优化设计,电控液动执行机构的体积和质量越来越小,但仍然较电控电动执行机构大,需要占据更多的发动机舱内空间,在体积上处于劣势。因此,电动执行器和液压执行器一直都是AMT研究的热点。

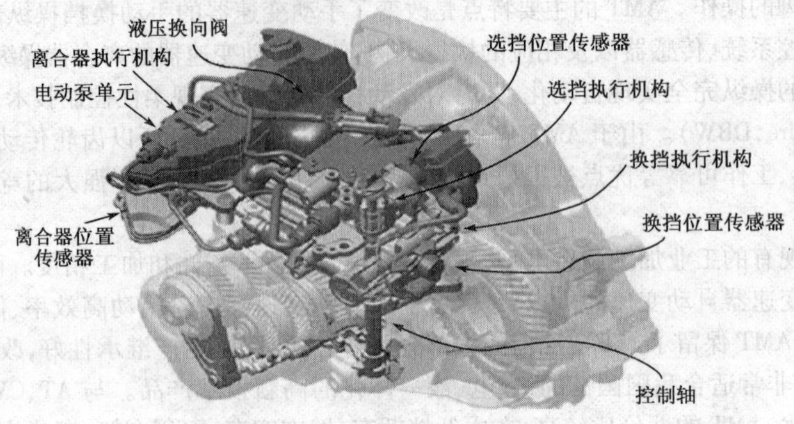

图5-1 电控液动AMT示意图

3. 电控气动AMT

电控气动AMT的执行元件主要是气动电磁阀和气动工作缸,由于其体积大和质量较大,反应慢,所以在现代轿车的AMT中很少采用电控气动式控制方式。但当汽车上有现成的储气罐时,通常采用电控气动执行机构,此时气动能源可以直接由储气罐提供,不需要额外的能源装置,如重型汽车上普遍采用电控气动AMT。气动系统是根据电控单元的指令控制电磁气阀,使执行机构自动地完成离合器分离、接合和变速器选挡和换挡等动作。

图5-2 电控电动AMT外形示意图

二、电控机械自动变速器的基本结构和工作原理

广义地讲,电控机械变速器AMT主要有以下3种基本类型,即自动离合手动变速器(Auto-clutch Manual Transmission,简称AcMT)、单离合器手自动一体变速器(Single Clutch Automated Manual Transmission,简称AMT)以及双离合器手自动一体变速器(Dual Clutch Automated Manual Transmission,简称DCT),基本上都属于平行轴式齿轮变速结构,无论在设计技术或者生产技术上均有相同的特征。AcMT实际上是半自动离合器,由于其离合器的控制相对简单,本书不做详细介绍。DCT的基本结构和工作原理在本章的第三节介绍,下面我们来分析单离合器手自动一体变速器AMT的基本结构和工作原理。

1. 电控机械自动变速器的基本结构

由于AMT是在原手动有级齿轮变速器和干式摩擦离合器构成的有级机械变速器MT基础上开发的,所以它要求有一套能取代手动换挡机构的控制执行机构,这套机构可以由电力的、电液的或气动的元件组成,目前汽车上常用电子控制和电液控制两种形式。因此,AMT的基本组成可以分为硬件系统和软件系统两大部分,图5-3所示为AMT系统结构示意图。

1)硬件系统

AMT硬件系统主要包括传感器、电子控制单元、变速控制执行机构和控制对象等。

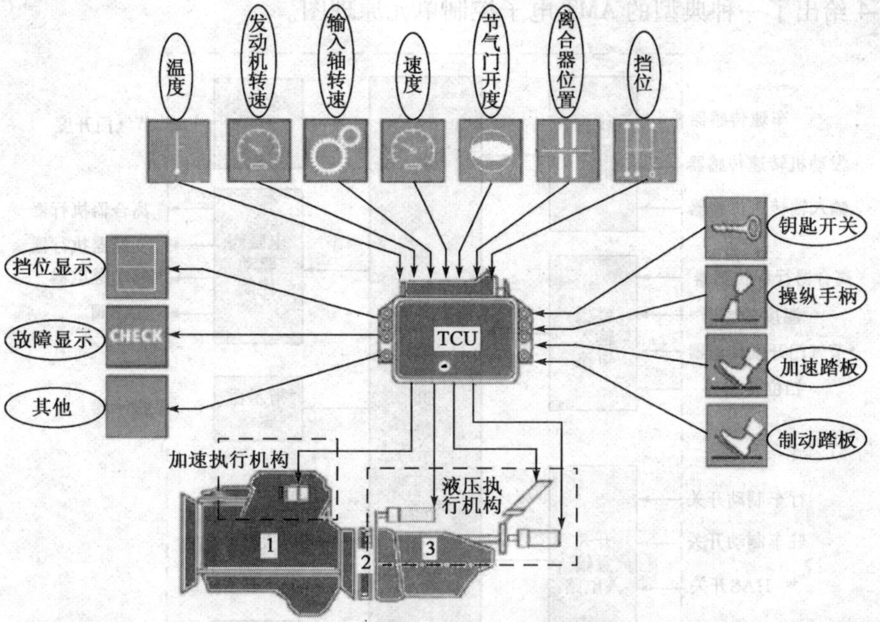

图 5-3 AMT 系统结构示意图

1-发动机;2-离合器;3-变速器

(1)传感器:传感器用于实时监测车辆运行状态,采集 ECU 控制所需的各种车辆信息,同时将采集到的信号转换成 ECU 能够识别的信息,便于 ECU 进行处理,并对车辆的行驶工况进行实时调整。AMT 的传感器主要包括速度传感器(发动机转速传感器、输入轴转速传感器、车速传感器等)、加速踏板位置传感器、节气门位置传感器、挡位传感器、离合器位置传感器等。随着控制理论的不断完善和控制精度的不断提高,AMT 系统所使用的传感器数量也在不断增加。表 5-1 给出了 AMT 常用的一些传感器。

AMT 常用的传感器 表 5-1

传 感 器	信 号 种 类	传感器类型
车速传感器	脉冲	磁电式或霍尔式
发动机转速传感器	脉冲	磁电式或霍尔式
中间轴转速传感器	脉冲	磁电式或霍尔式
加速踏板传感器	模拟	电位计
节气门位置传感器	模拟	电位计
离合器行程传感器	模拟	电位计
挡位传感器	模拟	电位计
挡位选择传感器	接点	选择开关
油温传感器	模拟	电位计

(2)电子控制单元 ECU:ECU 是 AMT 的核心,不同汽车所用 AMT 的主要区别就是电子控制单元。ECU 接收传感器采集到的信号并进行计算和处理后,依据换挡规律、离合器控制规律、发动机节气门自适应调节规律等产生的输出信号,对节气门、离合器、换挡阀等执行机构发出指令进行综合控制,以实现驾驶员的操作意图,其控制过程基本是模拟驾驶员的操

作。图 5-4 给出了一种典型的 AMT 电子控制单元原理图。

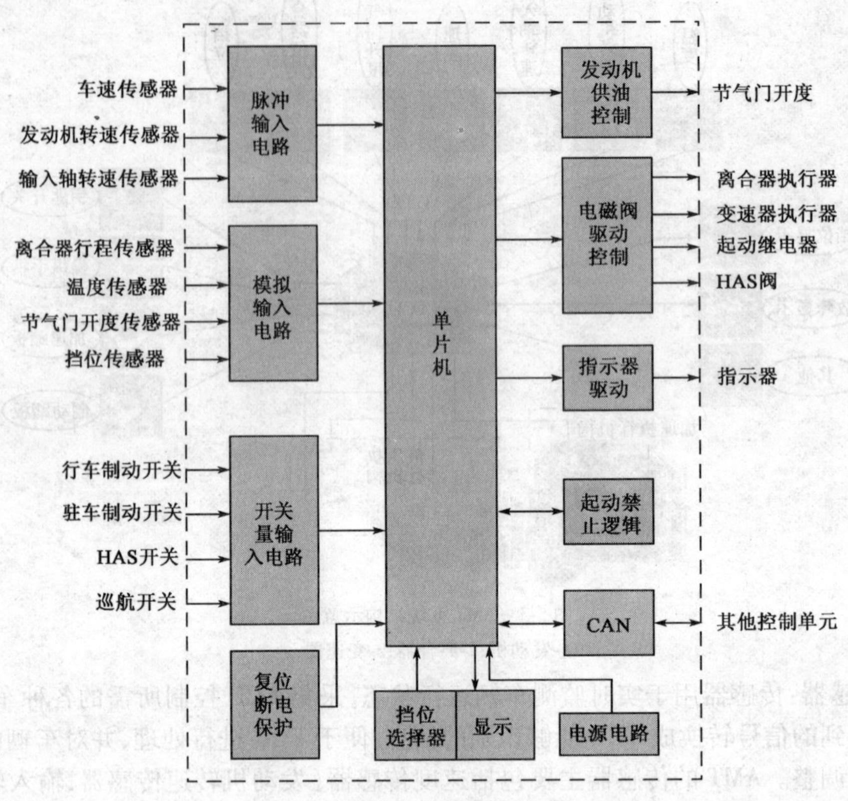

图 5-4 AMT 的电子控制单元原理图

(3)变速控制执行机构：执行机构主要由选、换挡执行机构、离合器分离、接合执行机构和节气门执行机构三部分组成，其作用是按照控制系统的指令完成各种动作。通常情况下，选、换挡执行机构和离合器执行机构有气动式和液动式两种，可根据原车的具体情况确定采用哪种方式；节气门执行机构由步进电动机或磁电式电动机驱动。

变速控制执行机构的主要部件包括电动机、电磁阀、液压缸(离合器工作缸和选、换挡油缸)以及各种液压阀等。

(4)控制对象：AMT 的主要控制对象是发动机、离合器和变速器。发动机特性不仅是制定换挡规律的依据，也是实现汽车平稳起步、换挡控制的保证；离合器的转矩传递特性是确定离合器接合规律的依据，而其滑摩特性则对离合器的控制过程产生重要影响；变速器传动比和同步器摩擦力矩将影响 AMT 的换挡品质。

2)软件系统

软件系统是 AMT 控制系统的基础，由实现控制策略的软件模块组成，它按照一定的顺序处理各种信号。AMT 软件系统的主控程序原理图如图 5-5 所示。

2. 电控机械自动变速器的工作原理

AMT 根据驾驶员意图(如操纵加速踏板、制动踏板、选择器开关或控制面板等)、车辆的工作状态(发动机转速、车速、挡位等)和道路路面状况(如坡道、弯道或起步、停车、倒车等)，依据适当的控制规律(换挡规律、离合器接合规律等)，控制相应的执行机构(节气门执行机构、离合器执行机构、变速器执行机构等)，来实现车辆动力传动系统(发动机、离合器、变速器等)的自动操纵。AMT 的基本控制原理如图 5-6 所示。

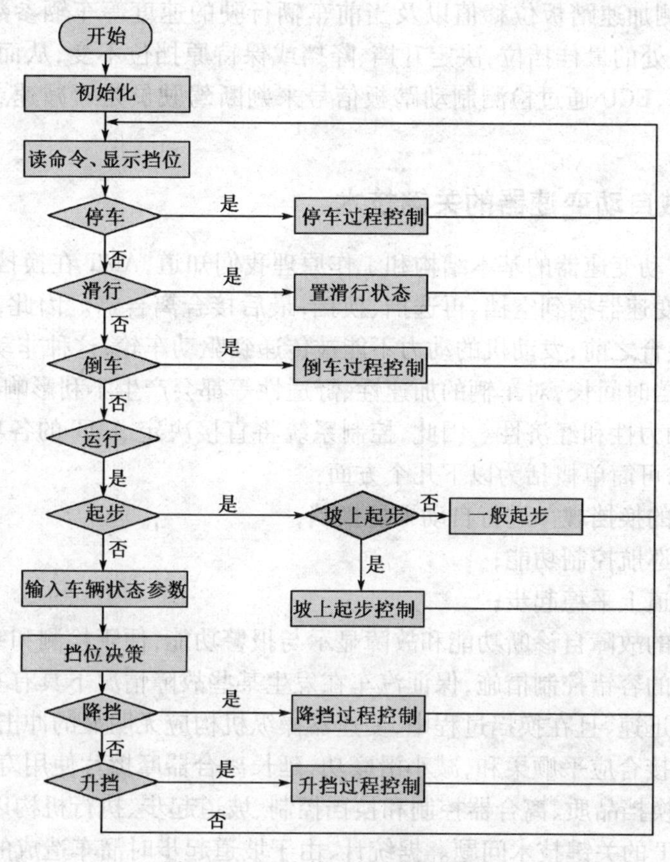

图 5-5　AMT 主控程序的流程原理图

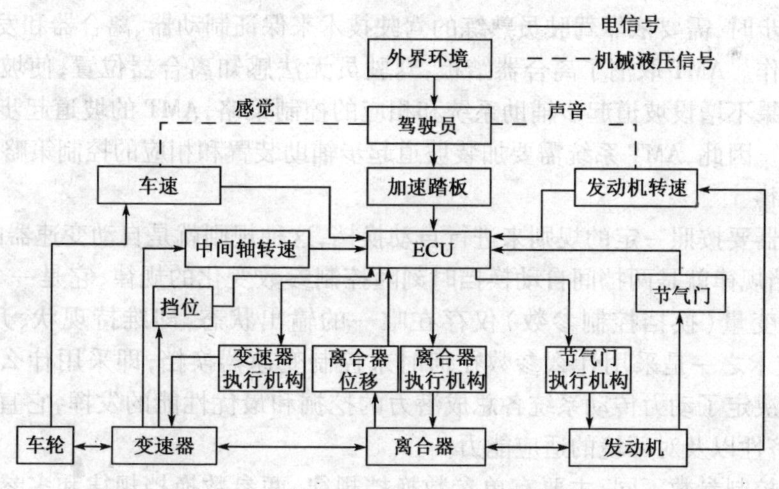

图 5-6　AMT 的基本控制原理示意图

例如，驾驶员在驾驶车辆过程中，不断感知车辆行驶的外部环境（如上下坡、路面附着系数、弯道状况等）和车辆本身的工作状态，通过操纵加速踏板、制动踏板和选择器开关等，将起步、停车、倒车等意图以电信号的方式传输给电控单元 ECU。ECU 采集输入信号后，经过运算、判断和决策等信息处理，对执行机构发出控制指令，执行机构按照接收到的控制指令完成相应的执行动作。例如，驾驶员对加速踏板的控制通过加速踏板位移传感器传递给

ECU,ECU 通过所测加速踏板位移值以及当前车辆行驶的速度等车辆参数,再根据自动换挡规律判断车辆应处的最佳挡位,决定升挡、降挡或保持原挡位不变,从而达到加速或减速的目的。另一方面,ECU 通过检测制动踏板信号来判断驾驶员是否减速或者停车,进而采取相应的措施。

三、电控机械自动变速器的关键技术

由电控机械自动变速器的基本结构和工作原理我们知道,AMT 在换挡过程中首先要分离离合器,然后将变速器摘到空挡,再选挡、换挡,最后接合离合器。因此,从离合器分离直到离合器再重新接合之前,发动机的动力不能被传递到驱动车轮,这种非动力换挡车辆必然产生减速度,且换挡时间长,对车辆的加速性、舒适性等都会产生不利影响,进而影响到换挡品质以及车辆的动力性和经济性。因此,控制系统将直接决定 AMT 的各项使用性能,其基本功能和设计要求可简单概括为以下几个方面:

(1)按照设计的换挡规律进行自动平稳换挡;

(2)具有自动巡航控制功能;

(3)能够在坡道上平稳起步;

(4)具有一定的故障自诊断功能和故障显示与报警功能,便于检测和维修;

(5)具有一定的容错控制措施,保证汽车在发生某些故障情况下具有基本的行驶能力;

(6)换挡过程迅速,且在换挡过程中,变速器操纵机构应无明显的冲击和噪声;

(7)离合器的接合应平顺柔和,减小滑摩功,延长离合器摩擦片使用寿命。

而换挡规律、换挡品质、离合器控制和换挡控制、坡道起步、执行机构以及故障应急处理技术成为研究 AMT 的关键技术问题。据统计,由于坡道起步时溜车造成的车辆事故呈逐年上升趋势。因此,坡道起步控制是 AMT 产品化的一项关键技术。我们知道,手动变速器汽车在坡道上起步时,需要依靠驾驶员熟练的驾驶技术来保证制动器、离合器和发动机加速踏板三者协调工作。AMT 取消了离合器踏板,驾驶员无法感知离合器位置,使坡道起步控制更加困难。如果不增设坡道起步辅助系统和相应的控制策略,AMT 的坡道起步将会出现意想不到的问题。因此,AMT 系统需要加装坡道起步辅助装置和相应的控制策略。

1. 换挡规律

自动变速器要按照一定的规则来进行自动换挡,这种规则就是自动变速器的换挡规律。换句话说,换挡规律就是两挡间自动换挡时刻随控制参数变化的规律,它是一个单值函数,对每一组输入变量(换挡控制参数)仅存在唯一的输出状态,即维持现状、升挡或降挡。AMT 的关键技术之一是采用什么参数在何时来控制变速器换挡,即采用什么样的换挡规律。换挡规律决定了动力传动系统各总成潜力的挖掘和最优性能的发挥,它直接影响整车的动力性、经济性以及对环境的适应能力。

按照换挡控制参数不同,主要有单参数换挡规律、两参数换挡规律和多参数换挡规律等;根据优化目标的不同,主要有最佳动力性换挡规律、最佳经济性换挡规律和综合型换挡规律等,综合型换挡规律是按照中小节气门开度下采用最佳经济性换挡,大节气门开度下采用动力性换挡的设计原则,同时根据路面状况设计的综合换挡规律。相关内容在第四章中已经介绍,这里就不再重复。

2. 换挡品质

研究 AMT 换挡品质的主要目的有 3 个,即①提高换挡过程的平顺性,使驾驶和乘坐都更加舒适;②减少离合器摩擦片的磨损,提高换挡接合元件的工作可靠性和使用寿命;③减小换挡时传动系统的冲击和动载荷,改善零件工作环境。

1)换挡品质评价指标

换挡品质是变速器换挡过程中离合器、同步器等传力元件振动和冲击程度的一项评价指标。如果研究对象是乘客或驾驶员,换挡品质评价指标主要是人的主观感觉,主观感觉评价因人而异,与年龄、性别、驾驶经验等多种因素有关,具有随意性和主观性,不适合单独用于换挡品质评价;如果研究对象为汽车,则换挡品质评价指标主要采用车辆冲击度和传动系统动载荷,部分情况下还考虑车辆的灵敏度等,这些评价指标容易测量和控制,可以直接应用于换挡品质的评价。具体体现在以下几个方面:

(1)换挡时间。换挡时间是指从发出换挡指令开始至换入目标挡位后离合器完全接合,完成整个换挡操作的总时间。根据离合器的换挡过程,换挡时间可以分解为以下几个阶段:

$$t_s = t_1 + t_2 + t_3 + t_4 + t_5 \tag{5-1}$$

式中:t_s——换挡时间,s;

t_1——换挡开始时,发动机节气门开度减小,离合器分离的时间,s;

t_2——摘原挡位至空挡的时间,s;

t_3——同步时间,s;

t_4——挂入新挡时间,s;

t_5——离合器接合,发动机恢复加速时间,s。

若要求换挡迅速,应减小换挡时间;反之若要求换挡平稳,则应适当延长换挡时间。

换挡时间是反映汽车换挡品质的主要指标之一,它的存在使动力传递中断并导致车辆速度降低,直接影响汽车的动力性和乘坐舒适性。

(2)滑摩功。滑摩功是主、从动摩擦副摩擦表面之间滑动摩擦力做功的大小,反映了主、从动摩擦副的磨损情况。滑摩功的计算公式为:

$$W_{st} = \int_0^{t_{st}} T_f(\omega_t - \omega_0)\,dt \tag{5-2}$$

式中:t_{st}——滑摩时间,s;

T_f——摩擦力矩,N·m;

ω_t——摩擦副主动部分转速,r/min;

ω_0——摩擦副从动部分转速,r/min。

滑摩功是耐久性评价指标之一。滑摩功越小,离合器或同步器的使用寿命越长。

(3)冲击度。车辆行驶过程中由于速度的不断变化在车辆行驶方向产生一定的冲击,通常选择纵向加速度的变化率作为换挡品质的评价指标,称为冲击度。根据定义,其计算公式为:

$$J = \frac{da}{dt} = \frac{d^2v}{dt^2} = \frac{rd^2\omega_0}{i_0 dt^2} = \frac{r}{i_0 J_w}\cdot\frac{d(T_t i_g)}{dt} \tag{5-3}$$

式中:J——车辆冲击度,m/s^3;

v——车辆速度,m/s;

a——车辆加速度,m/s^2;

r——轮胎半径,m;

ω_0——变速器输出轴角速度,rad/s;

i_0,i_g——分别表示主减速器传动比和变速器传动比;

J_w——与变速器输出轴相连部分的转动惯量,kg·m²;

T_1——离合器输出轴转矩,N·m。

对于某一特定车辆,$\frac{r}{i_0 J_w}$为定值,车辆冲击度主要由离合器输出轴转矩和变速器传动比决定。换挡过程中输出转矩变化越大,产生的冲击度越大。

换挡时,离合器处于分离状态,且换挡同步过程产生的冲击很小,对整车的行驶平顺性影响较小,它主要对换挡操作机构的平稳性产生影响。而离合器接合阶段产生的冲击对车辆行驶平稳性产生较大的影响。

(4)传动系统动载荷。从汽车的行驶方程式不难推出,变速器的输出转矩 T_b 与换算到变速器的滚动阻力矩、坡道阻力矩、空气阻力矩和加速阻力矩之和相等。当汽车在水平道路上行驶时,换挡前后瞬时车速变化不大,可认为滚动阻力矩和空气阻力矩为常数,坡度阻力矩为零,于是,

$$T_b = (T_f + T_w) + T_j = A + B\frac{dv}{dt} \tag{5-4}$$

式中:T_f——滚动阻力矩,N·m;

T_w——空气阻力矩,N·m;

T_j——加速阻力矩,N·m;

A、B——常数,对于不同的汽车,A、B 取不同的数值。

此式说明变速器的输出转矩与车辆纵向加速度呈线性关系,即传动系统的动载荷与车辆纵向加速度呈线性关系,而与冲击度无关。

需要特别说明的是,换挡品质评价指标是相互联系的矛盾统一体。AMT 换挡品质要求换挡平顺(冲击度小),但从提高车辆动力性的角度出发,要求动力中断时间短(换挡时间短),这样就有可能产生较大的冲击度。若追求换挡平顺,则要求换挡时间相对长些,但这样就有可能导致离合器、同步器的滑摩功增加,影响其寿命。因此,AMT 换挡品质研究的重点就是如何在这些评价指标之间找到平衡点。

2)换挡品质控制

换挡品质控制的对象主要有发动机的工作状态、换挡过程中接合元件的工作时序和油压变化规律等。发动机的工作状态主要通过转矩和转速进行控制,使用的方法有节气门控制、点火延迟控制和切断燃油供给控制等。转速控制方法主要是发动机转速的闭环控制。

为提高电控机械式自动变速器换挡过程的平顺性,减小冲击度,提高换挡品质,在 AMT 的换挡控制系统中应主要考虑换挡时序、离合器与发动机的协调等问题。例如,尽可能保证换挡过程中发动机的运行与变速器换挡相匹配,在对离合器的分离和接合速度进行控制的同时,实现对发动机转矩的控制,从而改善换挡品质,延长离合器使用寿命。对于动力换挡传动装置,重点解决以下 3 个方面的问题:

(1)换挡过程中接合、分离元件的定时问题。

(2)换挡过程中有关接合、分离元件的油压控制问题。

(3)惯性能量所引起的冲击问题。

3. 离合器控制和换挡控制

1)离合器控制

离合器控制是AMT开发中的关键技术之一。通常情况下控制目标包含两方面的内容,一是要提高换挡过程中离合器接合的平稳性,减少滑摩功,延长使用寿命;二是要控制离合器接合速度,尽量避免发动机转速的波动。

图5-7为一典型的离合器液压控制系统示意图。离合器控制回路由1个离合器液压缸、1个两位两通普通电磁阀V1、两个两位两通高速开关电磁阀V2和V3组成。V1控制离合器的分离;V2和V3控制离合器以不同速度接合,选用不同流量的电磁阀可以改变离合器控制性能。通过V2、V3电磁阀对流量的连续控制可以达到比较满意的离合器接合效果。

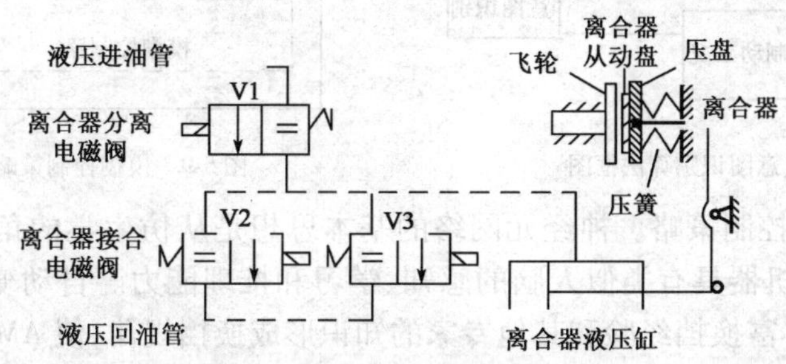

图5-7 离合器液压控制系统示意图

例如,当V1通电而V2、V3断电时,主油道中压力油便通过该阀进入离合器液压缸右腔,活塞左移,通过连接机构压缩离合器的压簧使离合器分离;当V1断电而V2、V3尚未接通时,离合器可保持分离状态不变;当V1断电,V2、V3中有一个或两个通电而开启时,液压缸油缸中的液压油便在离合器压簧恢复力的作用下流回油箱,离合器接合。

2)换挡控制

换挡控制是自动变速器控制技术的关键。根据前面的分析,无论是基于稳定行驶工况的单参数、两参数换挡规律,还是基于动态过程的三参数换挡规律,都没有考虑驾驶员操作意图和汽车行驶环境的影响。近年来,随着智能控制理论的不断发展,不少学者将此项技术引入到汽车的换挡控制研究中。目前,基于智能换挡控制策略的研究主要有3个方面:①基于智能控制理论的自动识别技术,识别当前行驶中的驾驶员意图和汽车行驶环境,以此调整或选择合适的换挡规律并进行换挡控制;②基于专家系统的换挡策略控制,即利用相关专家的知识和驾驶员的驾驶经验形成模糊推理规则,然后按照当前汽车行驶状态,直接推理进行换挡控制;③基于仿生学研究的神经元网络控制技术等。

(1)驾驶员意图识别控制策略。通常情况下,驾驶员驾驶汽车采用大节气门开度或急踩加速踏板时,表明他希望得到很强的加速性能,此时自动变速系统应选择最佳动力性换挡规律;当节气门开度不大,汽车在平直公路上高速行驶时,表明他需要较好的燃油经济性,此时应选择最佳经济性换挡规律。然而在实际行驶过程中驾驶员意图不仅只有这两种情况,而是需要能够兼顾动力性和经济性的模糊换挡规律,我们可以用[0,1]中的一个实数来描述这种驾驶员的意图,称之为“权数”。如果用α表示经济性权数,则相应的动力性权数为$1-\alpha$。显然,最佳动力性换挡规律的经济性权数为0,而最佳经济性换挡规律的经济性权数为1。图5-8为某驾驶员意图识别算法框图。

(2)模糊控制策略。由于自动变速系统本身的复杂性,很难建立精确的换挡控制数学模型。如果采用模糊控制方法将熟练驾驶员的经验形成控制语言规则，并选择合适的语言变量和隶属函数对语言规则数值化，然后通过模糊推理、模糊判断获得相对较为精确的输出控制，图 5-9 为一典型的模糊控制策略算法示意图。模糊控制策略不需要知道被控对象的精确数学模型，只要求提供专家的经验知识和驾驶员的操作数据。将熟练驾驶员的起步、换挡技巧通过模糊控制应用于 AMT 的换挡控制系统，可以减少不必要的换挡，进而延长传动系统的使用寿命。

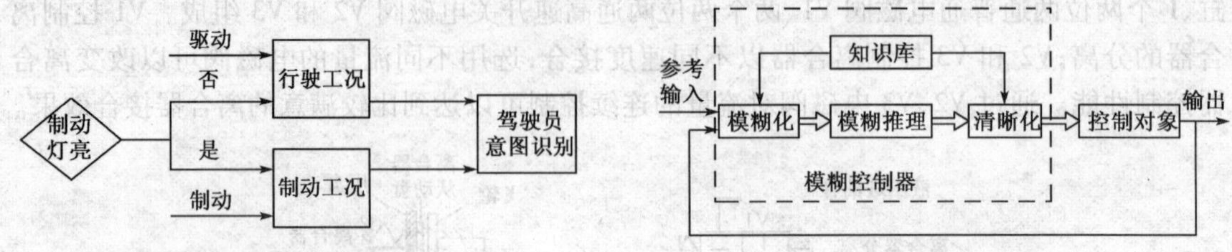

图 5-8　驾驶员意图识别算法框图

图 5-9　模糊控制策略算法示意图

(3)神经元网络控制策略。神经元网络的基本思想是从仿生学的角度，模拟人脑神经系统的工作模式，使机器具有类似人脑的感知、学习和推理能力。自动变速器的 ECU 通过学习熟练驾驶员的丰富换挡经验和其他专家的知识形成换挡规律，使 AMT 在换挡决策过程中能够考虑更多的因素和指标，使挡位选择更加接近于驾驶员的操作过程。但是由于换挡规律的形成需要一定的时间，所以神经网络控制的实时性不如其他控制策略。

图 5-10 为一典型的 j 个输入参数、n 个挡位的 AMT 神经元网络控制逻辑框图。首先，对输入参数 I_1、I_2、I_3、$\cdots I_j$ 进行归一化处理；然后，利用软件（如 MATLAB）对其进行训练，并把训练结果所包含的分类规律存储在神经网络控制器；最后，换挡控制逻辑部分依据神经元网络输出信号 G_1、G_2、G_3、$\cdots G_i$、驾驶员命令、制动和换挡信号等形成换挡处理，给出换挡逻辑控制信号到驱动系统并驱动换挡执行机构完成换挡动作。

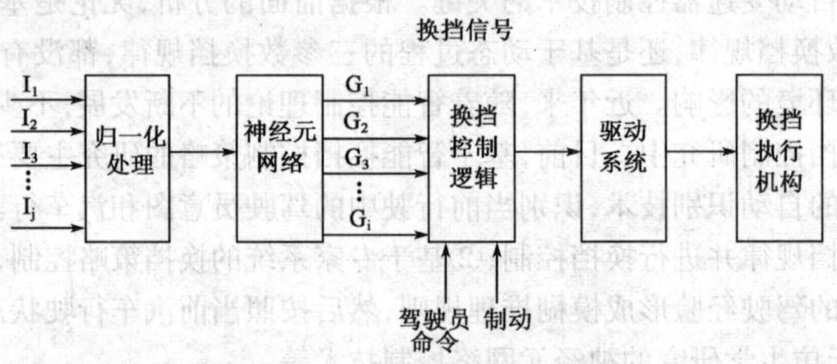

图 5-10　神经元网络控制逻辑框图

4. 执行机构

前已述及，AMT 是在手动齿轮变速器的基础上加上自动操纵机构，其自动操纵机构的设计很大程度上决定着 AMT 性能的优劣。我们知道，变速器的自动操纵动作通常由气动、液动或电动控制的执行机构完成，这些机构主要包括选、换挡执行机构和离合器执行机构两部分。执行机构的动态性能，如快速响应性、响应的准确性、动态稳定性等都直接影响汽车起步、换挡品质和系统工作的可靠性。因此，根据系统的工作特点和使用要求，对执行机构的结构参数进行动态优化设计是 AMT 产品化过程中的一个关键技术环节。

著名的德国 LuK 公司把电控电动离合器执行机构和电动选换挡执行机构作为未来

AMT 的标准部件。该公司自动变速器系列中各种产品都安装了电动离合器管理系统 ECM (Electronic Clutch Management),从最初的电控液动 ECM 发展到电控电动 ECM。电控电动 ECM 的离合器执行机构主要包括传统的涡轮蜗杆式、螺杆式以及杠杆式等结构形式,如图 5-11 所示。LuK 公司通过对该系列变速器的执行机构部件进行优化设计,其性能不断改进,使响应性、稳定性、控制精度等都有所提高。

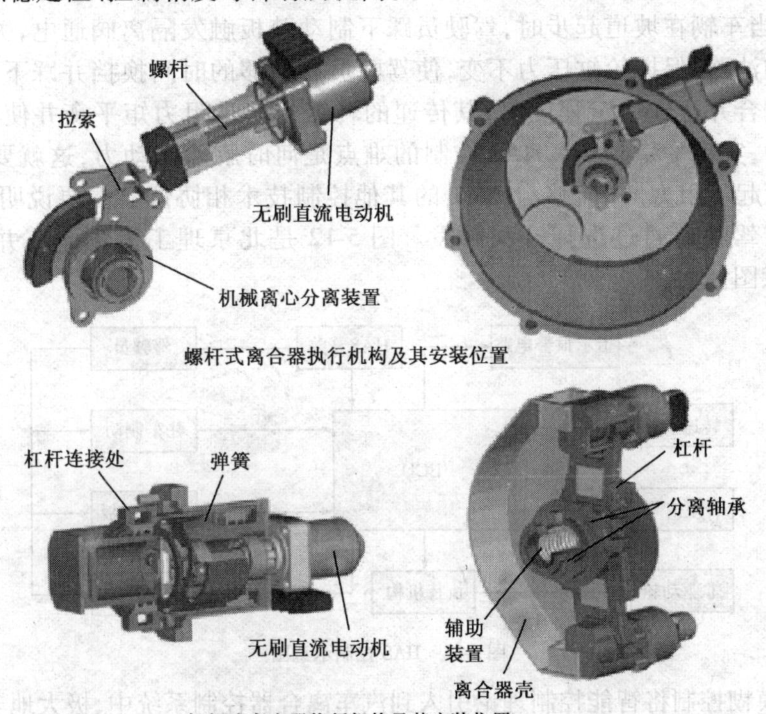

图 5-11 AMT 离合器执行机构示意图

国内对 AMT 离合器执行机构的研究,主要集中在电控液压执行机构和电控电动执行机构两种形式,其基本结构和原理大体相同。目前的研究重点主要集中在提高执行机构系统的可靠性、响应性、适应性和降低系统成本上。

5. 坡道起步控制

车辆起步过程是通过离合器摩擦片间逐步增加的摩擦力,将发动机动力平缓地传递到汽车的驱动轮以克服地面阻力,从而实现车辆由静止到运动的过渡过程。坡道起步控制是 AMT 产品化的关键技术之一。对于坡道起步,机械式变速器是依靠驾驶员熟练的驾驶技术使离合器接合、制动释放、发动机加速三者协调工作来实现顺利起步的;而对于 AMT 系统由于取消了离合器踏板,驾驶员无法感知离合器位置,使坡道起步控制变得更加困难。

AMT 坡道起步控制的关键问题是离合器的接合控制,而在汽车静止起步过程中,影响离合器接合过程的因素很多,关系亦相当复杂,如驾驶员的起步意图、路面状况、起步控制品质、系统的响应时间以及控制系统的实时性等;此外,离合器接合过程中的 3 个主要阶段,即空行程阶段、滑摩阶段和同步阶段将直接影响到汽车的坡道起步控制,它们也是 AMT 坡道起步控制的难点。

当停放在坡道上的汽车起步时,AMT 的控制目标是释放驻车制动按钮。ECU 根据发动机节气门开度、离合器、发动机转速等信号，控制执行机构在适当的时刻释放驻车制动，并防止车辆后溜和发动机熄火，减少驾驶员的操作难度。

目前，坡道起步主要是加装坡道起步辅助系统 HAS（Hill - start Assist System），HAS 可有效避免车辆在坡道上起步时，驾驶员松开制动踏板到踩下加速踏板过程中后溜现象的发生。典型的 HAS 是通过控制位于制动主缸和轮缸之间的隔离阀通断，实现坡道起步辅助功能，即当车辆在坡道起步时，驾驶员踩下制动踏板触发隔离阀通电，关闭制动主缸至轮缸方向的油路，保持轮缸压力不变，使驾驶员有足够的时间换挡并踩下加速踏板；当离合器进入接合并达到一定程度时，其传递的转矩与起步阻力矩平衡并使隔离阀断电，迅速解除制动，实现平稳起步。HAS 控制的难点是何时解除制动力，这就要求控制系统能够准确辨识起步阻力，并能够与 AMT 的其他控制技术相协调。需要说明的是 HAS 的控制功能需要驾驶员通过选择开关触发。图 5-12 是北京理工大学研究并开发的一种 HAS 控制示意图。

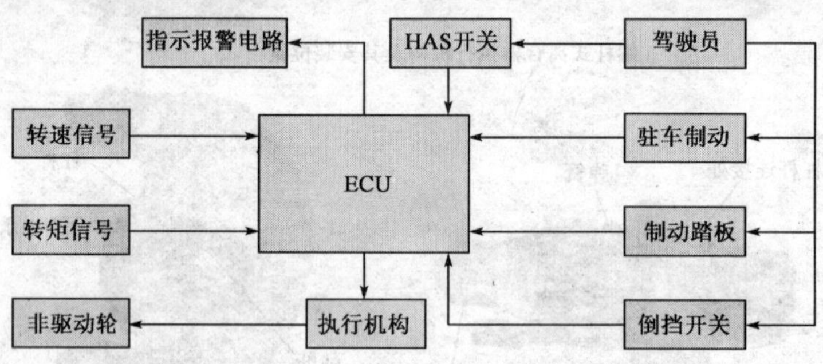

图 5-12　HAS 控制示意图

近年来，模糊控制将智能控制理论引入到汽车离合器控制系统中，极大地丰富了汽车自动变速控制理论；自适应控制提高了 AMT 对工作环境的适应性；预测控制对执行机构相对控制指令的滞后时间进行预测补偿，提高了控制精度和系统的反应速度。但从实用的角度出发，要满足坡道起步工况的要求，即平稳、滑摩功小以及与驾驶者的操纵意图协调等，还需要对汽车起步性能的理论和技术进行深入研究。

6. 故障应急处理技术

故障应急处理是车辆自动化装置最重要的技术之一，也是 AMT 走向商品化的重要前提条件和质量保证。通常可采用的故障应急防范处理措施主要有：

(1)安装主控和应急备控两个电控单元，当主控单元全部或部分失控，应急系统自动启动，保证汽车最基本的行驶功能。备控单元相对较为简单；

(2)采用两个控制单元分别控制发动机和离合器、变速器，改善控制性能和简化编程，同时降低各单元的工作负荷，延长使用寿命；

(3)无论单 ECU 还是双 ECU 控制系统，若电控系统失效，可以启用机械式应急系统，即恢复手动操纵，进一步确保安全性能。

针对 AMT 的结构特点并结合以上各项关键技术，AMT 的发展趋势可以归纳为以下几个方面：

(1)对发动机的转矩、转速以及离合器的接合速度进行综合控制，改善车辆的起步和换挡品质；

(2)采用模糊—神经网络控制技术进行车辆挡位决策。采用模糊控制技术来增强对驾

驶员意图和路况、车况的适应性,神经网络用于学习优秀驾驶员的换挡数据,获得更“人性化”的换挡规律;

(3)对各执行机构进行优化设计和控制。通常情况下,发动机节气门开度和离合器执行机构由机、电、液系统构成,是一个复杂的非线性系统,难以建立其精确的数学模型,而基于简化线性模型的控制方法不能满足精度和鲁棒性要求,因此,必须对执行机构进行优化设计;

(4)增强和完善电控系统的软件功能以降低硬件成本,提高系统的可靠性和安全性。软件系统除了完成对各种传感器输入数据的处理、逻辑关系的判断以外,还要完成复杂的模糊逻辑推理、神经网络训练与控制、系统各部分故障检测与诊断等。因此,可以利用总线技术减少系统连线数目,从而提高系统可靠性并降低成本。

四、电控机械式自动变速器的特点

AMT由于继承了齿轮传动固有的传动效率高、结构紧凑、工作可靠等优点,并可以实现手动和自动两种模式选择,因此有较强的可靠性和适应性,专家认为,它具有比AT更大的发展优势。AMT在美国和欧洲已实现了商品化。据预测,到2011年,欧洲将有50%的MT被AMT取代,部分AT市场也会被AMT占据。

具体地说,AMT具有以下4个突出的特点:

(1)实现了变速器选换挡的自动控制,选换挡操纵杆的动作和离合器的接合与分离由气动、液动或电动执行机构完成,使选换挡操作方便,减轻了驾驶者的劳动强度;

(2)通过ECU进行最优化的换挡控制,使汽车能在最理想的换挡点及时换挡,并可避免手动换挡操作不当所造成的换挡冲击。虽然换挡舒适性不如液力自动变速器,但与MT相比,汽车的动力性和平顺性均有所提高;

(3)采用传统的齿轮传动,传动效率优于液力自动变速器,且与液力自动变速器相比,机械传动机构的维修简单;

(4)由于AMT能在现有生产的手动变速器基础上进行改造,生产继承性好、投入费用较低,容易被生产厂家所接受。当然,AMT通过微机控制实现自动换挡控制,增设了相关的传感器、控制器和换挡执行机构,其成本较手动变速器高,结构也较为复杂,维修难度也相应有所提高。

另外,与液力自动变速器相比,AMT的控制难度较大,主要体现在以下5个方面:

(1)AMT为切断动力换挡,没有AT的液力变矩器在起步和换挡过程中能够缓和振动与冲击的良好条件;

(2)固定轴式变速器较旋转轴式行星齿轮变速器难以实现自动化,干式离合器比湿式离合器或者制动器换挡冲击大;

(3)AMT的干式离合器与AT的湿式离合器相比,不允许长时间打滑,否则会烧坏摩擦片,因此对起步、换挡过程的控制要求更高,换挡品质更难保证;

(4)AMT在换挡过程中需要对动力传动系统进行联合控制,特别是要对发动机节气门开度进行控制,其控制难度要远远大于AT在定节气门开度工况下的换挡控制;

(5)液力变矩器的自适应性使坡道起步容易,起步控制较简单。而AMT则需要增加坡道起步控制装置,否则坡道起步时制动器、离合器和发动机节气门开度三者不能协调工作,使起步变得困难。

第二节 金属带式无级变速器 CVT

无级变速传动是一种能够连续无级地改变输入轴与输出轴的传动比,或者是在输入轴转速不变的条件下输出轴转速可以在一定范围内连续变化的传动形式。

众所周知,装有活塞式发动机的汽车,其理想的传动系统是无级的自动变速系统。20世纪70年代中后期,荷兰的VDT(Van Doorne's Transmission b. V)公司成功地研制了一种新型机械式无级变速传动系统——金属带式无级变速器(Continuously Variable Transmission,简称VDT-CVT或CVT),主要应用于微型和普通级轿车上。

无级变速传动技术省去了复杂而又笨重的齿轮组合变速传动系统,而是采用工作直径可变的主、从动工作轮相配合传递动力,设计构思十分巧妙,能够实现传动比的连续改变。CVT克服了齿轮传动比不连续和零件数量过多的缺点,具有动力传递平稳、传动比连续可变、操纵方便等特点,真正实现了汽车的无级变速。CVT使得汽车的传动系统与发动机工况达到最佳匹配,提高了整车的行驶动力性和燃油经济性,改善了驾驶者的操纵方便性和乘员的乘坐舒适性,其综合性能较液力自动变速器有一定的优势,因为液力自动变速器实际上是有挡位的,它所能实现的仅仅是在两挡之间的无级变速。因此,金属带式无级变速器是目前较为理想的汽车自动变速器。目前国内市场上能见到的、采用了这种技术的主要有奥迪、菲亚特的派力奥(1.3L)、飞度(1.3L)和奇瑞生产的旗云等车型。

另一方面,金属带式无级变速器的传递动力受金属带承载能力的限制,传递功率有限,使用寿命较短。

一、无级变速器的分类

1. 按动力传递方式分类

根据无级变速器工作原理的不同,汽车上常见的无级变速器主要有三大类,即机械式、液力式和电力式,如图5-13所示。

其中,金属带传动式和牵引传动式无级变速器已经在汽车上得到应用,并随着其性能和寿命的进一步提高而受到微型轿车的青睐,这两种变速器的动力传递是依靠摩擦力来完成的。而液力式和电力式无级变速器由于传动效率较低,目前仅少量地应用于一些特种车辆。如电力式无级变速器由于成本高、能耗高,故常用于重型矿用车辆,但随着能量管理技术和电动机控制技术的提高,电力式无级变速器的应用范围也在逐渐扩大。

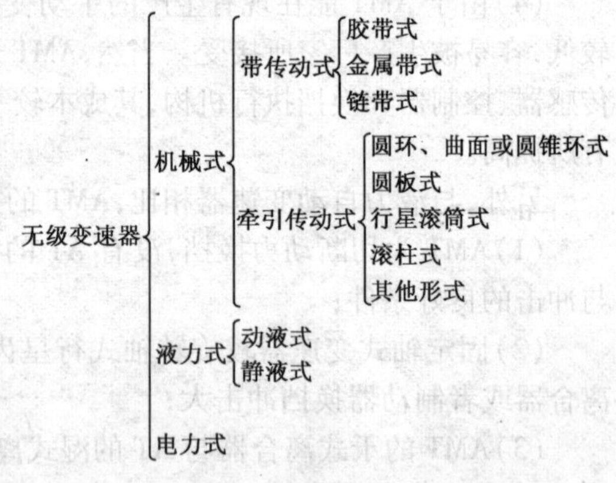

图5-13 无级变速器的主要类型

全液压无级变速传动系统首先把发动机输出的机械能通过液压泵转化为液压能,然后由液压马达再把液压能转化为机械能,这种全液压传动机械部件少,结构紧凑,可以方便地用于前轮驱动、后轮驱动以及四轮驱动车辆。液力式无级变速传动有静液传动和动液传动两大类,静压传动效率低,结构复杂,成本高,主要应用于工程机械或其他一些特种车辆,所以一直以来未在汽车上应用;而动液传动(液力变矩器)所能传递的转矩变化范围较小,效率较低,所以它常与有级机械变速传动组合构成能自动换挡的液力机械自动变速器。

2. 按动力传递元件结构形式分类

按动力传递元件结构形式不同,无级变速器可分为摩擦式、链式、脉动式和带式4种。

摩擦式无级变速器的变速传动机构由各种不同几何形状的刚性传动元件组成,利用主、从动轮元件在接触处产生的摩擦力传递动力,并通过改变接触处的工作半径实现无级变速。这类变速器除了利用摩擦力外,还可以利用润滑油膜牵引力进行传动,因此常称为牵引式传动,牵引传动是在接触区处于液体润滑状态时实现的。

链式无级变速器的变速传动机构由主、从动链轮和钢质挠性链组成,利用链条左右两侧面与作为链轮的两锥盘接触产生的摩擦力进行动力传递,并通过改变两锥盘的轴向距离来调整它们与链的接触位置和工作半径,从而实现无级变速传动。

脉动式无级变速器的传动机构主要由3~5组连杆机构组成,其工作原理与传统的连杆机构相同,但为了保证输出轴能够获得连续的旋转运动,需要配置专门的输出机构。

带式无级变速器与链式无级变速器相似,其变速传动机构是由作为主、从动带轮的两对锥盘及张紧在带轮上的传动带组成,不仅是目前汽车无级变速器的主要结构形式,而且是一种最具发展潜力和市场前景的无级变速器,下面介绍其基本结构和工作原理。

二、金属带式CVT的基本结构和工作原理

1. 金属带式CVT的基本结构

根据传动带的结构形式不同,带式无级变速器可分为平带和V形带两大类。V形带无级变速器又分为普通V形橡胶带和V形钢带两种。V形钢带无级变速器由于其传递功率大、传动效率高、工作寿命长等优点而被现代汽车所采用。因此,V形钢带(金属带)CVT的基本结构和传动原理是本节的重点。

金属带式CVT主要由无级变速机构(主动工作轮、从动工作轮和金属带)、齿轮传动机构、液压泵、起步离合器和控制系统等组成,如图5-14所示。工作轮由固定部分和可动部分组成,二者之间形成V形槽,金属带在槽内与工作轮相啮合。当工作轮的可动部分作轴向移动时,即可改变金属带与主、从动工作轮的工作半径,从而改变金属带传动的传动比。主、从动工作轮可动部分的轴向移动是根据汽车的行驶工况,通过液压控制系统进行连续地调节而实现无级变速传动的。其动力传递路线是:动力由发动机飞轮经动力输入轴、主动工作轮、金属带、从动工作轮、中间减速器、主减速器与差速器,最后传递到驱动车轮。

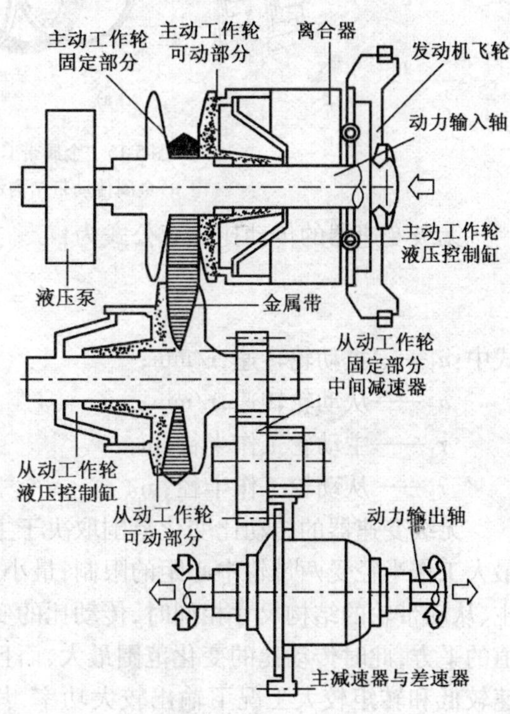

图5-14 金属带式无级变速器结构示意图

1)无级变速机构

无级变速机构由金属传动带和主、从动工作轮组成。金属传动带由多个(280~400片)

楔形金属片和两组金属环组成，如图 5-15a）所示。金属片的材料为工具钢片，厚度约 1.5 ~ 2.0mm，两端的 V 形侧面与带轮 V 形槽接触产生摩擦作用，每组金属环由厚度为 0.2mm 左右的数片钢带环叠合而成，嵌入楔形金属片上部两侧的缺口中，数百片楔形金属片连成一体，形成一条挠性 V 形金属传动带。金属环的作用是提供预紧力，在动力传递过程中支撑和引导金属片的运动，同时传递部分转矩。主、从动工作轮由可移动锥盘和固定不动锥盘两部分组成，移动锥盘通过花键（常用滚珠花键）与主、从动轴连接，主、从动工作轮的移动锥盘必须布置在金属带的两侧，以防止在变速过程中金属带产生歪斜和扭曲而损坏失效，如图 5-15b）所示。通常工作轮的工作表面为直母线锥面体，主、从动锥面间形成 V 形槽夹角，该夹角一般为 22°。在液压控制系统作用下，工作轮的可动部分做轴向移动，使主、从动工作轮的工作半径连续变化，以调节金属带的工作半径，从而实现无级变速传动。

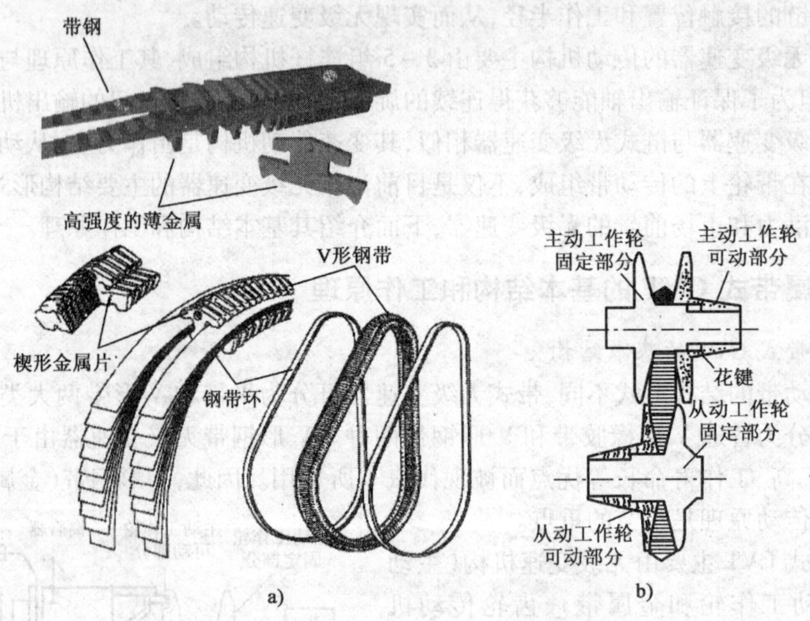

图 5-15　金属带 CVT 无级变速机构示意图

a）金属传动带结构示意图；b）主、从动工作轮

无级变速器的传动比计算公式为：

$$i = \frac{n_1}{n_2} = \frac{r_2}{r_1} \tag{5-5}$$

式中：n_1——主动轮转速，r/min；

n_2——从动轮转速，r/min；

r_1——主动轮工作半径，m；

r_2——从动轮工作半径，m。

无级变速器的传动比变化范围取决于主、从动带轮的最大工作半径和最小工作半径，而最大工作半径受两带轮中心距的限制；最小工作半径受主、从动带轮轴的直径尺寸限制。当主、从动带轮的结构尺寸相同时，传动比的变化范围为带轮最大工作半径与最小工作半径比值的平方，此时传动比的变化范围最大，而且还可以获得增速传动。汽车就能够在发动机转速较低和转矩较大工况下输出较大功率，其优点是可以减小发动机磨损、提高动力系统效率。因此，汽车金属带式无级变速器通常都采用尺寸相同的主、从动带轮结构形式。

需要特别说明的是，当无级变速器的传动比变化时，金属带沿着带轮锥盘面上、下移动的同时引起径向和轴向移动，其在两带轮上的轴向位移并不总是绝对相等。当主、从动轮工作半径较小时，传动比变化引起的金属带轴向位移较大；当传动比为最大和最小时，金属带在主、从动带轮上的轴向偏差最大；当传动比为1时，金属带的轴向偏差为零。金属带的轴向偏差不仅引起动力传递过程的振动，同时还加速了传力元件的磨损。

2）齿轮传动机构

目前，CVT的齿轮传动机构主要有行星齿轮机构、中间减速器等组成。由于金属带式CVT的传动机理是依靠摩擦传动，传动效率较低，很大程度抵消了部分优点。因此，国内外针对其缺点，突出其优点的研究很多，如南京理工大学、重庆大学等针对这种形式的CVT提出了行星齿轮和金属带功率分流传动的方案。图5-16为某行星齿轮功率分流式无级变速系统示意图。

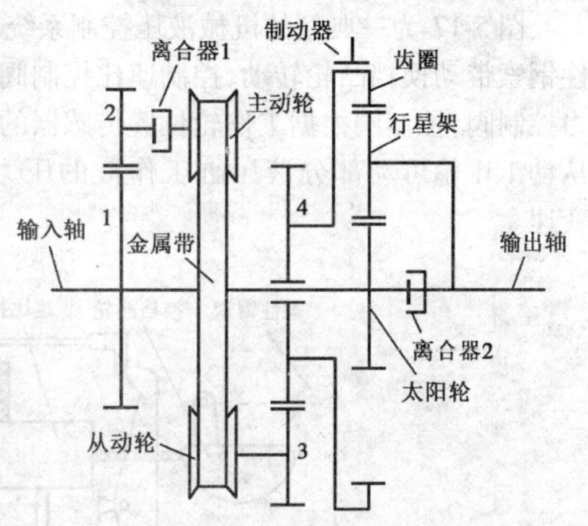

图5-16　行星齿轮功率分流式无级变速系统

变速器的主要工作区域为基于功率分流原理的无级变速区域，采用带式无级变速装置与二自由度行星轮系的组合实现功率分流和无级变速。在车辆起步或车速很低时系统工作在低挡工况，动力由行星轮系太阳轮输入，然后直接经行星轮输出。单一的齿轮传动可提高车辆的起步性能。当车速提高到一定限值时，可通过控制机构，使系统进入无级变速工作，此时，动力由两条路径传递，一条是直接传到行星轮系的太阳轮，另一条是经过带式无级变速装置传递到行星轮系的齿圈，两股动力再合成为一股动力由行星轮系的行星轮输出，无级变速由带式无级变速装置的传动比变化来实现。当车辆以较高速度行驶时，为了提高变速系统的传动效率，可控制行星轮系作为一个整体旋转，发动机输出的动力直接由变速系统的输出轴输出，此时相当于常规多挡变速器的直接挡。

由电子控制系统实现低挡、中挡和高挡间的换挡，应用电控单元与相应的执行机构来控制挡位选择与调节无级变速时的最佳传动比。此外，系统还包括磁粉离合器、倒挡机构等。

3）液压泵

液压泵是液压控制系统的液压源，通常由变速器的主动轴带动旋转，以确保液压系统工作可靠。与传统的液压系统一样，常用的结构形式有齿轮泵和叶片泵，近年来流量可控、效率较高的径向柱塞泵应用较多，这里不再详细赘述。

4）起步离合器

目前，汽车的起步离合器主要有湿式多片离合器、电磁离合器和液力变矩器3种，其作用使汽车以足够大的牵引力平顺地起步，提高驾驶舒适性，必要时切断动力传递。

（1）湿式多片离合器（Multi-disc wet clutch）：目前，在湿式多片离合器上采用电子控制技术模拟液力变矩器已取得较大进展。鉴于其传动效率较高且价格较低的特点，已逐渐应用于汽车的无级自动变速器中，如Honda Civic，预期有较好的发展前景；

（2）电磁离合器（Electromagnetic clutch）：反应敏捷、动作快、寿命长；

（3）液力变矩器（Hydraulic torque converter）：液力变矩器与CVT系统的合理匹配，能够使汽车以足够大的牵引力平稳起步,提高舒适性。当发动机转速较高时,锁止离合器将泵轮与涡轮锁住,成为耦合器,以提高传动效率。此项技术在 CVT 中采用甚广,但成本较高。

为了降低汽车自动变速器的生产成本,研究人员一直致力于在电磁离合器或湿式多片离合器上实现液力变矩器的传递特性。

5)控制系统

金属带式 CVT 的控制系统通常采用机械液压或电子液压控制系统。其主要组成部件是传感器、液压控制阀和主、从动工作轮的液压缸及管道等。传感器主要是节气门位置传感器和发动机转速传感器,液压控制阀主要包括速比控制阀和压力控制阀。CVT 控制技术的关键是夹紧力控制、传动比控制和起步离合器控制。

图 5-17 为一典型的机械液压控制系统工作原理示意图。驾驶员踩下加速踏板,通过柔性钢索带动换挡凸轮转动,控制速比控制阀。压力液压油经发动机驱动的液压泵进入主压力控制阀,控制阀根据工作轮位置传感器的液压信号,控制速比控制阀的压力,进而控制主、从动工作轮可动部分液压缸工作液的压力,调节金属带与工作轮的工作半径,实现无级变速。

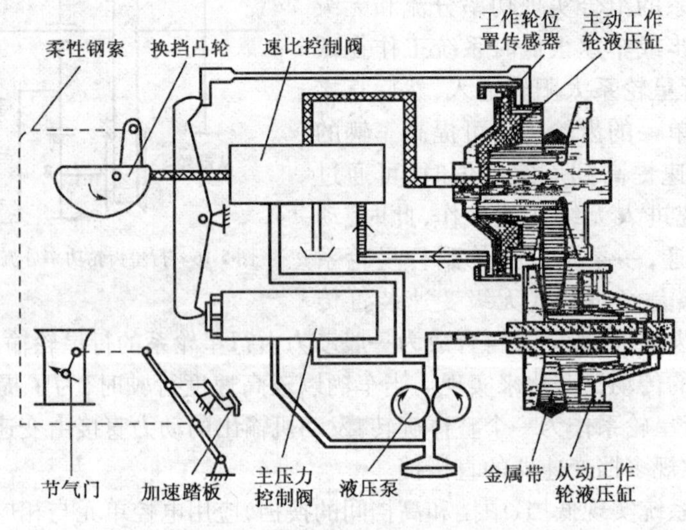

图 5-17 机械液压控制系统工作原理示意图

图 5-18 为一典型的电子液压控制系统工作原理示意图。各种传感器将车辆行驶状态信号输入电子控制单元 ECU,ECU 向液压控制单元发出指令,控制主、从动工作轮液压油缸中的油液压力,使主、从动工作轮的可动部分轴向移动,调节金属带与工作轮之间的工作半径,实现无级变速。

2. CVT 的工作原理

1)常规 V 形带无级变速传动原理

常规 V 形带主要指 V 形胶带,有普通 V 形带和宽型 V 形带两种结构形式,其传动是由 V 形带的张紧力产生摩擦力,并通过 V 形带的拉力来传递动力的。V 形带的剖面呈梯形,剖面夹角为 40°。V 形带轮上有相应的轮槽,因 V 形带绕过带轮时夹角变小,故一般情况下带轮槽角有 32°、34°、36°、38°等。

根据传递功率的不同,常规 V 形带无级变速传动装置可采用单槽或多槽结构。变速方式有调节中心距、双变速带轮和中间变速带轮等变速方式。变速带轮有单边圆锥盘移动和

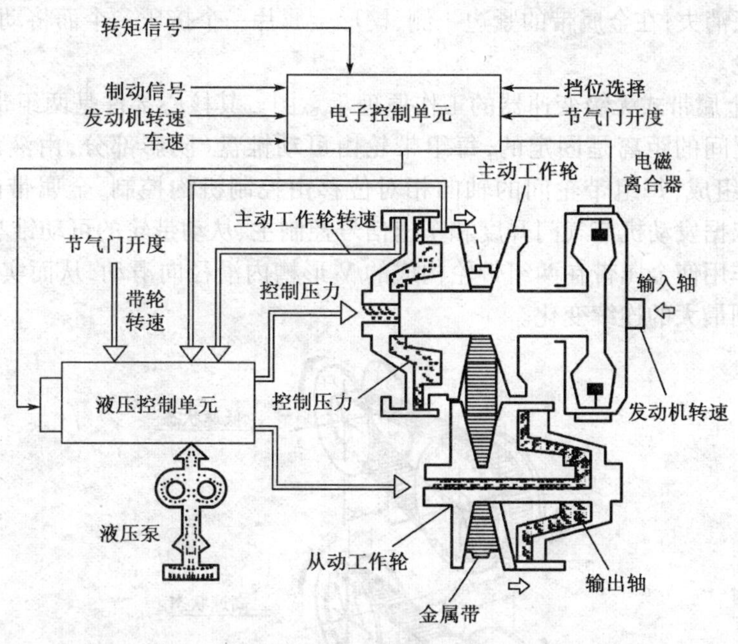

图 5-18　电子控制系统工作原理示意图

双边圆锥盘移动两种形式。图 5-19 为普通 V 形带及宽型 V 形带无级变速传动装置主动轮的结构和工作原理示意图。可移动锥盘与固定锥盘都是锥面结构,其锥面形成 V 形槽并与 V 形传动带接触。固定锥盘在工作中不延轴向移动,控制系统使可移动锥盘轴向移动,调节 V 形带轮 V 形槽的宽度,因 V 形带的节宽不变,故自动改变了带轮的工作直径。CVT 工作时,主、从动带轮的中心距保持不变,当控制系统控制可移动锥盘向右移动时,V 形槽宽度变宽,此时在压紧力的作用下,传动带向下移动,带轮的工作直径变小;当控制系统控制可移动锥盘向左移动时,V 形槽宽度变窄,可移动锥盘压紧 V 形带的侧面,使其向上移动,此时产生很大的瞬间摩擦力,使 V 形带的磨损陡增,同时带轮的工作直径变大。通过对移动锥盘的控制可以使 V 形带处于不同的工作直径上,由于带轮的工作直径在一定范围内连续变化,因此 V 形带传动可实现传动比连续变化的无级变速传动。

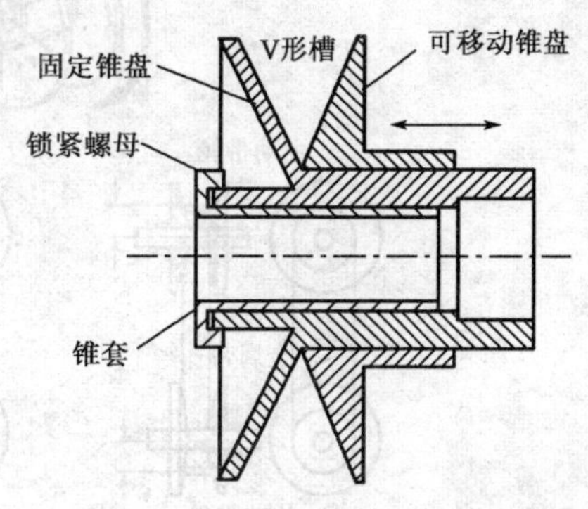

图 5-19　V 形带及宽型 V 形带无级变速传动原理图

2)金属带式 CVT 的工作原理

金属带式无级变速传动原理与普通 V 形带类似,都是借助带与带轮侧面之间的摩擦力进行动力传递。但普通 V 形带传动是由 V 形带的张紧力产生摩擦力,并通过 V 形带的拉力来传递动力的;而金属带则是由钢质环带的张紧力产生摩擦力,通过楔形金属片的推力实现动力传递的。在工作过程中,主动带轮一侧的楔形金属片由于斜面间的摩擦力作用而向前运动,并挤压其前面的楔形金属片而产生挤压力,并沿着金属片由接触的始端向末端运动,从而在金属带的压紧边建立起挤压力;而在从动带轮一侧,依靠楔形金属片斜面对带轮的摩擦力带动从动带轮转动。这一过程中,在金属带的松边一侧,作用在前面楔形金属片的挤压力逐渐减小直至消失；在金属带的紧边一侧，楔形金属片一个挤压一个而将动力由主动带轮传递到从动带轮。

图5-20是金属带式无级变速器的工作原理示意图。其核心部件是两组带轮和金属带，两组带轮轴线之间的距离是固定的，每组带轮由可动锥盘（阴影部分，由液压缸控制其运动）和固定锥盘组成，每组带轮间的轴向相对位移由控制机构控制，金属带的长度固定不变。控制系统依据发动机节气门开度和车速信号控制主、从动带轮的可动锥盘沿轴向移动，由于摩擦力的作用使金属带在两组带轮构成的V形槽内沿径向滑动，从而实现速比在设计范围内从最小到最大的连续变化。

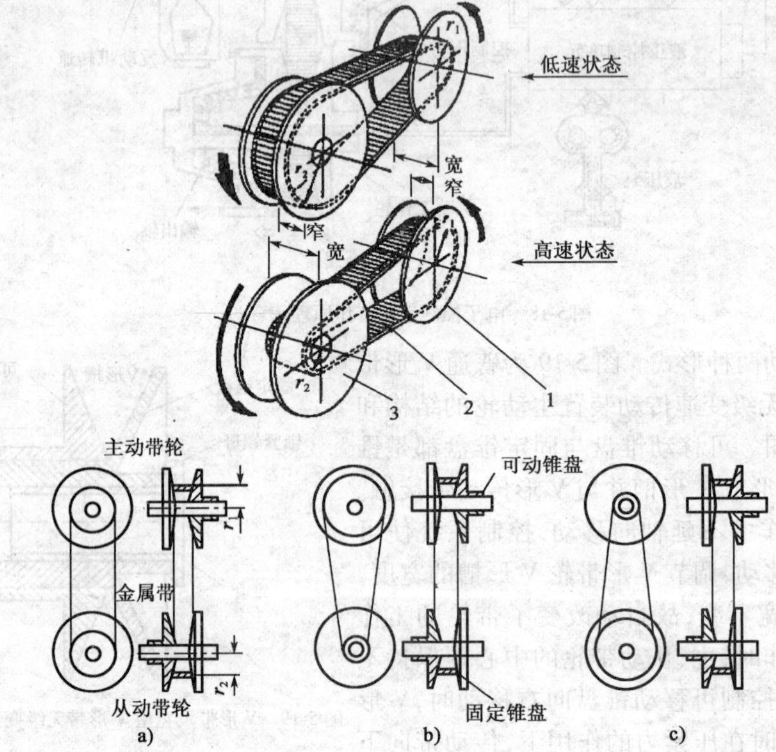

图5-20　CVT工作原理示意图

当汽车在不同道路上行驶遇到的阻力矩发生变化时，与输出轴直接相连的从动带轮的负荷发生变化，在控制系统作用下变速器的传动特性随之发生变化。例如，当道路阻力减小，从动轮上的负荷下降时，控制系统控制液压缸使主动带轮的可移动锥盘沿轴向向内移动（与固定锥盘靠近），使金属带在带轮槽中沿着两锥面向外移动（图5-20b），主动轮工作半径 r_1 增大，由于两带轮的中心距和金属带的周长为定值，从动带轮的可动锥盘便在金属带摩擦力的作用下沿轴向向外移动，工作半径 r_2 减小，使得传动比 i 减小（相当于增加挡位），车速升高；反之当道路阻力增大时传动比增大，车速减低，转矩增大以克服外界阻力矩。因为带轮工作半径的变化是连续的，所以可以实现传动比的连续变化。

汽车起步时，控制系统使主动带轮的工作半径保持较小的数值，以便获得较大的传动比从而保证驱动桥有足够的转矩使汽车加速。随着车速的增加，控制系统控制主动带轮移动锥盘轴向移动，使主动轮的工作半径逐渐增大，从动带轮的工作半径相应减小，CVT的传动比下降，使得汽车能够以更高的速度行驶。

三、CVT 的关键技术

CVT 技术的发展,已经有了 100 多年的历史。德国奔驰公司是在汽车上采用 CVT 技术的鼻祖,早在 1886 年就在以汽油发动机为动力的汽车上安装了 V 形橡胶带式 CVT。但是由于橡胶带式 CVT 的传递功率较小,且离合器工作不稳定,液压泵、传动带和夹紧机构的能量损失较大等缺陷,限制了其在汽车上的广泛应用。随着电子技术的进步和新材料的出现,以金属带代替传统的橡胶带,将液力变矩器集成到 CVT 系统,工作带轮的夹紧力实现电子控制,在 CVT 中使用节能泵等技术都使得 CVT 的性能进一步改善。

进入 20 世纪 90 年代,汽车界对 CVT 技术的研究开发日益重视,CVT 被认为是微型车的关键技术。控制技术是贯穿 CVT 开发过程的核心技术,现代 CVT 控制多采用电液控制系统,其关键技术主要包括 3 个方面,即夹紧力控制、传动比控制和起步离合器控制;此外,金属带的制造工艺技术也是 CVT 的关键技术之一。

1. 夹紧力控制

夹紧力控制是提高 CVT 传动装置本身的传动效率和关键部件使用寿命的保证。为了提高传动效率,必须合理控制对金属带的夹紧力。如果夹紧力过小,则金属带在工作轮上打滑,这不仅降低传动效率,还进一步加快金属带与工作轮的磨损,缩短金属带与工作轮的使用寿命;如果夹紧力过大,将增加不必要的摩擦损失,同样也会降低传动效率,同时还会导致金属带的张力过大,缩短金属带的使用寿命。因此,根据汽车的运行条件,把夹紧力控制在目标值的小范围内是 CVT 传动系的第一个控制目标和关键技术。

为了更好地说明夹紧力控制的基本思想,我们定义金属带的传递转矩比 λ 为:

$$\lambda = T_{act} / T_{max} \tag{5-6}$$

式中:T_{act}——实际传递的转矩,N · m;

T_{max}——可能传递的最大转矩,N · m。

如果金属带传递的转矩比 $\lambda < 1$,说明还有一定的传动余量,金属带就不会出现滑转损失,但过大的传动余量会使金属带过度张紧,结果不仅使金属带的寿命缩短,还会造成 CVT 变速器的传动效率下降。因此,精确控制金属带的传递转矩比 λ,并使 λ 趋近于 1,是夹紧力控制的基本指导思想。

在实际 CVT 控制系统中,夹紧力控制目标函数可以设定为从动轮的控制压力。而从动轮的控制压力不仅与 CVT 的结构参数有关,而且与当前传动比和发动机输入转矩有关。实际控制时,夹紧力控制的目的是跟随目标压力的变化而变化,因此要求目标控制压力应能够准确地反映汽车运行工况和运行要求。

2. 传动比控制

为了满足汽车在不同行驶工况下的动力性和经济性要求,CVT 控制系统应能够按照驾驶员意图自动实现传动系统的动态最佳匹配,把汽车的动力性和经济性发挥到极限状态,这就要求对传动比实现自动控制,此项技术是 CVT 的又一项关键控制技术。

要实现对 CVT 传动比的单纯控制并不困难,但要做到按照驾驶员意图,在不同工况条件下恰当地控制传动比而使汽车各项性能指标达到最优,却是 CVT 控制的难点。由于夹紧力的变化必然引起传动比的变化,即夹紧力控制和传动比控制是相互耦合的,所以在保持传动比不变的条件下,当传递的转矩发生变化时应控制主、从动轮的夹紧力同时改变;另一方面,如果从动轮的夹紧力保持不变,单独改变主动轮的夹紧力也可以改变传动比,而且传动比变化时主、从动轮油缸将重新建立新的平衡关系。

因此，恰当地控制传动比变化率，使汽车的各项性能达到最优，就成为 CVT 传动比控制的重点和难点。

3. 起步离合器控制

我们知道，控制系统的控制参数越多，控制精度越高，但控制系统越复杂，甚至难以实现实时控制。车辆起步时，控制系统应能够依据各种传感器信号进行相应的控制，才能够保证车辆按照驾驶者的意图顺利起步。因此，对于起步离合器的控制就需要恰当地选择控制参数。车辆起步时主要涉及发动机节气门开度和离合器的控制，通常控制系统的输入参数可以选择节气门开度位置、节气门开度变化率、离合器冲击度、离合器行程和离合器主、从动盘之间的转速差；而输出参数则选择离合器的接合速度或离合器位置。但由于 CVT 的控制策略和控制方法存在差异，所以控制参数的选择也会有所不同。

无论选用什么样的控制策略，起步离合器都应该满足以下基本功能：

(1)接合平顺，分离彻底；

(2)过载保护功能；

(3)接合时发动机不停转、不空转；

(4)能够根据驾驶员意图调整离合器接合速度，使乘员对换挡的感觉不明显；

(5)具有可靠的低速爬行功能，帮助汽车平稳越障。

起步离合器控制技术的关键问题主要包括以下 3 个方面：

(1)驾驶员意图的辨识。由于取消了离合器踏板，驾驶员的起步意图仅能够通过操纵加速踏板来表达，有限的输入参数对控制系统获取驾驶员真正的起步意图带来了困难。

(2)工况变化频繁。汽车行驶的道路条件、气候条件、载荷条件、车辆运行技术条件以及驾驶员操作水平都是变化的，离合器控制目标中冲击度和滑磨功对离合器的控制要求又是相互矛盾的。为了保证不同工况下有同样的控制效果，使得乘员在换挡时没有明显的感觉变化，对整个离合器控制系统以及人—车—环境的相互协调都提出了较高的要求。

(3)可靠性。控制系统的软、硬件设计以及可靠性直接影响产业化，如果系统没有极高的可靠性，其产品将难以实现产业化。

4. 金属带制造技术

金属带是一套非常精密的组件，金属片和每一层钢质环带的加工制造都有严格的精度和性能要求。钢环组由高强度的马氏体时效钢加工而成，相邻两圈配合要求很高，否则将产生较大的不均匀载荷，影响金属带的使用寿命。因此，金属带制造技术是 CVT 三大控制技术之外的重要关键技术。匹配小排量发动机的 CVT 金属带制造技术已趋成熟，随着 CVT 应用范围的扩大，为了传递较大的发动机转矩，金属带的强度需要不断提高，其制造技术要求也越来越高。

四、金属带式无级变速器的特点

1. 无级变速器的传动特性

我们知道，汽车行驶时，驱动车轮的输出功率 P_w 等于驱动轮上的牵引力 F_t 与汽车速度 v_a 的乘积，即，

$$P_w = F_t \cdot v_a \tag{5-7}$$

公式(5-7)说明，要保证驱动车轮的输出功率为定值，牵引力与车速之间的关系应为一

条等轴双曲线。对于金属带式无级变速器,由于传动比的变化是连续的,故输出轴转速 n 的变化也是连续的,由公式 $P_w = \frac{T_t \cdot n}{9\,449}$ 可知,当驱动车轮的输出功率为定值时,其输出转矩 T_t 与输出轴转速 n 成反比关系,而输出转矩 T_t 与牵引力 F_t 成正比,即 $T_t = F_t \cdot r$,所以装有CVT 变速器的汽车牵引力与输出转速成反比,故金属带式无级变速器的传动特性就是一条双曲线,如图 5-21a)所示。该曲线下方与阻力曲线 F_r 之间的面积是无级变速器能够实现的传动区域,因此,无级变速器能够使发动机在任何情况下都能在最大功率工况下工作。

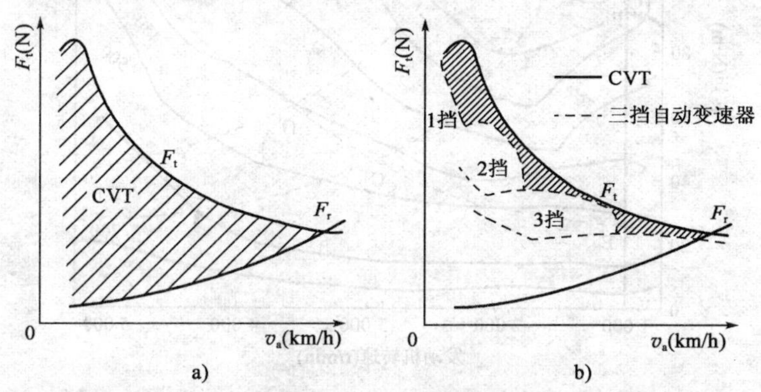

图 5-21　无级变速器的传动特性

a)无级变速器传动特性;b)CVT 与三挡变速器传动特性比较

图 5-21b)还同时给出了某三挡自动变速器的传动特性。图中阴影部分是有级变速器所不能达到的传动区域,即功率损失部分,说明有级变速器无法实现牵引力与车速之间为双曲线关系的传动特性。

综上所述,无级变速器在传递过程中没有动力中断,能平滑加速,噪声低,且能够自动选择最佳传递比。因此,安装无级变速器汽车的传动特性优于有级变速器汽车。

2. 无级变速器汽车的主要性能

为分析 CVT 传动系统在汽车中的实际应用效果,各国汽车生产厂家都对其进行了性能对比试验,即在同等条件下分别安装 CVT、MT 和 AT 进行性能比较。日本富士重工、美国 Chrysler、德国 ZF、大众汽车及法国 Renault 等几家汽车公司的汽车在装用 CVT 前后的各项性能都有一些变化,这里主要从动力性、经济性、安全性、传动效率以及可靠性和成本等方面对其试验结果进行归纳和总结。

1)动力性

汽车的爬坡能力和加速能力直接由后备功率决定。CVT 的传动特性使得发动机与汽车行驶工况能够达到最佳匹配,并获得后备功率最大的传动比。而汽车的后备功率越大,动力性越好。装有 CVT 的汽车,在 0 ~ 100km/h 的加速性能较 AT 汽车提高 7.5% ~ 11.5%,速度较高时,其加速性能还略优于 MT 汽车。

此外,由于 CVT 汽车无需换挡,没有换挡时的动力中断,进一步提升了车辆的加速性能。

2)经济性

CVT 汽车传动比的连续变化保证了发动机与传动系统的最佳匹配,整车的燃油经济性相应得到提高。有数据表明,CVT 汽车的经济性比 4 挡 AT 汽车至少提高约 10%,与 5 挡 MT 汽车相当或者略优。

对于 CVT 汽车经济性提高这一特性，我们可以从理论上进行分析。图 5-22 为某汽车的发动机万有特性与车辆行驶特性示意图。

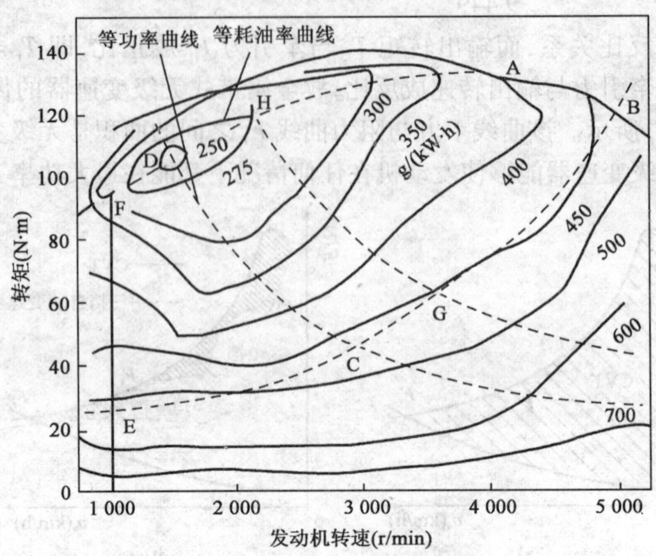

图 5-22　发动机万有特性与车辆行驶特性示意图

假如汽车以某一挡位行驶，其行驶阻力曲线为 ECGB（虚线所示），下面分别对装有有级变速器和无级变速器的汽车经济性进行分析。

汽车装有有级变速器。汽车以某一挡位行驶时传动比是固定值，为保持功率平衡，发动机只能沿 ECGB 曲线工作，发动机的油耗区域为 440～510g/kW·h。

汽车装有无级变速器。汽车行驶时传动比可以连续变化，能够实现车速基本不变的条件下使发动机沿着等功率曲线工作改为在某一低油耗点运转。例如，发动机原来工作在 C 点，使用无级变速器后，就可以沿等功率曲线 CD 改为在 D 点运转，此时驱动功率与行驶阻力功率仍然平衡，而 D 点的油耗率只有 250g/kW·h，较 C 点大大降低。随着汽车行驶条件的不同，相应的传动比也连续不断地变化，发动机沿着 FDHA 这条最经济的曲线工作，而不是沿着高油耗率曲线 ECGB 工作。故无级变速器可以提高汽车的经济性。

3）安全性

CVT 明显减少了驾驶员的操作频次和强度，改善了驾乘环境，提高了操纵方便性和乘坐舒适性，有利于驾驶员集中精力驾驶汽车，可有效减少交通事故。

4）可靠性与寿命

CVT 的可靠性与寿命主要取决于金属带的可靠性和寿命。采用高强度优质材料、精密制造技术与无限寿命设计方法设计和制造的金属带能够提高其使用寿命，但受到金属带传递转矩和专用性的限制，相比于技术成熟的 AT，其可靠性仍是亟待解决的主要问题之一。

5）废气排放

CVT 传动系统速比变化范围宽，且能够根据汽车行驶工况按照驾驶员选定的工作模式连续地改变传动比，使发动机功率与汽车行驶阻力合理匹配，从而保证发动机经常处于经济转速区域内运转。在提高汽车燃油经济性的同时也极大地改善了发动机排放。德国 ZF 公司将自己生产的 CVT 装车测试，其废气排放物比装配 4 挡 AT 的汽车减少 10% 左右。

6)传动效率

CVT 的传动比通常在0.395~2.4之间变化,与传统的变速器相比,变化范围较宽,因此具有较高的灵活性,加速更加顺畅。但由于CVT除机械传动外还有液压控制系统,两部分均消耗相应的能量,所以即使金属带式CVT传动装置的设计尽善尽美,CVT的传动效率也不可能大于机械变速器效率,最多只能接近机械变速器效率。近年来采用滚子叶片泵和全电子控制技术,其传动效率已接近于机械变速器效率,最高可达94%~96%。

7)成本

降低制造成本是提高产品市场竞争力的核心因素之一。CVT系统结构简单,仅有200多个零部件,而AT约有500~700个零部件组成。但由于CVT技术含量高、制造工艺复杂,再加上国内研究生产基础薄弱,许多关键零部件必须完全依赖进口,生产投资规模大,因此,目前条件下其价格不具备竞争优势。但随着该项技术的日臻完善,其制造成本将大大降低。

与AT、AMT等产品相比,无级变速器具有自身的优点。目前,无级变速器有待研究和尚需改进的技术主要集中在以下两个方面:

(1)金属带的结构形式和主要参数需要不断改进和完善,其传递转矩的能力迫切需要进一步提高。

(2)传动比变化过程中,金属带的轴向偏移会造成主、从动带轮的中心平面不在同一平面上,从而造成金属带在运转过程中发生扭曲,并在带轮的输入端和输出端造成冲击,产生噪声,同时还会使传动带的可靠性和寿命急剧下降。目前,解决这一问题的主要方法是采用对带轮的锥面形状进行修正设计的方法,但最好的途径还是应该使主、从动带轮向两侧对称轴向移动,使两带轮中心平面不产生偏移。

值得一提的是,简单的结构和先进的电液控制系统不仅使CVT具有手动变速器高效率的特点,同时还具有自动变速器操纵方便的优势,更重要的是CVT拥有反应灵敏、响应迅速以及传动比连续变化的独有特点。虽然现阶段的CVT技术还不够成熟,其产品主要应用于微型和小型汽车,仅占汽车产量的5%左右,但随着新材料、新技术的不断发展和完善,无级变速汽车将成为汽车发展的一个主要方向。

第三节 双离合变速器DCT

前面介绍了几类传统的汽车自动变速器,如液力自动变速器(AT)、无级自动变速器(CVT)以及近几年开发的电控机械自动变速器(AMT)等。AMT是在手动机械变速器的基础上加装计算机控制的操纵系统而实现自动变速的,它具有结构简单、传动效率高、成本低等优点,使手动变速汽车实现自动换挡成为可能。但AMT在换挡时必须分离离合器,使动力传递中断,在切断动力并再次接合的过程中必然引起传动系统的振动和冲击,同时动力中断过程造成了一定的功率损失,影响了车辆的行驶动力性和乘坐舒适性。为解决AMT换挡时中断动力带来的上述问题,近年来研究开发了一种双离合变速器(Double Clutch Transmission,简称DCT),DCT不仅保证了车辆的动力性和经济性,而且也极大地改善了车辆运行的舒适性。

DCT的核心技术掌握在美国博格华纳(Borg Warner)和德国舍弗勒(Schaeffler)集团手中。博格华纳是大众第一代六挡双离合变速器DCT,又称为直接换挡变速器DSG(Direct Shift Gearbox)关键技术的提供者,为大众DSG提供湿式双离合变速器模块,而大众发布的新一代干式七挡双离合变速器，则由德国舍弗勒集团旗下的 LuK 公司提供。在欧洲汽车市场，DCT 作为传统自动变速器的换代产品在迅速普及，大众、宝马、法拉利等都在致力于开发高性能的 DCT 变速器。其中大众的 DSG 变速器已经应用在民用车上，法拉利的动力无缝连接的 DCT 变速器已应用在法拉利的高性能跑车和 F1 赛车上，宝马也将在自己的高性能轿车上使用最新研发的 7 挡 DKG 变速器。

双离合自动变速器已被中国政府主管部门和众多汽车企业指定为优先发展的技术。2008 年初，在发改委的协调下，一汽、上汽、东风、长安等国内 10 余家企业联合组建了技术研发机构，并与博格华纳联合传动系统有限公司组建合资公司，联手研发自动变速器，尤其是双离合自动变速器，计划于 2011 年早期建成并投入使用。合资公司将研发和生产双离合自动变速器中的核心部件，如双离合器模块、扭振减振器模块和控制模块等。

一、双离合变速器 DCT 的分类

如前所述，双离合变速器实质上仍属于电控机械式齿轮变速器，但它又与 AMT 存在本质上的区别。DCT 主要有四大部分组成，它们分别是双离合器、齿轮变速系统、自动换挡机构、电子控制系统和液压控制系统。目前，DCT 的主要组成中，除双离合器有不同的结构形式外，其电子控制系统、液压控制系统和齿轮变速系统几乎都采用相同的结构形式，只是控制策略和变速器挡位有所变化。

双离合器作为 DCT 的重要部件之一，担负着起步控制、传递动力、挡位切换、减振和过载保护等重要作用，其性能直接影响到车辆的起步、正常行驶以及换挡品质等。为确保离合器分离彻底、接合柔顺、换挡快速、传力可靠以及体积小、质量轻、寿命长等优点，无论从结构设计，生产制造方式还是操纵控制方面，都对双离合器提出了较高要求。

双离合变速器是按照其双离合器的结构形式进行分类的。目前，DCT 的双离合器通常采用干式单片或湿式多片两种结构形式。

1. 干式单片双离合器

干式单片双离合器的从动部分转动惯量小、散热性好、传动效率高，且结构简单、调整方便、不需要辅助动力，因此成本相对较低。这种离合器也称为双面离合器，两个离合器轴向并排布置，通过两组分离杠杆分别控制两个离合器的分离和接合。虽然从分离到接合的时间很短，但仍然存在功率中断现象。这种结构的双离合器往往轴向尺寸较大，给总体布置带来一定的难度。图 5-23 为干式单片双离合器的实物图。

2. 湿式多片双离合器

与干式单片双离合器相比，湿式多片双离合器具有压力分布均匀、磨损小、传递转矩容量大、摩擦片间隙无需专门调整等特点。湿式多片双离合器采用液压油强制冷却，起步时允许较长时间地打滑，高挡起步时不会烧损摩擦片，寿命可达干式单片离合器的 5 ~ 6 倍，被广泛应用于现代汽车的自动变速器。但湿式多片离合器处于分离状态时，因主、从动摩擦片之间存在液压油而产生较大的摩擦阻力，变速器的传动效率较低，且工作时需要辅助液压动力源。

DCT 的湿式多片双离合器通常采用径向并排布置方式，其轴向和径向尺寸均较大。为减小其尺寸，生产企业正在开发高性能摩擦材料，同时增加离合器液压油的摩擦因数。图 5-24 为湿式多片双离合器的实物图。

图 5-23 干式单片双离合器实物图

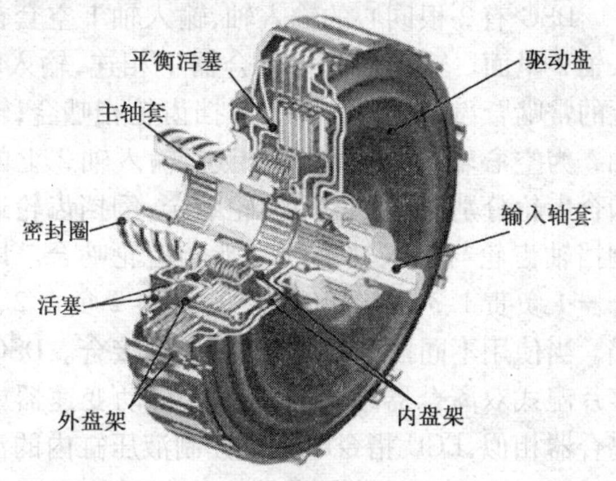

图 5-24 湿式多片双离合器实物图

二、双离合变速器的基本结构和工作原理

双离合变速器基于手动变速器而又不是手动变速器，它除了拥有手动变速器的灵活性和自动变速器的舒适性外，还能提供无间断的动力输出。其基本工作原理相当于采用两个离合器和两套变速器，一个变速器处于工作状态时另一个变速器空转，通过两个离合器的工况切换来实现两个变速器交替进入工作状态，可在不切断动力的情况下完成换挡，换挡过程非常迅速，从而消除了 AMT 切断动力换挡带来的问题，故又称为直接换挡变速器（Direct Shift Gearbox，DSG）。图 5-25 为大众第一代六挡直接换挡变速器 DSG。

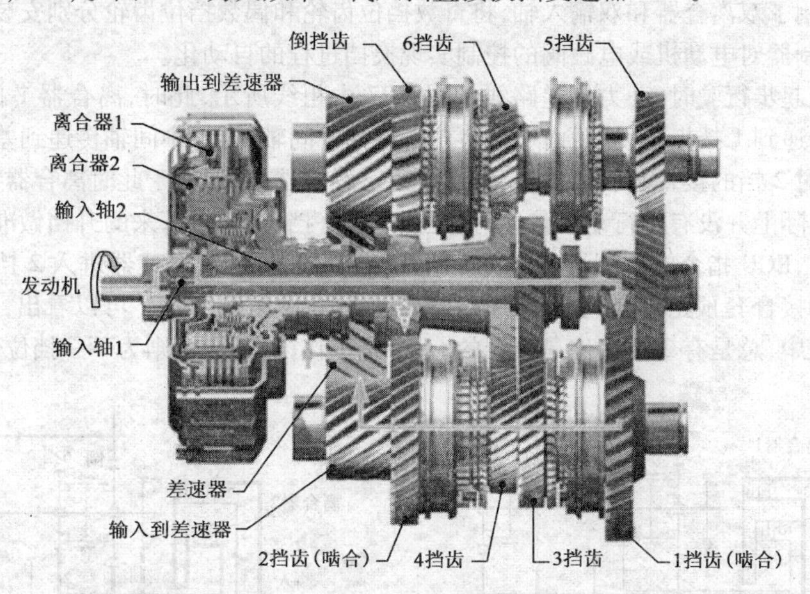

图 5-25 大众 DSG 双离合变速器

1. 双离合变速器的基本结构

双离合自动变速器的结构看上去类似于传统的三平行轴式齿轮变速器，然而由于采用了创新的双离合器结构设计方案，实际上两者的结构和工作原理是完全不同的。图 5-26 是该变速器的结构示意图，它主要由多片湿式双离合器、三轴式齿轮变速器、自动换挡机构和电子控制、液压控制系统等组成。

DSG有2根同心的输入轴,输入轴1空套在输入轴2里面。输入轴1与离合器1相连,输入轴1上的常啮合齿轮分别与1、3、5挡齿轮相啮合;输入轴2为空心轴,与离合器2相连,输入轴2上的常啮合齿轮分别与2、4、6挡齿轮啮合;倒挡齿轮通过倒挡轴齿轮与输入轴1的常啮合齿轮啮合。即离合器1负责1、3、5挡和倒挡,离合器2负责2、4、6挡。当使用不同挡位时,相应离合器接合。DSG的多片湿式双离合器结构与液压式自动变速器中的离合器相似,ECU指令电磁阀控制液压缸内的油压及活塞运动从而压紧离合器。控制系统保证两个离合器的工作状态是相反的,不会发生同时接合的情况。

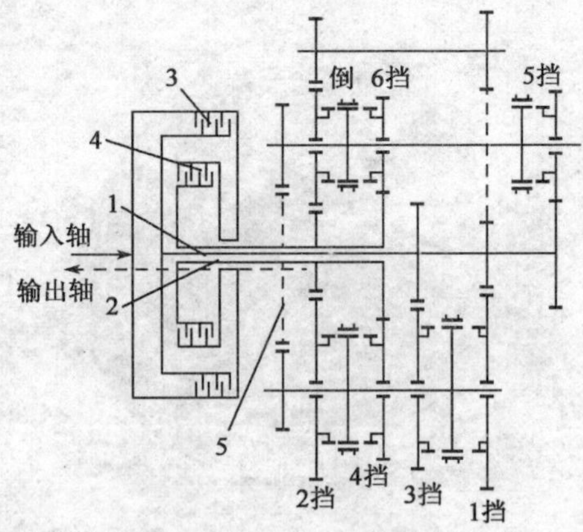

图5-26 双离合变速器结构示意图

1-输入轴1;2-输入轴2;3-离合器1;4-离合器2;5-差速器

驾驶员可以通过挡位选择器来实现挡位转换。挡位选择器实际上是一个液压马达,由液压控制系统控制。在液压控制系统中,有6个油压调节电磁阀,用来调节2个离合器和4个挡位选择器中的油压压力;另有5个开关电磁阀,分别控制挡位选择器和离合器的工作。

2. 双离合变速器的工作原理

双离合自动变速器的工作原理与自动变速器不同,它通过两个离合器的交替接合来实现换挡,采用了双离合器和双输入轴,将奇数挡位齿轮和偶数挡位齿轮分别安装在两根输入轴上,由控制器对电动机或电磁阀的控制实现换挡过程的自动化。

当1挡起步行驶时,动力传递路线如图5-27中粗线所示,此时,离合器1接合,动力由输入轴1传递到1挡齿轮,然后由1挡齿轮传递到中间轴,再由中间轴传递到差速器轴而输出;与此同时2挡的接合套已经接合,表示2挡已经被选中,但由于此时离合器2是分离的,所以2挡实际上并没有进行动力传递,只是预先选好挡位,为接下来的升挡做准备。当需要升入2挡时,ECU指令电磁阀将离合器1断开、离合器2接合,变速器进入2挡、退出1挡;同时3挡的接合套预先接合,动力传递路线如图5-28中粗线所示。可以看出,在DSG的整个工作过程中,总是有2个挡位是接合的,一个是工作挡,另一个则为下一挡位做准备。

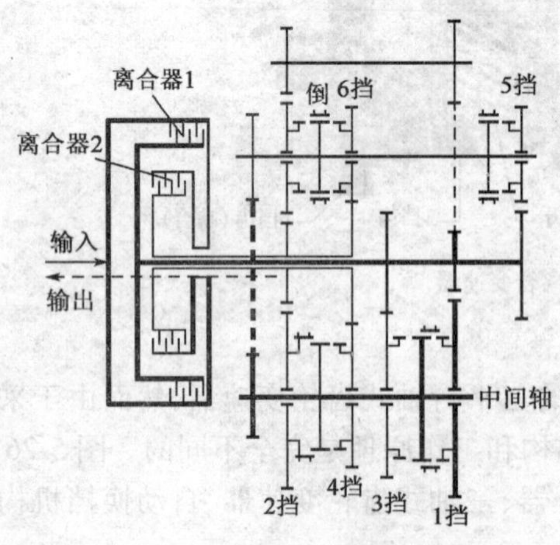

图5-27 1挡动力传递路线示意图

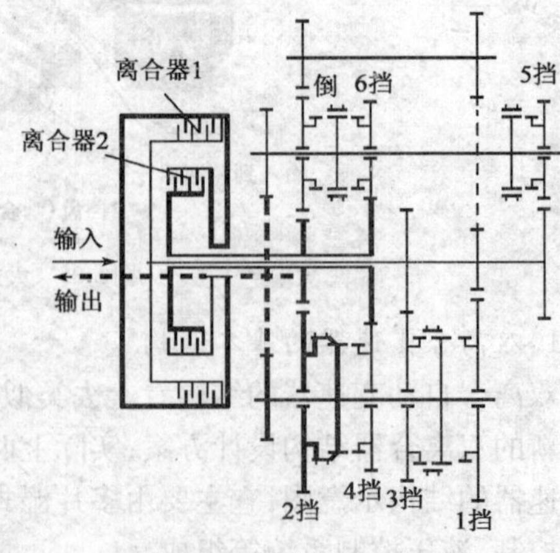

图5-28 2挡动力传递路线示意图

当 DSG 降挡时,同样也有 2 个挡位是接合的。假如 6 挡在工作,则 5 挡作为预选挡位而接合。

DSG 的升挡或降挡是由变速器控制器 ECU 进行判断的。当驾驶员踩下加速踏板时,ECU 判定为升挡过程,做好升挡准备;当驾驶员踩下制动踏板时,ECU 判定为降挡过程,做好降挡准备。通常情况下变速器升挡总是一挡一挡地逐步进行,而降挡有时候会跳跃式降挡,在手动控制模式下 DSG 也可以实现跳跃降挡。例如,从 6 挡降到 3 挡,连续按 3 次降挡按钮,变速器即可从 6 挡直接降到 3 挡,但是如果从 6 挡降到 2 挡时,变速器会先降到 5 挡,然后再从 5 挡直接降到 2 挡。跳跃降挡时,如果起始挡位和最终挡位属于同一个离合器控制,则要通过另一离合器控制的挡位进行转换,如果起始挡位和最终挡位不属于同一个离合器控制,则可以直接跳跃降至所选定的挡位。

双离合自动变速器的整个换挡过程非常迅速,换挡时间可低于 0.2s,这是手动变速器和其他自动变速器很难达到的换挡速度。

三、DCT 的关键技术

开发双离合器自动变速器的核心技术主要是双离合器模块、扭振减振器模块和控制器模块等。双离合器模块是两个可以组合在一起的离合器,分别用于接合和分离双离合器自动变速器中的奇数挡位轴和偶数挡位轴与发动机的动力输出,它相当于双离合器自动变速器的心脏,可以承受很高的工作负荷并维持双离合自动变速器的可靠运行。扭转减振器模块的作用就是将发动机动力输出的扭转振动进行衰减,从而提高车辆舒适性并延长零部件的使用寿命。扭振减振器模块可以和双离合器模块集成在一起,使结构更加紧凑。控制器模块是自动变速器的大脑,在双离合器自动变速器中它控制双离合器的接合和分离以及各挡位齿轮组同步机构的接合和分离。

1. 双离合器模块

与手动变速器相比,双离合变速器使用两个离合器,但没有离合器踏板,它们的工作状态是相反的,不允许发生两个离合器同时接合的情况。与标准的自动变速器中离合器控制一样,双离合器控制由电子控制系统和液压控制系统来完成。在双离合器变速器中,离合器是独立工作的,一个离合器控制奇数挡位(如:1、3、5 挡和倒挡),另一个离合器控制偶数挡位(如:2、4 和 6 挡)。

双离合自动变速器的起步控制与 AMT 的控制相同,其控制目标是保证起步过程离合器平稳接合,从而减小发动机的转速波动并延长其使用寿命。起步过程受驾驶员操纵意图、车辆和外界条件等因素的影响,应根据节气门位置、发动机转速、输入轴转速、发动机转速与输入轴转速差等参数确定离合器的接合速度和行程,并对节气门位置加以控制,满足车辆乘员乘坐舒适性和离合器使用寿命的要求。

2. 换挡控制

DCT 的挡位切换是由挡位选择器控制的,挡位选择器实际上是个液压马达,由液压控制系统控制其工作状态,推动拨叉即可接入相应的挡位。例如,某 6 挡 DCT 的液压控制系统使用 6 个调节电磁阀,用来调节 2 个离合器和 4 个挡位选择器中的液压油压力;另外还有 5 个开关电磁阀,分别控制挡位选择器和离合器。

理论上,DCT 在换挡过程中不切断动力,因此,换挡控制系统必须保证在摘下某一挡的同时挂上另一挡位,但实际上在一个离合器分离和另一个离合器接合的过程中总是有动力切断的，只是时间非常短暂，与其他离合器相比可以忽略不计。另外，DCT 通常没有液力变矩器，因此对换挡过程中离合器的控制有较高的要求。为缩短动力中断时间，双离合器切换过程中必然存在两个离合器转矩传递的重叠或中断现象，因此，必须对离合器的切换时序进行精确控制，它是保证换挡品质及离合器工作寿命的关键技术。如果切换时间控制不当，可能造成两个挡位之间的互锁干涉及换挡冲击，使传动系统产生较大的动载荷，造成离合器摩擦片滑摩、摩擦片产生变形、温度升高甚至烧蚀，直接影响离合器的分离、接合特性和使用寿命。此外，还要特别注意防止在换挡临界点频繁升降挡。假如车辆在加速过程中，刚换到一个高挡位，因道路阻力增大因素，车速稍有下降，并在换挡临界点左右摆动，控制系统必须能够根据车速、发动机节气门开度信号以及挡位情况，决定是降挡还是维持挡位不变，防止出现两个离合器及换挡操纵机构频繁切换的情况，这也是 AMT、CVT 同样面临的关键技术问题。

另外，DCT 变速器还引入了线控换挡的新理念。线控换挡是指在变速杆和变速器之间采用电子连接，驾驶者操纵变速杆只是发出一个电信号，而不是直接操纵变速器，具体的换挡过程则由变速器控制模块来完成，这样不仅保证了准确快速地执行操作，同时也减少了不必要的机械磨损。

3. 扭转减振器模块

由于换挡前后的传动比发生了突变，因此传动系统必然产生振动和冲击。减小换挡过程振动冲击的方法主要有发动机转矩控制、离合器滑摩控制和扭转减振器吸振控制。由于换挡过程时间短暂，发动机转矩控制受到一定限制，因此，最有效的减振方法应该是离合器滑摩控制和扭转减振器吸振控制。离合器滑摩控制是实现车辆平稳起步、低速爬行及换挡时双离合器平滑切换的必要条件，但它是以延长换挡时间和增加离合器滑摩功为代价的。扭转减振器用以吸收传动系统的振动冲击，在双离合自动变速器中通常采用双质量飞轮式扭转减振器。由于这种新型扭转减振器的扭转角度大、扭转刚度小，对减小换挡冲击的效果非常明显。

4. 控制器模块

双离合自动变速传动是一个多自由度扭转振动传动系统，系统的振动机理和离合器滑摩机理亦十分复杂，必须综合考虑多种因素，如非线性、时滞、干扰、变参数等。通常情况下，我们根据最佳动力性、最佳经济性和驾驶舒适性综合最优的原则，确定系统匹配控制策略，通过发动机转矩控制、双离合器转矩控制及分离接合控制、挡位切换控制等实现传动系统的综合控制，保证车辆控制性能。

四、DCT 的特点

与传统的手动变速器 MT 相比，DCT 使用更加方便，因为从操纵系统来说它属于自动变速器，使得手动变速器具备自动操纵功能，同时大大改善了汽车的燃油经济性和动力性。另一方面，DCT 还消除了手动变速器在换挡时的转矩中断，使驾驶更加灵敏。与传统的自动变速器 AT 相比，DCT 具有较高的传动效率，据资料报道，其传动效率较传统的自动变速器提高 15% 左右。与电控机械自动变速器 AMT 相比，换挡时不切断动力传递，传递效率高。与无级变速器 CVT 相比，DCT 不仅能够传递更大的转矩，而且克服了 CVT 传动带使用寿命短的缺点。

虽然 DCT 的尺寸较小，但能够传递较大的转矩，现有技术条件下的 DCT 产品所传递的转矩高达350N·m。为了最大限度地节省空间,将两个由电子控制和液压驱动的多片式离合器整合为一体,这种类型的变速器不仅具有高效率以及传递大转矩的能力,而且还有非常良好的起动特性。它能够在极低的附着系数路面下平稳起步,也能够在高附着系数路面上以全节气门开度起步。总之,DCT传动系统的特点可以归纳为以下4个方面:

(1)DCT在换挡过程中不存在动力中断,因此换挡时不会产生明显的减速现象,且缩短了换挡时间,两个离合器的切换时间通常仅为0.2~0.4s左右,所以乘员没有明显的感觉,因而极大地提高了换挡舒适性,保证了车辆具有良好的动力性与换挡特性;

(2)DCT是在传统的手动变速器基础上进行自动化的,从而以结构简单的平行轴式变速器达到了结构复杂的行星齿轮变速器的效果。且在离合器分离的情况下,挡位可以预先啮合,因此有较充足的转速同步时间。此外,DCT还可以充分利用原有手动变速器的生产线,只需增加少量的生产设备即可,生产继承性好,适合于现有的手动变速器生产厂家将产品进行升级换代;

(3)DCT不需要液力耦合器或液力变矩器,动力传递过程中的能量损失很小,大大提高了车辆的燃油经济性;

(4) DCT具有宽广的应用范围。由于上述的诸多优点,DCT既可以应用于大型车和中型车上,也可以应用在运动车上。而且,在传递转矩较高的车辆中,DCT的应用更为有利。这是因为它的两个传动轴一般情况下是同心的,即中间的一个传动轴是实心轴,而套在它外面的则是一个空心轴,由于其刚度、强度以及结构尺寸等方面的原因,较大的传动轴轴径有利于双离合自动变速器的设计,更适合发动机排量较大的车辆;

需要说明的是,DCT尚处于发展阶段,其技术难度相比于AMT复杂很多,生产成本相应较高,且DCT难以实现更高挡位的动力传递,使得其在要求速比变化范围较宽的市场缺乏竞争力。

第四节　混合动力传动系统

混合动力系统(Hybrid Power System,简称HPS)是指采用两种或两种以上能量转换方式的能量转换装置。早在20世纪60年代初就有了利用排气余热的联合循环动力系统,现在发电系统中使用的燃气、蒸汽联合动力系统,以及近年来开发的熔融碳酸盐型和固体氧化物型燃料电池与燃气轮机联合发电系统等均属于混合动力系统,其突出特点是能量转换效率高。为了提高车辆的能量利用效率、改善其排放性能,混合动力也被应用在汽车动力传动系统中,且应用前景广阔。

混合动力汽车指携带有不同动力源(两个或两个以上)、能够根据车辆的不同运行工况同时或分别使用不同动力源而行驶的汽车,与传统汽车的最大区别是动力驱动系统。车载动力源有多种形式,如发动机、蓄电池、飞轮电池、超级电容器、燃料电池、太阳能电池等。根据能量储存方式的不同混合动力汽车可分为两大类,即液压蓄能式混合动力汽车HHV(Hydraulic Hybrid Vehicle)和电力蓄能式混合动力汽车HEV(Hybrid Electric Vehicle)。液压蓄能式混合动力汽车由液压驱动系统和热力发动机驱动系统组成,电力蓄能式混合动力汽车则由电力驱动系统和热力发动机驱动系统组成。车辆混合动力传动系统的具体形式在实际使用中可能存在差异,本节只对一些典型的、常用的形式做简单介绍。

一、液压蓄能式混合动力传动系统

液压蓄能式混合动力汽车主要用于大型乘用车、工程机械以及载货车等重型车辆，于20世纪80年代研究和开发，目前已成功应用于多种大型旅行车，如日本三菱公司的MBECS旅行车、日产公司的ERIP旅行车等。液压系统主要由液压马达、液力蓄能器、储液罐等组成。蓄能器由液体和装有惰性气体(通常为氮气)的气囊组成，其基本结构和工作原理如图5-29所示。该系统由一个具有可逆作用的液压马达实现蓄能器中的势能与车辆动能之间的转换。汽车起步或加速时，蓄能器中的液体经由液压泵流出并进入储液罐，液压马达辅助发动机工作。储液罐的压力通常为0.85~1.25MPa；汽车制动时，液体自储液罐经液压泵泵入蓄能器，蓄能器中的氮气被压缩，内能增加，汽车的动能被存储在蓄能器中，实现制动能量的储存和回收。

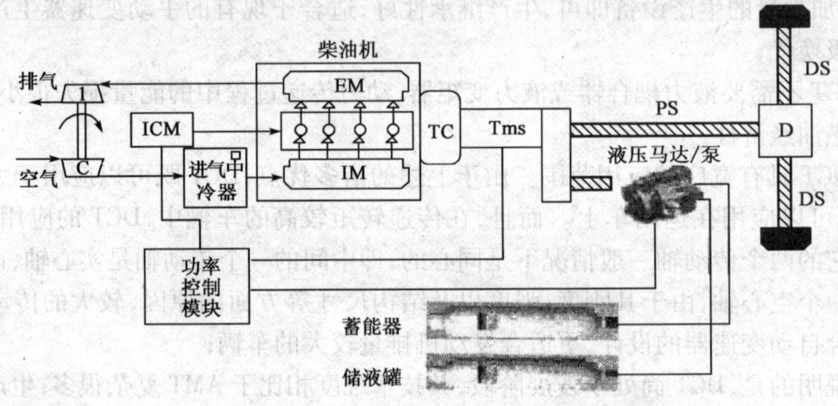

图5-29　液压蓄能式混合动力系统组成及原理简图

图5-30所示为用CVT和蓄能器取代传统的变速器，蓄能器放置在两个变排量液压元件之间，发动机的工作可独立于车辆的工作与蓄能器的充能状态之外，它可使蓄能器旁路而使车辆由CVT驱动。日本的Mitsubishi公司、德国的MAN公司都曾开发研制过该系统。对样车的测试表明：系统燃油经济性可提高25%~30%。目前，该系统已成功应用于欧洲和北美的多个城市的公共汽车。

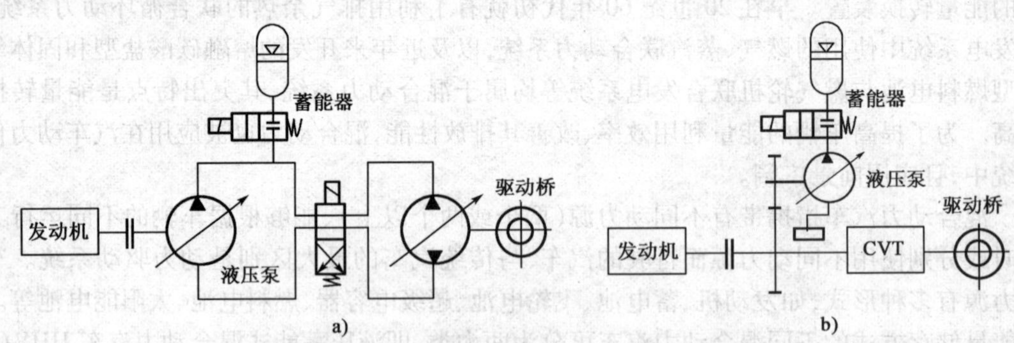

图5-30　使用液压蓄能器的车辆混合动力传动系统原理图

液压蓄能式混合动力汽车能够回收制动能量，经济性好，起动加速时的废气排放低，如MBECS大型旅行车可降低油耗25%，减少NOx排放40%左右，但是在拥挤道路上行驶时优点不明显。

二、电力蓄能式混合动力传动系统

电力蓄能式混合动力系统的能量储存器主要有飞轮电池、超级电容器和蓄电池等。

1. 飞轮电池混合动力传动系统

飞轮电池 FWB(Fly Wheel Battery)储能的概念起源于20世纪70年代,最初的想法是将其应用于电动汽车,但由于受到当时技术条件的限制而没有得到发展。直到20年后,随着电路拓扑思想的发展和碳纤维材料的广泛应用,以及世界范围对污染的重视,飞轮电池技术又一次受到重视并得到了快速发展,并且由于磁轴承技术和其他新技术的发展,这种飞轮电池技术显示出更加广阔的应用前景。

飞轮电池储能系统包括3个核心部分,即飞轮、电动机或发电机和电力电子转换装置,其储能原理如图5-31所示。

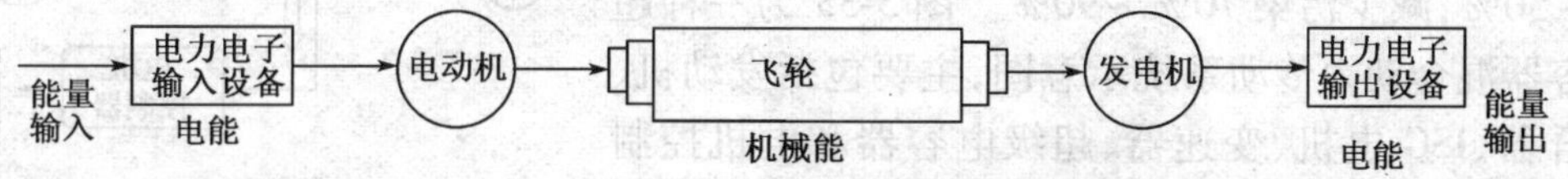

图5-31　飞轮储能原理图

可以看出,电力电子转换装置从外部输入电能驱动电动机旋转,电动机带动飞轮旋转,飞轮储存动能(机械能);当外部负载需要能量时,飞轮带动发电机旋转,将动能转化为电能,再通过电力电子转换装置转换为满足负载需要的各种频率、电压等级的电能。由于输入、输出是彼此独立的,设计时常将电动机和发电机用一台电机来实现,输入输出变换器也合并成一个。飞轮的转速越高储存的电能越多,实际工作中飞轮的转速通常在50 000r/min以上,所以通常采用轻质的碳纤维材料制成;为了减少充放电过程中的能量损耗,电机和飞轮都使用磁悬浮轴承,以减少机械摩擦;同时,将飞轮和电机放置在真空容器中,以减少空气摩擦。这样飞轮电池的净效率可达95%左右。

飞轮电池充电快,放电完全,非常适合应用于混合动力传动的车辆中。车辆正常行驶和制动时,飞轮电池充电;车辆加速或爬坡时,飞轮电池则为车辆提供动力,图5-32所示为其结构和工作原理简图。为了提高效率,可采用多种功率分流形式,图5-32a)所示系统中增速齿轮位于主传动系统,在主传动系统中无级变速装置取代传统的多级变速器,储能飞轮由一个CVT与驱动桥相连。图5-32b)所示系统中飞轮装置位于变速器和驱动桥之间,主传动系统保持不变,其优点是当储能系统出现故障时,车辆仍能够正常行驶。

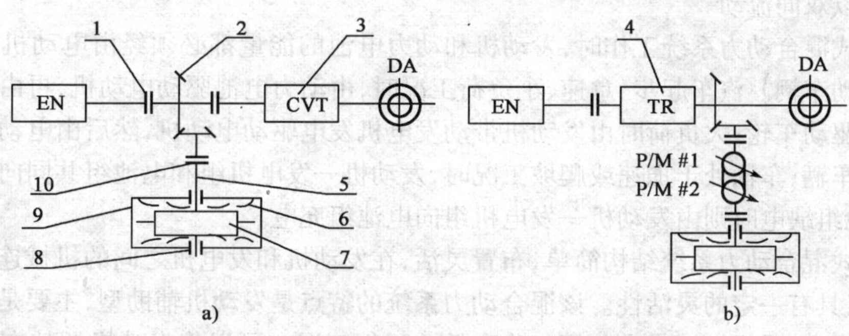

图5-32　使用储能飞轮的混合动力传动系统原理图

1-主离合器;2-增速齿轮;3-无级变速器;4-变速器;5-飞轮轴;6-空气流;7-高速飞轮;8-轴承;9-飞轮箱;10-飞轮离合器

2. 超级电容器储能的混合动力传动系统

超级电容器的研制成功是蓄电池储能的一次革命。蓄电池储能是由电能转变成化学能,再由化学能转变成电能,能量损失大。超级电容器直接充电和放电,且充放电过程中没有能量形式的转变,效率高达98%左右,且充放电量大、速度快(0.3s~15min),其快速充电特性非常适合用于制动过程中的能量回收;超级电容器使用寿命长(充放电次数50万~100万次),是铅酸蓄电池的700~1 400倍。据有关资料介绍,超级电容器能吸收70%的动能,对于城市公共交通,可节省大量的燃料,而且成本较低,应用前景广阔。超级电容器应用于混合动力电动汽车的储能系统时,使车辆起步加速快、爬坡能力强,且由于它在低转速、大负荷情况下能量基本不受损失,故使用超级电容器储能的混合动力系统可以避免发动机在低转速、大负荷工况下运行,节油30%~50%,减少污染70%~90%。图5-33为一种超级电容器混合动力传动系统示意图,主要包括发动机、双离合器、ISG电机、变速器、超级电容器和电机控制器。为合理地发挥各部件的最大效率,需要在有限的空间内设计出合理的ISG电机与双离合器的集成结构。

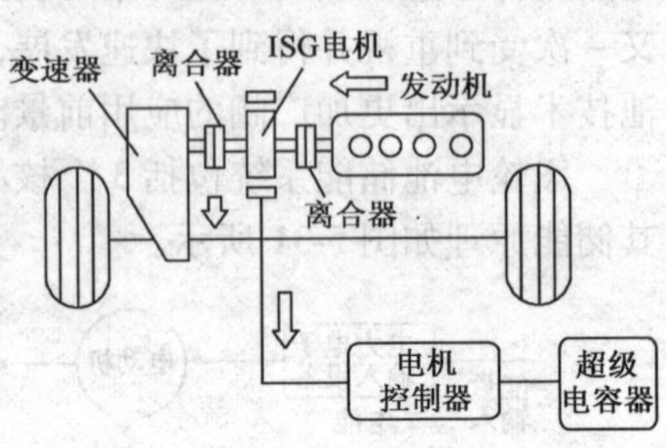

图5-33 使用超级电容器的混合动力传动系统示意图

3. 蓄电池储能的混合动力传动系统

蓄电池储能的混合动力系统是近年来发展的主要方向,也是研究的热点。通常把汽(柴)油发动机与电动机两种动力组合而成的汽(柴)油—电力混合动力传动系统简称混合动力系统。根据车辆行驶状况合理地使用这两种动力,在尽可能发挥各自功效的同时,使它们互为补充,取长补短。混合动力系统的突出优点主要有5个方面,即,①能量转换效率高;②发动机工作在经济工况区域,废气排放低;③发动机远离全负荷和最高转速区域,噪声小;④能够回收制动能量并利用已有的燃油设施;⑤改善能源结构、解决汽车的替代能源问题等。当然,与传统汽车的传动系统相比,其缺点是结构复杂、成本较高,且由于具有两套动力系统,使得质量和占用空间均增加,因此,故障率高于传统汽车的传动系统。目前,按照动力传输路线来分,混合动力传动系统主要有串联式、并联式和混联式3种形式。

1)串联式混合动力传动系统

串联式混合动力传动系统主要由动力电池、发动机—发电机组、电动机(可作为发电机用)、逆变器、变速器和驱动桥等组成,工作时能量传递路线如图5-34所示,图中双向箭头表示能量可以双向流动。

串联式混合动力系统工作时,发动机和动力电池的能量都必须经由电动机转换为机械能从而驱动车辆。汽车起步、怠速、小负荷工况时,由动力电池驱动电动机,再由电动机通过变速机构驱动车轮;大负荷时由发动机带动发电机发电驱动电动机,然后由电动机通过变速机构驱动车辆;车辆处于加速或爬坡工况时,发动机—发电机组和电池组共同向电动机提供电能;电池组缺电时则由发动机—发电机组向电池组充电。

串联式混合动力系统结构简单、布置灵活,在发动机和发电机之间的机械连接部分不需要离合器,具有一定的灵活性。该混合动力系统的特点是发动机辅助型,主要是为了增加汽车的续驶里程,适用于城市内频繁起步和低速运行工况。可以将发动机调整在最佳工况点附近稳定运转,使发动机避免了怠速和低速运转的工况,从而提高发动机效率,减少废气排放。该系统的主要缺点是能量转换次数多,效率较低。

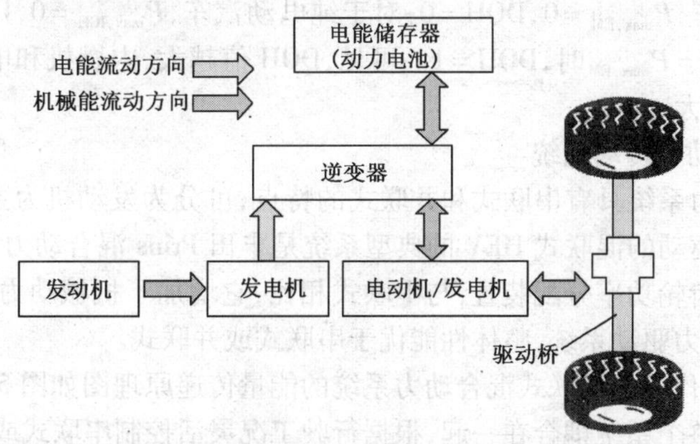

图 5-34 串联式混合动力系统动力传递示意图

2)并联式混合动力传动系统

并联式混合动力传动系统主要由动力电池、发动机、电动机(可作为发电机用)、逆变器、变速器和驱动桥等组成,工作时能量传递路线如图 5-35 所示,图中双向箭头表示能量可以双向流动。

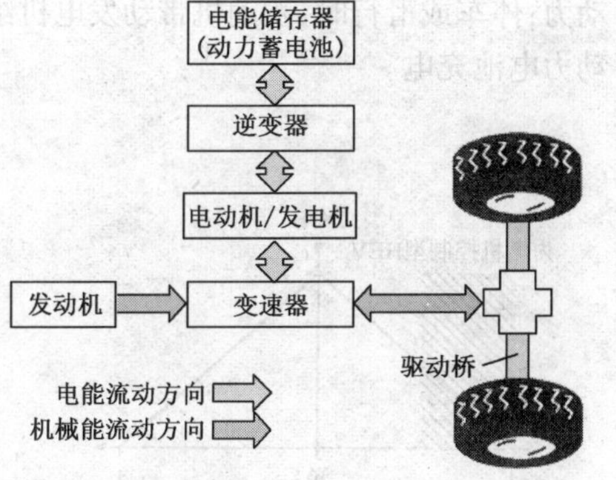

图 5-35 并联式混合动力系统动力传递示意图

并联式混合动力系统工作时,发动机和电动机分属两套系统,在不同的路面上既可以共同驱动也可以单独驱动,即有发动机单独驱动、电动机单独驱动和发动机与电动机共同驱动 3 种驱动模式。汽车起步、怠速和市区行驶时,由电动机通过变速机构驱动车轮;汽车在大负荷、加速或爬坡时,电动机和发动机能够同时向传动系统提供动力,改进了串联式混合动力系统最大功率不足的缺陷;汽车在中等负荷行驶时,采用发动机单独模式,保证发动机工作在高效率区域并减少排气污染。电动机既可以作电动机又可以作发电机使用,故也称为电动机—发电机组,当发动机提供的功率大于驱动电动机所需要的功率时,电动机即作为发电机工作,将多余的能量储存在动力电池中。并联式混合动力系统的实例有本田的 Insight、日野的 HIMR 等。

并联式混合动力系统的突出优点是发动机直接通过传动机构驱动车轮,没有串联式的机械能—电能—机械能的转换过程,因此,总的能量转换效率较串联式高;同时因具有发动机和电动机两套独立的动力总成,每一套动力总成的功率设计为车辆驱动功率的 50% ~ 100% 即可,质量和体积较小,因而得到广泛的应用。该系统的主要缺点是结构复杂,布置和控制更加困难,且由于以发动机驱动为主,故有害气体排放高于串联式。

为了区别不同的并联混合动力系统,经常使用混合度 DOH(Degree of Hybridization)的概念。假定系统中发动机和电动机的最大功率分别为 $P_{\max,ICE}$ 和 $P_{\max,EM}$,则:

$$\mathrm{DOH} = 1 - \frac{|P_{\max,EM} - P_{\max,ICE}|}{P_{\max,EM} + P_{\max,ICE}} \tag{5-8}$$

若以 $(P_{\max,EM} - P_{\max,ICE})/(P_{\max,EM} + P_{\max,ICE})$ 为横坐标,DOH 为纵坐标,则各种并联混合

动力系统的混合度如图 5-36 所示。

对于内燃机汽车，$P_{max,EM}=0$，DOH $=0$；对于纯电动汽车，$P_{max,ICE}=0$，DOH $=0$；对于混合动力汽车，当 $P_{max,ICE}=P_{max,EM}$时，DOH $=1$。可见，DOH 值越大，内燃机和电动机的功率越接近，即混合的程度越大。

3)混联式混合动力传动系统

混联式混合动力系统具有串联式和并联式的特点，可分为发动机为主和电动机为主两种传动形式。单桥驱动的混联式 HEV 的典型系统是丰田 Prius 混合动力系统，Prius 的显著特点是配备了行星齿轮功率分配装置，与串联式相比，它增加了机械动力传动系统，与并联式相比，它增加了电力驱动系统，整体性能优于串联式或并联式。

以丰田 Prius 为代表的混联式混合动力系统的能量传递原理图如图 5-37 所示。行星齿轮功率分配装置将整个系统耦合在一起，根据行驶工况灵活控制串联式或并联式，以实现热效率最高、有害排放最低的目标。通常情况下，起步或低负荷行驶时，由蓄电池向电动机供电驱动车辆；匀速行驶时，由发动机驱动车辆；加速或爬坡行驶时，发动机和蓄电池共同提供动力；停车或滑行时，发动机带动发电机给动力电池充电；制动或减速时由再生制动系统向动力电池充电。

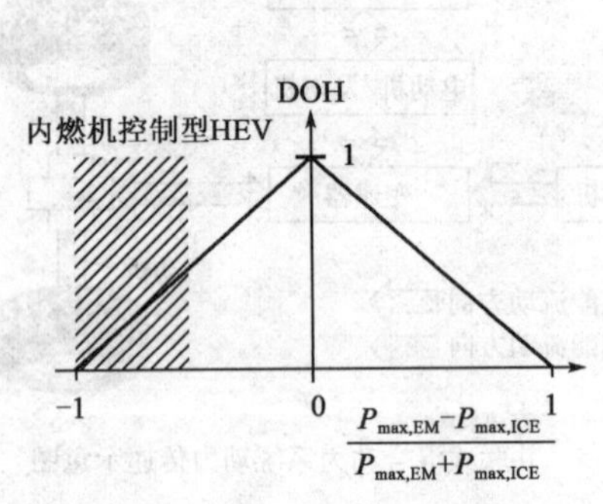

图 5-36　混合动力系统的混合度 DOH

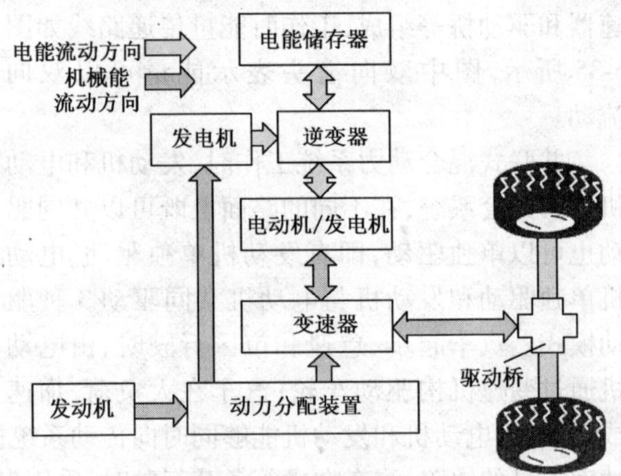

图 5-37　串、并联混合式混合动力系统示意图

混联式混合动力系统的突出特点是每一个独立的动力总成的功率和体积小、节能效果好、有害排放少；综合能量转换效率高；具有电动机独立驱动模式，可在城市中实现"零污染"行驶。但其缺点是结构比较复杂、布置困难、且成本高。

经过 10 多年的发展，混合动力系统总成已从原来的发动机与电动机离散结构向发动机、电动机和变速器一体化结构发展，即集成化混合动力传动总成。

三、混合动力系统的变速器

由于驱动系统的变化，混合动力传动系统的变速器技术在结构和控制技术方面也随之发生了变化。目前，混合动力系统变速器基本上可以分为三大类，即以丰田 Prius 为代表的全新结构；福特 Model U 为代表的以传统变速器为基础的改进和变形结构；以及传统的变速器结构等。

新款丰田 Prius 混合动力传动系统的行星齿轮变速器简图如图 5-38 所示，变速驱动桥由发电机、电动机和行星齿轮组组成。发动机与行星齿轮架相连，发电机与太阳轮相连，电动机与齿圈相连，电动机和差速器齿轮通过传动链和齿轮等机构相连。

福特公司2003年推出的Model U概念车中，在传统变速器的基础上进行改进和变形，采用了以电动机控制的无级变速技术，电动机及其控制技术取代了原有AT中的液力变矩器。利用电动机的快速响应特性，通过对电动机的主动控制实现了液力变矩器原有的功能，如起步、离合器接合、换挡等，实现了无动力中断的换挡控制。

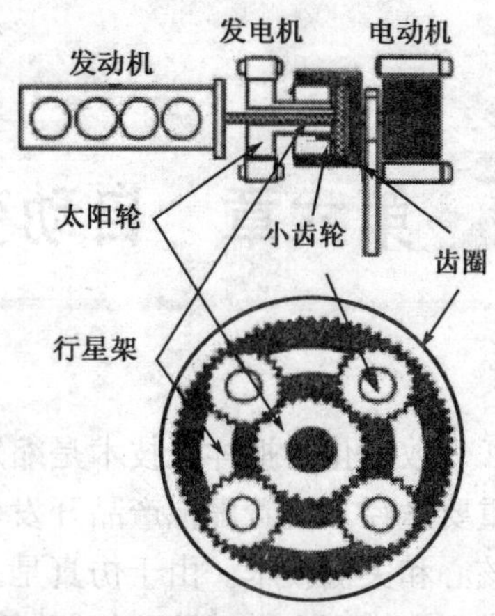

图5-38 丰田Prius混合动力系统行星齿轮变速器示意图

第三类就是传统的AT、AMT、CVT变速结构，仍采用传统的控制方式，这也是国内外混合动力汽车研发中应用最多的一类变速器结构形式。在我国现有技术条件下，采用Prius的行星齿轮变速机构涉及专利问题；采用CVT则价格较高；不利于国内自主研发混合动力汽车的产业化；比较现实可行的方案是采用AMT形式的变速机构，成本较低，可以实现自动换挡，且具有MT变速传动系统的高效性。

第六章　自动变速器建模与仿真

数字化虚拟样机技术是缩短车辆研发周期、降低开发成本、提高产品设计和制造质量的重要途径。随着虚拟产品开发、虚拟制造技术的逐渐成熟,仿真技术成为数字化虚拟样机的核心和关键技术。由于仿真是基于模型,甚至是基于虚拟模型的试验科学,它通过构造系统模型在模型上做试验,对试验结果进行分析,取得和真实事件相同的效果,具有安全、经济、便于观测、可重复多次等显著优点。在汽车自动变速器设计、生产和制造过程中尤为重要。为了降低产品开发风险,在样机制造出来之前,利用数字化样机对自动变速器的性能进行计算机仿真,并优化其参数就显得十分必要。

第一节　3种建模方式

自动变速器系统自身涉及多个学科领域,例如机械(齿轮变速系统)、液压(阀板系统)、电控(TCU)、散热(润滑和冷却系统)等。针对不同的研究目标,可以采用不同的建模方式对自动变速器系统进行不同条件和程度的建模。

目前,用于自动变速器系统的建模方式有3种:

一、信号方块图式建模

仿真软件以信号方块图的形式提供给用户各种功能模块,用户可以直接用鼠标对其拖放,建立它们之间的信号连接,从而完成建模。模型中各个功能模块连接之间的信息传递是单向的。

该建模方式要求使用者对所研究对象的系统方程比较熟悉,因此,模型的正确与否很大程度上取决于建模人员对研究对象本质了解程度的高低。该建模方式主要适用于控制系统。

图6-1为简单模型及其仿真结果的示意图。图6-1a)中的第一个方块图的功能生成正弦信号,第二个方块图对连续信号进行采样。仿真结果如图6-1b)所示。

二、基本元素和元件式建模

在工程领域,任何物理系统都可以分解为工程系统的各种最小要素(基本元素),或者通过对基本元素进行组合形成工程系统进而描述物理系统。基本元素和元件式建模就是基于这种理念。元件是由若干个基本元素组成的,对于频繁使用的元件,通常被打包,并作为基本元素放在软件中供用户使用。仿真软件提供了各种基本元素和元件。使得用户可以方便的使用各种简单的基本元素和元件来建立模型,去尽可能详细和精确地描述零部件以及它们构成的复杂工程系统。

该建模方式不需要使用者详细掌握所研究对象的系统方程，适用于真实的物理系统的建模，例如机械、液压、气动、热力和电控等，是目前应用最为广泛的一种建模方式。

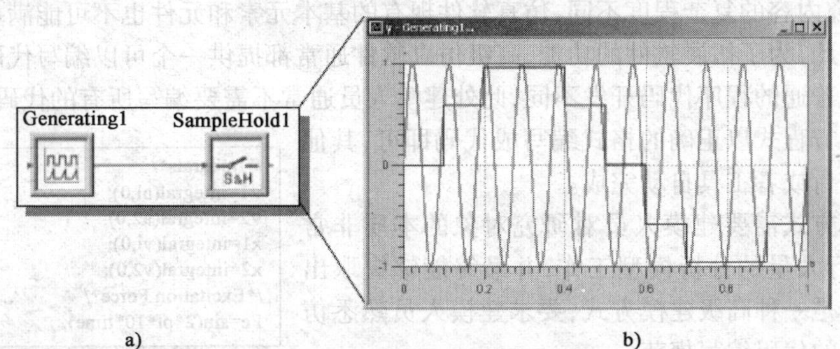

图 6-1 信号方块图式建模示例

a）模型示意图；b）仿真结果

图 6-2 描述了一个在重力作用下做自由落体运动的球体这一真实物理系统的建模方式和仿真结果。图 6-2a）是对该真实物理系统的描述，其中要求球体与地面的接触是弹性的，并且规定了载荷和位移的方向。基于该建模方式，这个真实物理系统可以分解为：描述球体的质量基本元素（mass1）、描述球体所承受重力的外载荷基本元素（source1）、描述与地面接触特性的基本元素（endStop1）和描述地面的基本元素（preset1），将这些基本元素连接起来构成如图 6-2b）所示的模型。图 6-2c）为球体从开始自由落下直到静止在地面上的整个运动过程的位移仿真结果，显然，由于球体与地面之间的弹性接触特性，球体会"穿透"地面。

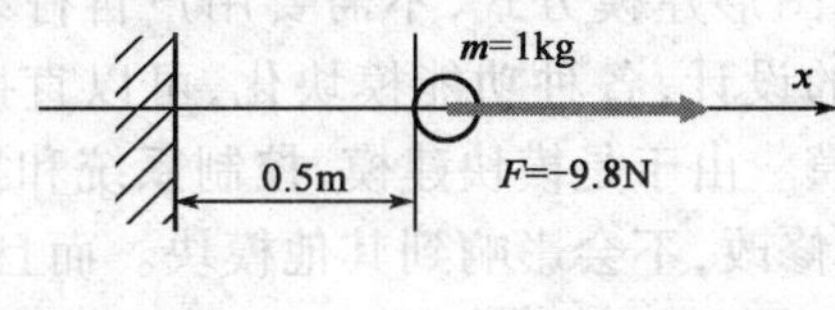

a)

b)

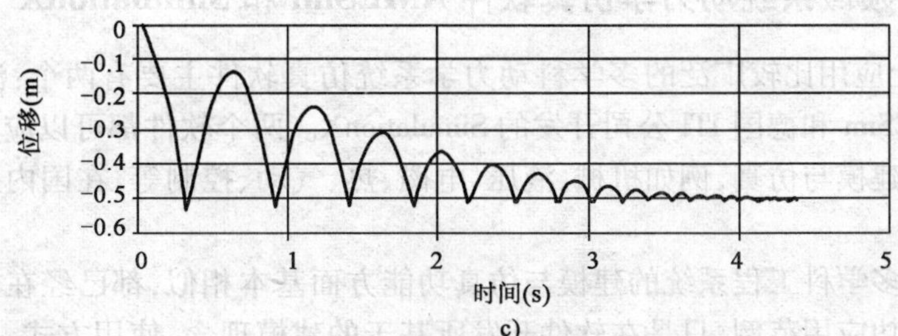

c)

图 6-2 基本元素和元件式建模示例

a）真实物理系统；b）模型示意图；c）仿真结果

三、数学方程式建模

由于工程系统的多样性和复杂性,任何仿真软件不可能提供所有的基本元素和元件;另外,由于研究内容的复杂程度不同,仿真软件现有的基本元素和元件也不可能满足所有的建模要求。因此,为了拓展软件的功能,高级仿真软件通常都提供一个可以编写代码的平台或者工具。与普通的程序代码开发不同,此处建模人员通常不需要编写所有的代码,只需要将核心的数学方程式以正确的格式编写成代码即可,其他全部由该平台或者工具自动完成。

该建模方式需要建模人员对研究对象的本质非常熟悉,并进行大量的分析模型工作,并最终能够提取出方程组。它是一种高级建模方式,要求建模人员熟悉仿真软件要求的代码编写规范。

图 6-3 为该建模方式基于 Modelica 语言的示例,用来定义速度、位移和激振力。

```
/*Integrals*/
v1=integral(al,0);
v2=integral(a2,0);
x1=integral(vl,0);
x2=integral(v2,0);
/*Excitation Force*/
Fe=sin(2*pi*10*time);
```

图 6-3　数学方程式建模示例

第二节　仿真软件简介

一、仿真软件 MATLAB 工具箱 Simulink 简介

Simulink 是 MATLAB 集成的一个用来对动态系统进行建模、仿真和分析的软件系统,它支持连续系统、离散系统或者两者混合的线性、非线性系统,也支持多个变量、多速率系统。该软件系统是基于图形建模方式,不需要用户自行编写代码,既可用于动力学模拟,也可以用于控制系统的设计,各种功能模块化,可以直接用鼠标拖放模块,建立模块之间的信号连接,进行建模。由于是模块建模,控制系统和控制对象可以分别进行建模,每个模块的参数可以单独修改,不会影响到其他模块。而且软件系统中的控制对象的模块化和标准化,采用不同的控制模块可以对比分析不同控制方法的优劣,从而进行最佳控制算法的选择和设计。另外,该软件系统是开放的,各种成熟的工具箱可以进行扩展并加入到软件系统中。

只有使用者对所描述对象的特性方程非常熟悉,才能正确建模得到合适的结果,因此该软件主要应用于控制系统。

二、多学科领域系统动力学仿真软件 AMESim 和 SimulationX

目前,市场上应用比较广泛的多学科动力学系统仿真软件主要有两个:法国 IMAGINE 公司开发的 AMESim 和德国 ITI 公司开发的 SimulationX。两个软件都可以应用于多学科领域的工程系统的建模与仿真,例如机械、液压、电磁、热、气动、控制等,在国内外都已获得较大的工程应用。

两个软件在多学科工程系统的建模与仿真功能方面基本相似,都已经在各个行业领域获得了较多的成功应用范例,只是在软件开发所基于的建模理念、使用方式、二次开发等方面有些差别。

2006 年,北京航空航天大学交通科学与工程学院(原汽车工程系)与德国 ITI 公司合作

成立了北航—ITI SimulationX 培训中心,负责 SimulationX 软件在中国的所有软件培训和技术支持工作。鉴于多年的技术培训和工程应用经验,下面以 SimulationX 软件为平台,介绍液力自动变速器的建模与仿真技术。

第三节 SimulationX 在液力自动变速器的应用举例

一、行星变速系统的建模与仿真

由第二章可知,液力自动变速器的行星齿轮变速机构是由多个行星排和若干个换挡元件组成的。下面分别说明 SimulationX 软件中行星齿轮机构的建模方法。

软件 SimulationX 提供了两种不同复杂程度的行星排建模方法:简单建模方法和详细建模方法。在简单建模方法中,仅需要知道行星排的传动比。基于该方法,可以计算出各个旋转构件的转速、力矩和功率损耗。在详细建模方法中,需要知道行星排的详细结构信息,例如齿轮齿数、模数、中心距等,通常采用详细建模方法。基于该方法,可以计算出各个轴的转速、转矩、齿轮啮合力、齿轮变形、轴承载荷和功率损失,甚至可以考虑构件质量不均匀对整个机构传动的不良影响。根据不同的仿真目的,可以选择不同的建模方法。

SimulationX 中的动力传动库(Power Transmission)中提供了用于简单建模的两个基本元件:Planetary Gearbox 和 Ravigneaux Gearbox,如图 6-4 所示;以及用于详细建模的 6 个基本元件:Base Structure OO、Base Structure OOm、Base Structure IO、Base Structure IOm、Base Structure OI 和 Base Structure OIm,如图 6-5 所示。

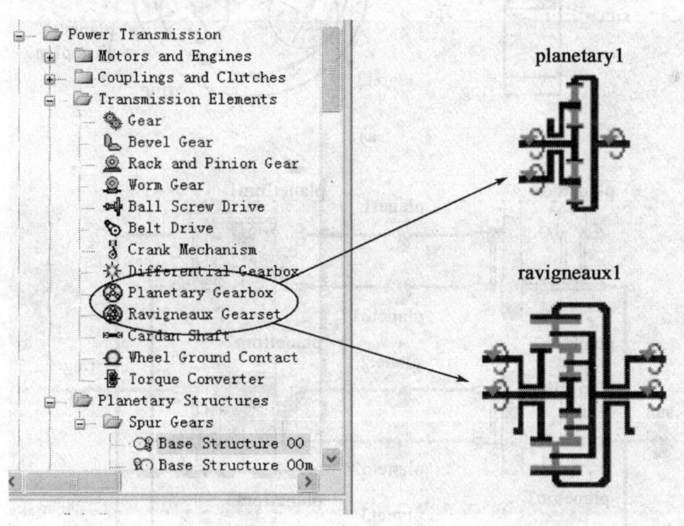

图 6-4 SimulationX 中用于行星齿轮机构简单建模的基本元件

基于这些基本元素和元件,可以完成任意复杂结构形式的行星齿轮机构的建模。在建模时,直接从动力传动库中鼠标选中元件,将其拖放在建模窗口中,然后建立各个元件之间的连接关系,最后输入相关参数,即可完成行星齿轮机构的建模。

图 6-6 举例说明了 1 个简单的负号行星排的详细建模方法。图 6-7 举例说明了 1 个简单的正号行星排的详细建模方法,其中对多个行星轮的作用进行了合并处理。

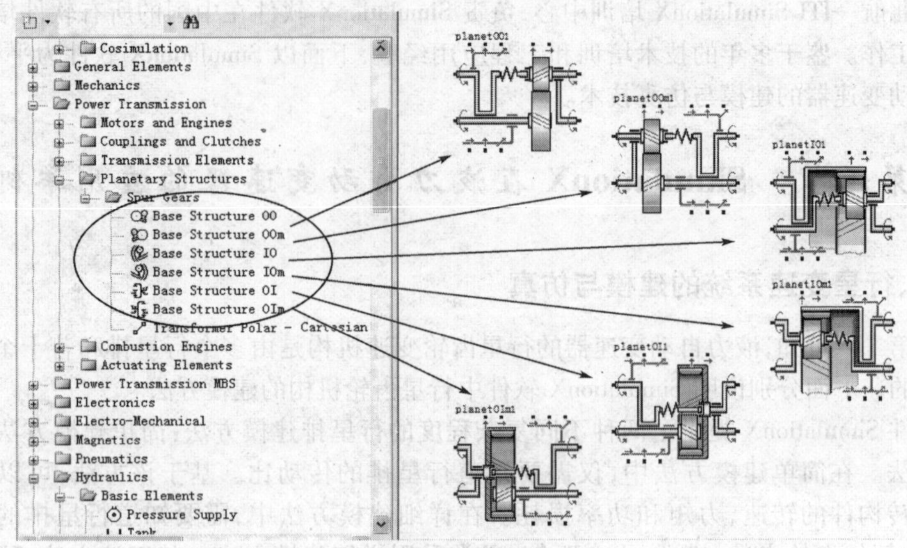

图 6-5　SimulationX 中用于行星齿轮机构详细建模的基本元件

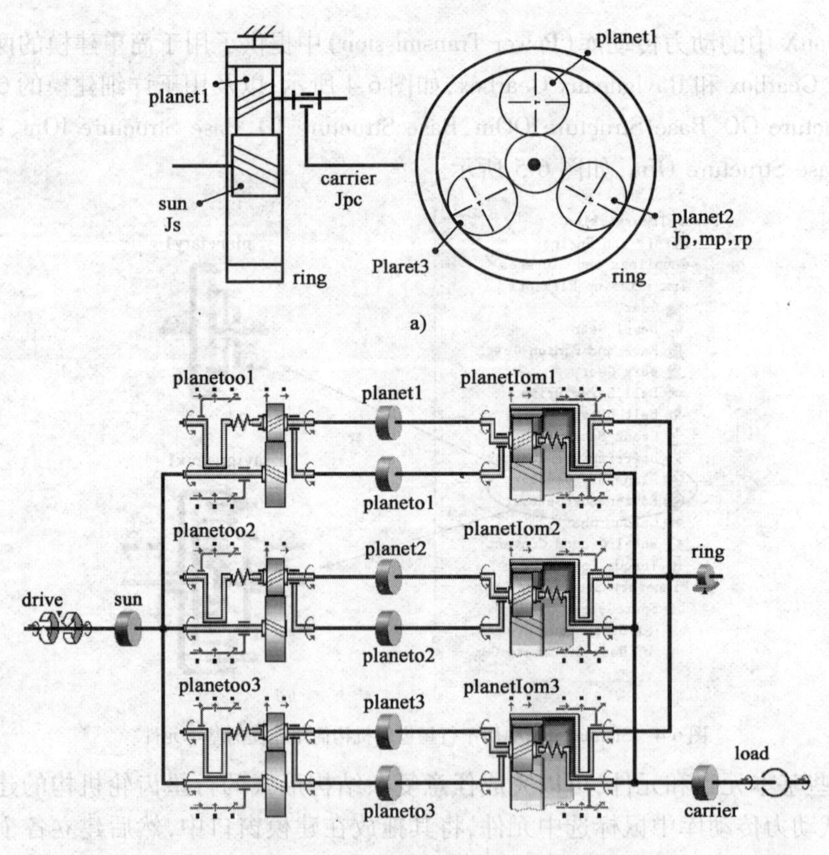

图　6-6

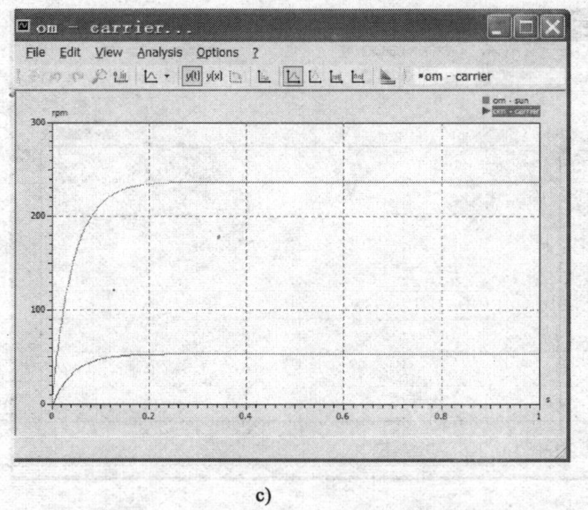

c)

图 6-6　简单负号行星排的详细建模举例

a)行星排机构；b)SimulationX 模型；c)仿真结果(太阳轮和行星架的转速)

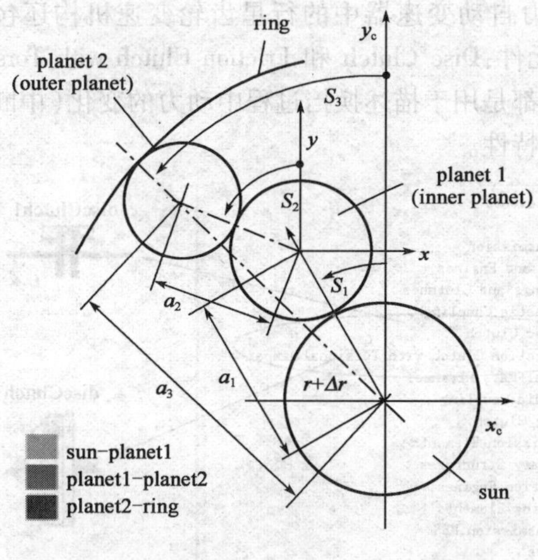

a)

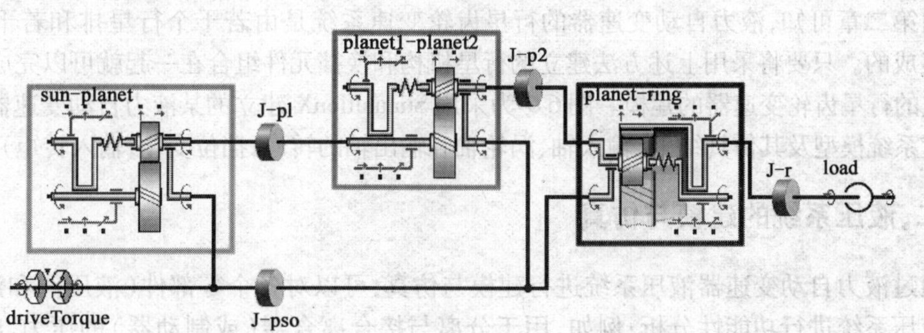

b)

图　6-7

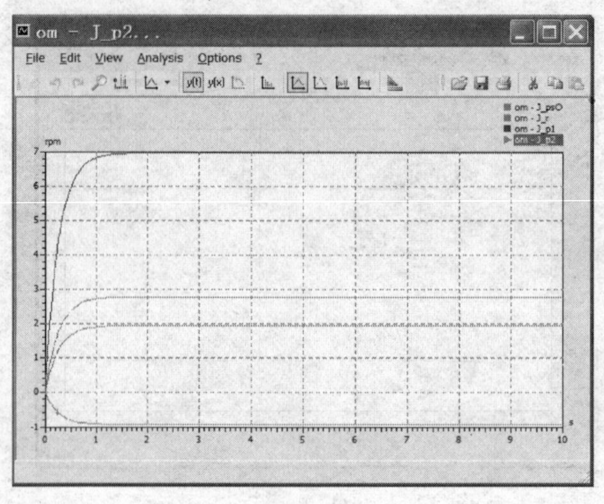

c)

图 6-7 简单正号行星排的详细建模举例

a)简单正号行星排的详细建模;b)SimulationX 模型;c)仿真结果(行星架、两个行星轮和齿圈的转速)

除了行星排之外,液力自动变速器中的行星齿轮变速机构还包含换挡元件。SimulationX 中提供了两种基本元件:Disc Clutch 和 Friction Clutch with Torsional Damper,如图 6-8 所示。这两个元件的功能都是用于描述换挡过程中动力的变化(中断或者传递),后者考虑了振动阻尼带来的非线性特性。

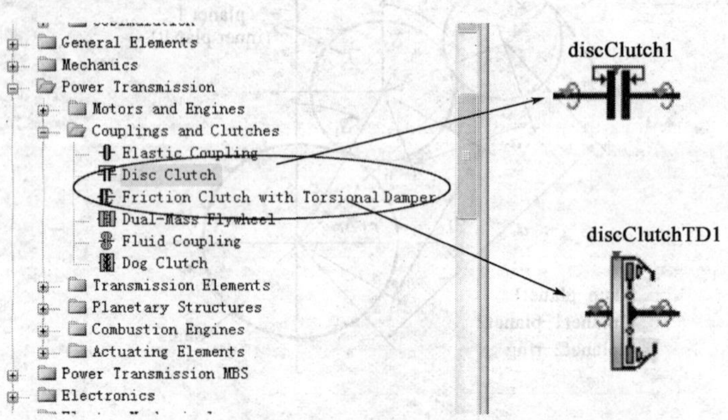

图 6-8 SimulationX 中用于换挡元件建模的基本元件

由第二章可知,液力自动变速器的行星齿轮变速系统是由若干个行星排和若干个换挡元件组成的。只要将采用上述方法建立的行星机构和换挡元件组合在一起就可以完成任意结构形式的行星齿轮变速器的建模。图 6-9 为采用 SimualtionX 建立的某液力自动变速器行星齿轮变速系统模型及其仿真结果(输入轴、涡轮轴和输出轴的转速;挡位变化;输入转矩)。

二、液压系统的建模与仿真

通过液力自动变速器液压系统进行建模与仿真,可以对各个零部件(液压阀和油路)及整个液压系统进行功能性分析;例如,用于分离与接合离合器(或制动器)的压力、时间、流量、效率和温度等。基于该分析结果,可以进一步对液压系统进行优化设计,并为电控系统提供参考依据。

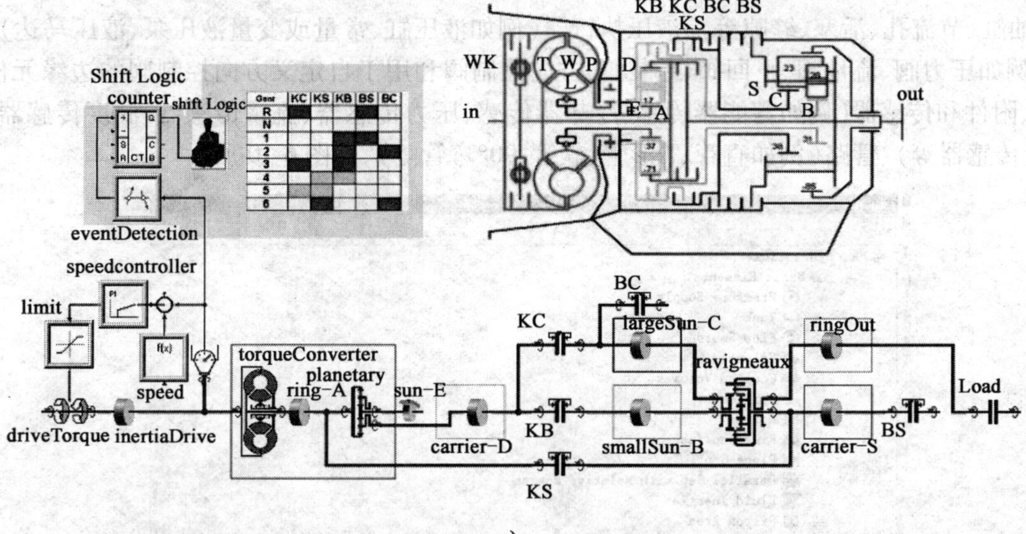

a)

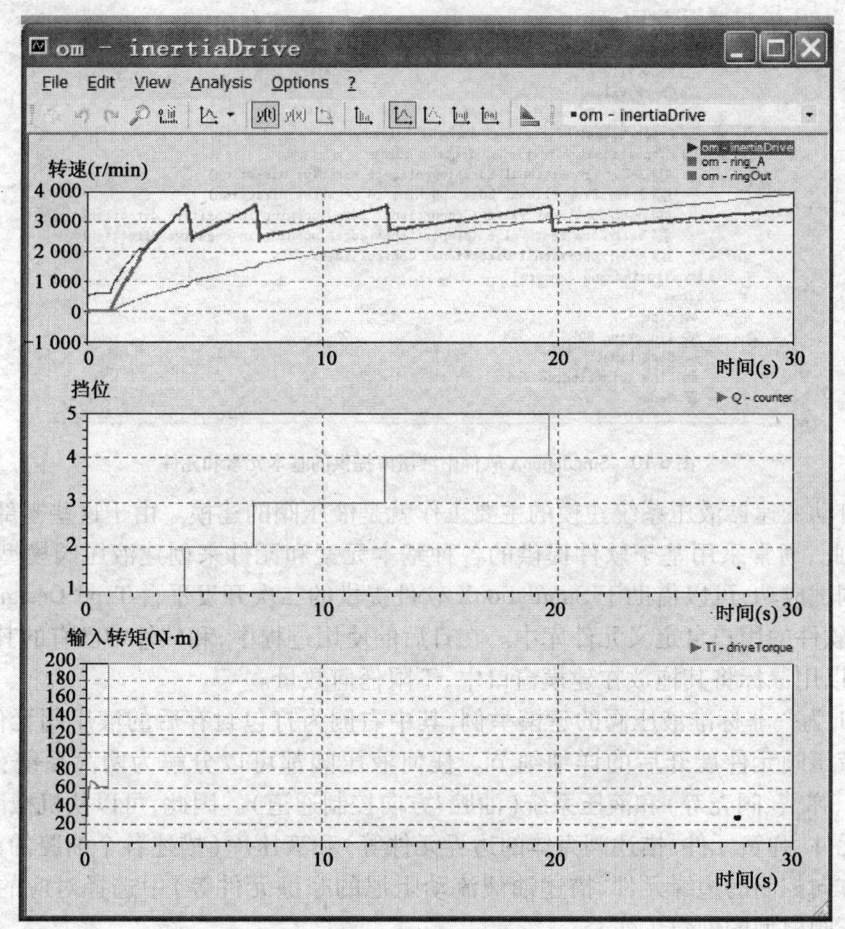

b)

图6-9 液力自动变速器行星齿轮变速系统的建模举例

a) SimualtionX 模型；b) 仿真结果

SimulationX 中提供了用于创建液压系统的各种基本元件(例如理想压力源和理想流量源、油缸、节流孔、活塞、缝隙等)、液压执行器(例如液压缸、常量或变量液压泵、液压马达)、阀(例如压力阀、流量阀、止回阀、差装阀、方向控制阀和用于自定义方向控制阀的边缘元件等)、附件和传感器(例如蓄能器传感、冷却器传感、压力传感器、流量传感器、温度传感器、排量传感器等)、管路(例如直管、T 形管、软管、90°弯管等),如图 6-10 所示。

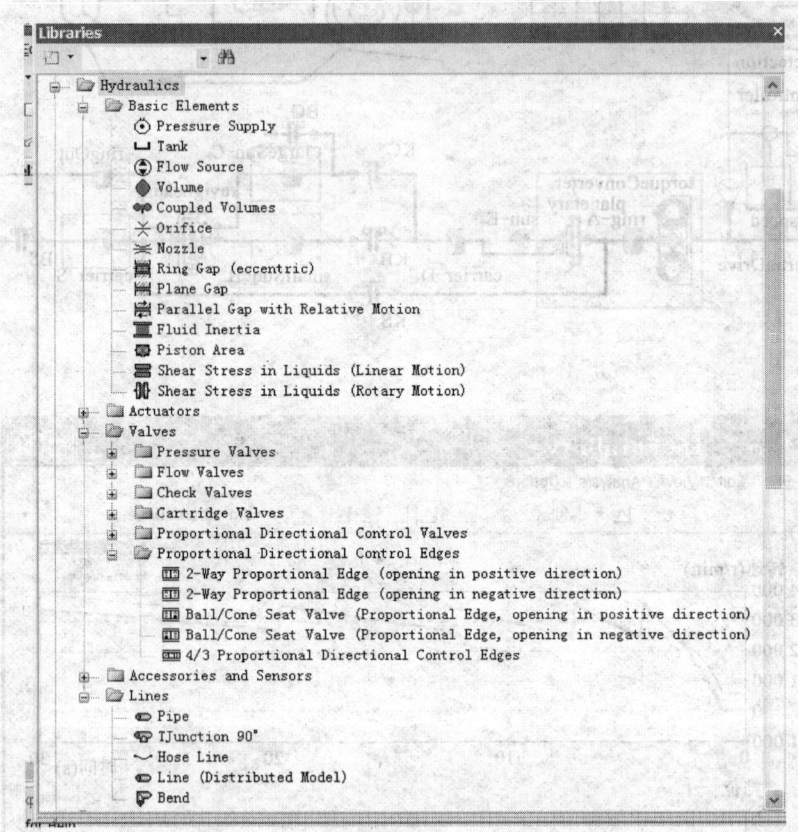

图 6-10　SimulationX 软件中液压库提供的基本元素和元件

液力自动变速器液压系统建模的主要工作就是液压阀的建模。由于这些零部件都是非标准件,因此,通常采用基于软件提供的各种基本元素和元件来创建液压阀模型的建模方式。一旦调试成功,可以借助于 SimulationX 软件提供的二次开发平台 Type Designer 将其打包,封存于软件的用户自定义元件库中。在日后的使用过程中,和软件中已有的其他元件一样,直接可以用鼠标将其拖放在建模窗口中,不限任何数量。

图 6-11 为一非标准液压阀的建模举例,其中右侧为打包封存后的液压阀元件,左侧显示了将该液压阀元件展开后的详细细节。任何液压阀都可以分解为两大系统:机械系统(例如阀芯、弹簧、阀壳等)和液压系统(油腔、方向控制通道)。因此,可以从机械库(描述阀芯的质量元件、弹簧元件、描述阀壳体的边界元件等)和液压库(描述各个油腔的活塞元件、描述各个方向控制的边缘元件、描述油液流动阻尼的摩擦元件等)中选择对应的基本元件来完成液压阀模型的创建工作。

三、换挡控制过程的建模与仿真

自动变速器主要是换挡控制,根据行驶工况和驾驶员的意图,实现发动机和传动系统的最佳匹配,从而达到在发动机动力或经济性最佳的工况下工作的目的。换挡规律是换挡控制系统的核心,由换挡控制参数的选择和何时进行换挡等关键问题决定。自动变速器是根据控制参数的变化来实现汽车自动换挡的。控制参数目前有三类:单参数(车速)、两参数(节气门开度、车速)和三参数(节气门开度、车速和加速度)。此处以两参数为例,来说明换挡控制过程的建模和仿真技术。

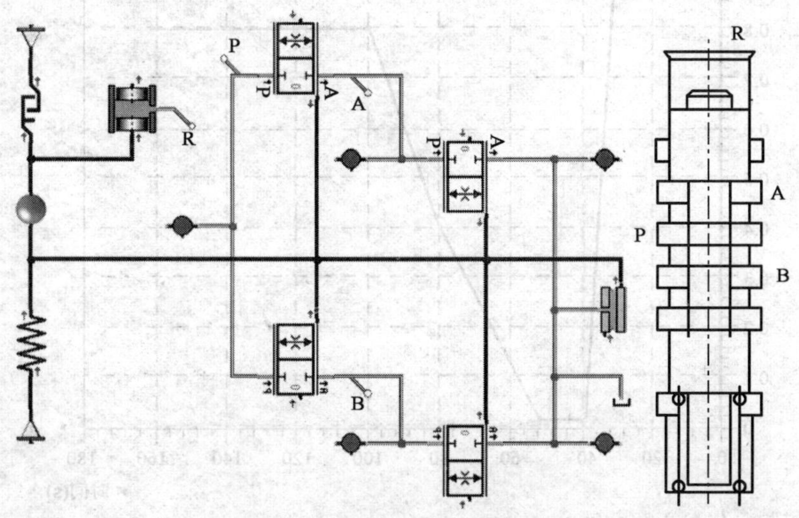

图 6-11　非标准液压阀的建模举例

自动变速器在运作过程中根据节气门开度传感器和车速传感器信号,按照预先存储的自动换挡曲线图或者基于数学模型实时计算出最佳的换挡点,根据换挡点控制相应的电磁阀,接合或者分离相应挡位的换挡离合器和制动器,改变动力传递路线,从而实现换挡过程。

为了对自动变速器的换挡控制过程进行仿真,需要创建完整的传动系统模型,即包含发动机、变速器(液力变矩器和行星齿轮变速系统)和控制器等子模型,如图 6-12 所示的对某液力自动变速器的完整换挡模型。该模型可以对换挡策略、不同负载下的换挡性能和换挡舒适性、燃油消耗等问题进行分析,如图 6-13 所示。

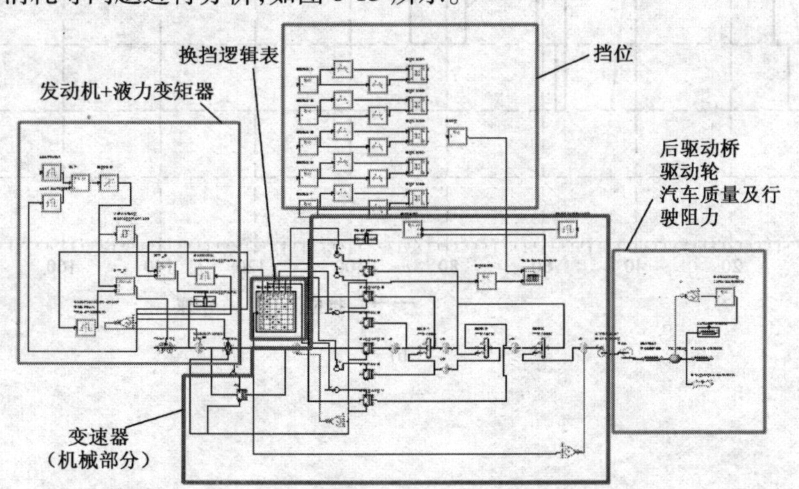

图 6-12　某液力自动变速器的完整换挡模型举例

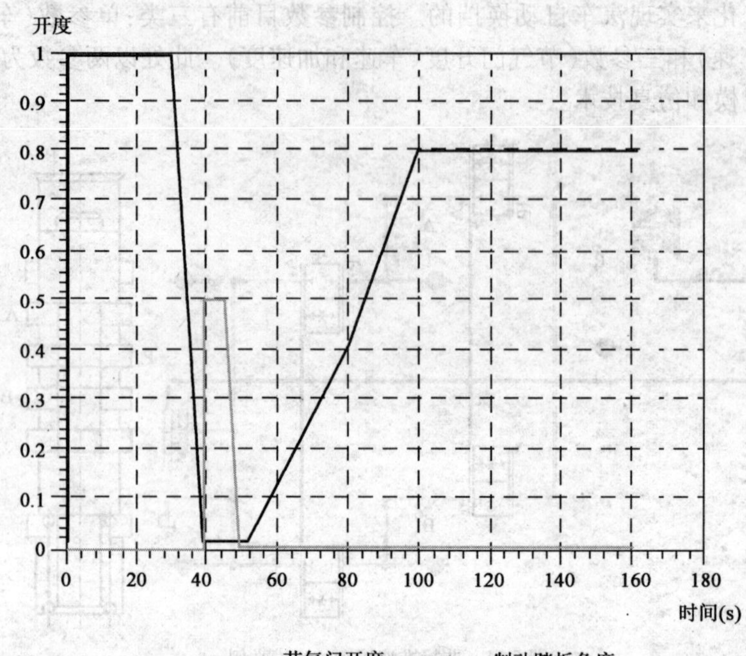

a)

开度
1
0.9
0.8
0.7
0.6
0.5
0.4
0.3
0.2
0.1
0
0
20
40
60
80
100
120
140
160
180
时间(s)
节气门开度；
制动踏板角度

挡位
车速(km/h)
8
7
6
5
4
3
2
1
180
160
140
120
100
80
60
40
20
0
0
20
40
60
80
100
120
140
160
180
时间(s)
挡位
车速

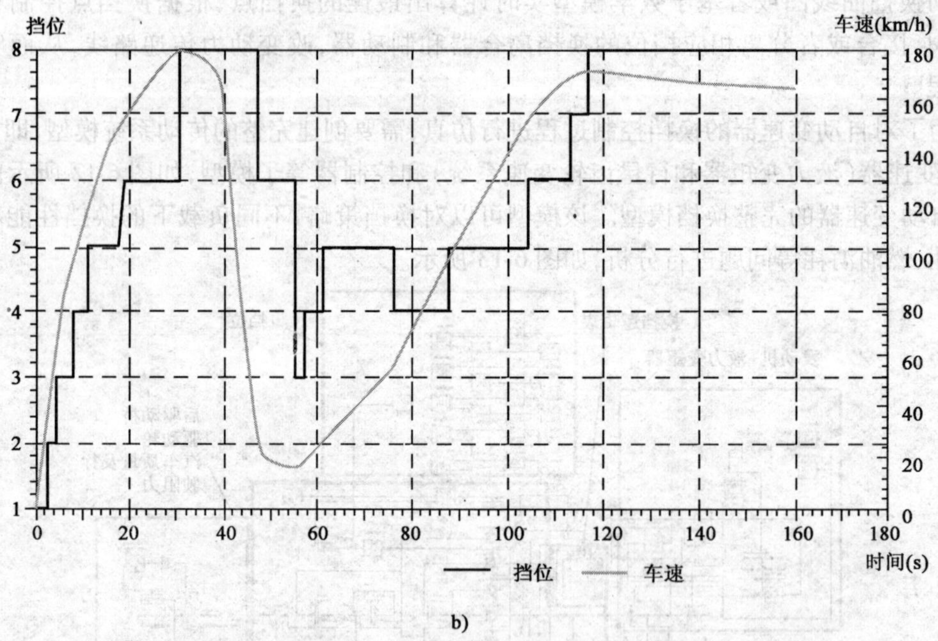

b)

图 6-13

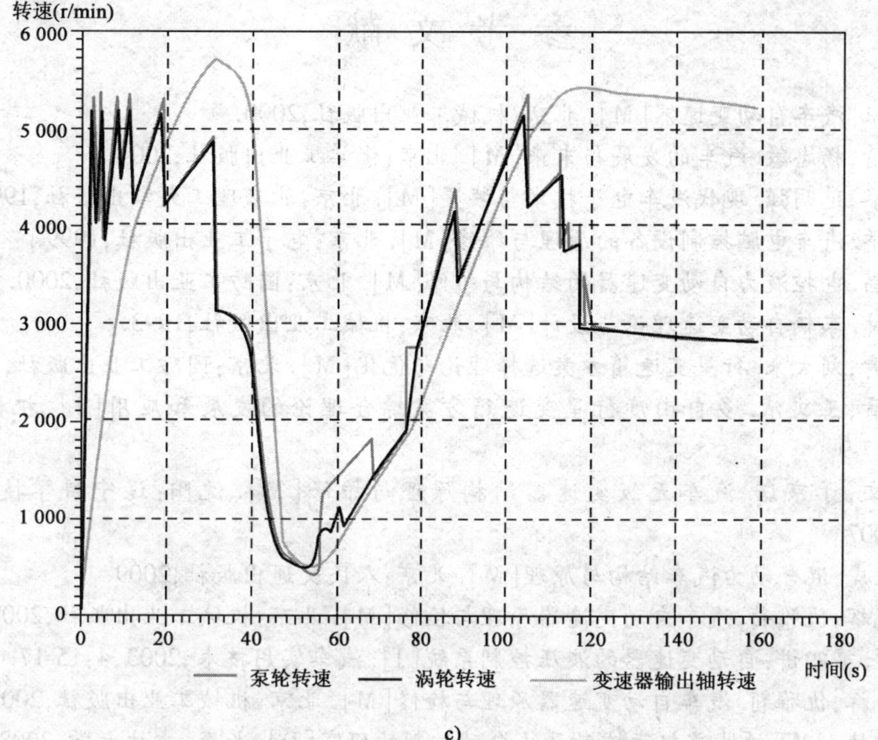

c)

d)

图 6-13　换挡过程的仿真结果

a)驾驶员操纵(节气门开度和制动踏板角度);b)车速和挡位;c)泵轮转速、涡轮转速和变速器输出转速;d)燃油消耗率

参考文献

[1] 过学讯.汽车自动变速器[M].北京:机械工业出版社,2000.

[2] 肖永清,杨忠敏.汽车的发展与未来[M].北京:化学工业出版社,2004.

[3] 黄浦鉴,范明强.现代汽车电子技术与装置[M].北京:北京理工大学出版社,1999.

[4] 李令举.汽车电脑控制设备的原理与维修[M].北京:电子工业出版社,1999.

[5] 宋福昌.电控液力自动变速器的结构与维修[M].北京:国防工业出版社,2000.

[6] 葛安林.车辆自动变速理论与设计[M].北京:机械工业出版社,1993.

[7] 万耀青,刘太来.行星变速箱方案选择理论与优化[M].北京:国防工业出版社,1997.

[8] 万耀青,王文清.多自由度行星变速箱方案综合理论的发展和应用[J].机械设计,1998:7-9.

[9] 栾琪文,于京诺.汽车无级变速器结构原理与维修[M].沈阳:辽宁科学技术出版社,2007.

[10] 李兴虎.混合动力汽车结构与原理[M].北京:人民交通出版社,2009.

[11] 胡光辉,仇雅莉.汽车自动变速器原理与检修[M].北京:机械工业出版社,2008.

[12] 汉祥.第四讲:自动变速器的液压控制系统[J].汽车实用技术,2003,4:15-17.

[13] 胡光辉,仇雅莉.汽车自动变速器原理与检修[M].北京,机械工业出版社,2008.

[14] 葛敏林.AMT的坡道起步辅助系统自动控制的研究[D].长春:吉林大学,2008.

[15] 张国胜.电控机械式自动变速器(AMT)换挡规律的研究[D].西安:西北工业大学,2005.

[16] 刘艳芳.多学科系统动力学建模与仿真[M].北京:机械工业出版社,2010.

[17] 马友君.功率分流式自动变速器电子控制系统研究与工程化设计[D].南京:南京理工大学,2006.

[18] 仝鑫,自动变速器换挡规律及仿真[D],长春:吉林大学,2008.

[19] 黄宗益.现代轿车自动变速器原理与设计[M].上海:同济大学出版社,2006.

[20] http://www.chinabaike.com/z/jiaotong/223359.html.